피터 드러커·매니지먼트

MANAGEMENT

TASKS,
RESPONSIBILITIES,
PRACTICES

MANAGEMENT
피터 드러커·매니지먼트

피터 드러커 지음 | 남상진 옮김

청림출판

일러두기

이 책은 피터 드러커의 〈MANAGEMENT : Tasks, Responsibilities, Practices〉를
일본드러커학회 회장인 우에다 아쓰오가 피터 드러커 생전에 허락을 받아 편역했습니다.

매니지먼트는 왜 중요한가

우리 사회는 믿을 수 없을 만큼 짧은 기간 동안 조직 사회, 다원화 사회가 되었다. 생산, 의료, 연금, 복지, 교육, 과학, 환경에 이르기까지 주요한 모든 문제들이 개인이 아닌 조직의 손에 맡겨졌다. 이러한 변화에 대해 부정적인 목소리가 흘러나오는 것도 사실이다.

그러나 이 반응은 잘못된 것이다. 자립적인 존재로서 성과를 올리는 조직을 대신하는 것은 자유가 아니라 전체주의일 뿐이다.

사회는 조직이 공급하는 재화와 서비스 없이 꾸려질 수 없다. 심지어 러다이트Luddite 운동(산업혁명 당시에 일어나 반자본주의를 기치로 내세운 기계 파괴 운동)을 벌이는 고학력 젊은이들까지도 반드시 조직을 필요로 한다. 오직 조직에서만 지식을 통해 생활에 필요한 자금을 벌고 성과를 내어 사회에 공헌할 수 있는 기회를 가질 수 있기 때문이다. 조직으로 하여금 고도의 성과를 올리도록 하는 것이 자유와 존엄을 지키는 유일한 방책이다.

이렇게 조직의 성과를 만들어 가는 것이 바로 매니지먼트의 힘이다.

최근 경영서들은 대부분 매니지먼트의 업무만을 다루고 있다. 이는 매니지먼트를 조직 내부적인 관점에서 접근하기 때문이다.

이에 반해 본서는 매니지먼트의 사명, 목적, 역할에서 출발할 것이다. 매니지먼트를 외부의 시선에서 바라보며 어떤 차원의 과제가 있고 각각의 과제에서 요구되는 것들이 무엇인지에 대해 이야기한 후 매니지먼트를 위한 조직의 업무와 기술에 초점을 둘 것이며, 마지막으로 톱매니지먼트Top Management(최고경영층 — 옮긴이)와 전략에 대해 알아볼 것이다.

이전보다 더 큰 성과를 올려야 한다. 나아가 모든 분야에서 성과를 달성하지 않으면 안 된다.

성과에는 각 조직의 존재나 번영보다 훨씬 더 많은 것들이 달려 있다. 조직이 큰 성과를 올리도록 하는 매니지먼트야말로 전체주의를 대신할 수 있는 유일한 존재이기 때문이다. 본서의 동기와 목적은 오늘과 내일의 매니지먼트가 어떻게 변화하고 있는지 파악함으로써 조직의 성과를 더욱 더 높이는 데 있다 하겠다.

피터 드러커

Contents

현대 사회의 운명을 좌우하는 것

현대의 모든 선진 사회는 조직으로 이루어져 있다. 주요 사회적 과제들은 모두 매니지먼트에 의해 운영되는 영속적인 존재, 즉 '조직'에 맡겨졌다. 현대 사회의 기능은 대부분 조직의 일하는 태도에 달린 셈이다.

오늘날 시민의 전형은 피고용인이다. 그들은 조직 내에서 일하고 조직에 생계 자금을 의존하며 동시에 조직에 기회를 요구한다. 자기실현과 함께 사회에서의 위치와 역할까지도 조직에서 찾으려 한다.

현대 사회는 이렇게 피고용인 사회다. 예전에는 "무슨 일을 하십니까?"라고 물었지만 오늘날에는 "어떤 회사에서 일하십니까?"라고 묻는다.

그런데 이러한 조직 사회에 대해 아직 중요한 이론이 등장하지 않고 있다. 조직 사회는 오늘날 우리들의 사회관, 정치관, 혹은 사회관을 지배하고 있는 기존의 이론만으로는 설명할 수 없다.

심지어 오늘날에도 정치·사회 모델로서 로크J. Locke, 흄D. Hume, 해링턴J. Harrington 등 16, 17세기 사상가들의 견해가 그대로 차용되고 있다. 그러나 이들의 견해는 중앙 정부 이외에 어떤 권력이나 조직도 존재하지 않는 사회를 모델로 삼고 있다. 현실은 훨씬 더 진전되었는데도 불구하고 실상 모델은 이것뿐이다.

새로운 현실에 맞는 새로운 이론이 생겨나기까지는 많은 시간이 걸린다. 그러나 새로운 이론이 완성될 때까지 기다릴 여유가 없다. 충분하지는 않겠지만 이미 밝혀진 사실만이라도 이용하여 당장 행동에 착수해야 한다.

매니지먼트 없이는 조직도 없다

매니지먼트는 오늘날 기업, 정부 기관, 대학, 연구소, 병원, 군 등 여러 기관의 다양한 조직에서 이루어지고 있다. 조직이 제대로 기능하기 위해서는 매니지먼트가 성과를 올리지 않으면 안 된다.

조직이 없으면 매니지먼트도 없다. 그러나 매니지먼트가 없다면 조직도 없다.

한편 매니지먼트는 소유권, 계급, 권력으로부터 독립된 것이어야 한다. 매니지먼트란 성과에 대한 책임을 바탕으로 하는 객관적인 기능이다.

매니지먼트는 기업만의 것이 아니다

신좌익新左翼은 우리 사회를 기업 사회라 부른다. 그러나 이것은 신좌익의 다른 논법이 그러하듯이 매우 시대에 뒤떨어진 발상이다.

물론 선진 사회는 기업 사회인 경우가 많다. 기업은 모든 조직 중에서도 가장 강력한 힘을 지니고 있으며 때로는 그 힘이 정부를 능가하기도 한다. 그러나 오늘날 기업의 지위는 점점 떨어지고 있다. 이는 기업이 소규모화되고 있다거나 약화되고 있기 때문이 아니다. 다른 조직이 성장함으로써 사회가 다원화되었기 때문이다.

현재 정말 간절하게 매니지먼트가 필요한 곳은 기업 이외의 조직들이다. 이미 시의 수도국水道局이라든지 대학 등에서는 매니지먼트가 제대로 이루어지지 않는다는 점이 큰 문제로 떠오르고 있다. 앞으로는 그러한 조직에서 매니지먼트에 대한 관심이 급속도로 높아질 것이다.

매니지먼트 붐의 종말

'붐은 사라지고 이제 성과 위주의 시대가 도래했다'는 말이야말로 매니지먼트의 슬로건에 가장 적합할 것이다.

제2차 세계대전 시기에 출간된 매니지먼트 관련 서적은 전부 모아도 책꽂이 하나 분량에 지나지 않았다. 그러나 60년대 후반에는 미국에서 나온 매니지먼트 책만 하더라도 수백 종에 이르렀다. 제2차 세계대전 이전에 나온 모든 책의 4배 혹은 5배나 되는 책이 1년 안에 출판된 것이다. 매니지먼트를 가르치고 있던 기관도 하버드 비즈니스 스쿨 한 군데에서 60년대에는 전 세계의 수백 개 학교로 늘어났다.

매니지먼트 붐도 여느 붐들과 마찬가지로 순식간에 꺼졌다. 화려한 종말을 고한 것은 아니다. 매니지먼트의 마력은 갑자기 사라져 버렸다. 가장 큰 원인은 매니지먼트가 만병통치약도 마법의 지팡이도 아니라는 사실을 사람들이 알게 되었기 때문이었다. 동시에 매니지먼트 붐의 기초가 되었던 제2차 세계대전 이전에 얻어진 지식이 더 이상 현실에 맞지 않는다는 점이 밝혀졌기 때문이었다. 새로운 지식과 접근, 이해가 필요했다.

이렇게 붐은 끝났다. 그러나 매니지먼트는 이미 세계 경제와 사회를 바꾸고 있다. 이제는 매니지먼트를 모르는 시대로 돌아갈 수 없다. 매니지먼트는 앞으로도 하나의 힘, 기능, 책임, 규범으로 계속 존재할 것이다. 이것이야말로 매니지먼트 붐이 남겨준 가장 중요한 성과이자 유일한 성과다.

매니지먼트 붐의 중심이 된 개념은 다음의 일곱 가지였다. 그것은 '생산성 향상을 위한 과학적 관리법Sicentific Management', '연방 분권 조직의 구조', '조직에 적합한 인재를 키우기 위한 인사 관리', '미래를 위한 매니지먼트 개발', '관리 회계', '마케팅', '장기 계획 수립' 등이다.

이들 일곱 가지 개념은 매니지먼트 붐 이전에도 존재했다. 다시 말해 매니지먼트 붐은 보완되고 세련되어지고 수정되긴 했지만 사실상 아무것도 창조하지 못했다. 대신 그때까지 소수 전문가의 지식이던 것이 대중과 공유되었고, 예외로 치부되던 것들이 일반화되었다.

그러나 이제 매니지먼트 붐의 중심이 되었던 지식만으로는 충분치 못하다는 사실이 분명해졌다. 기초 분야에서조차 새로운 지식이 필요하게 된 것이다.

새로운 니즈의 출현

몇몇 중요한 분야에서는 이미 종래의 지식이나 접근법이 진부해지고 있다. 한편 전혀 새로운 분야에서 새로운 니즈가 나타나기도 한다. 매니지먼트 붐이 시작된 초기에는 이 가운데 어떤 것도 상상할 수 없었다.

원래 매니지먼트란 이미 확립된 사업을 관리하는 활동을 의미했다. 기업가적인 활동이나 이노베이션은 중심 사항으로 여겨지지 않았다. 그러나 지금은 기존의 것을 최적화하는 활동뿐만 아니라 새로운 것을 창조하는 일에 관여하는 활동을 모두 매니지먼트의 영역으로 본다.

기존의 매니지먼트 붐은 기업에만 한정된 개념이었다. 그러나 오늘날에는 기업뿐 아니라 모든 조직이 매니지먼트를 필요로 한다는 것이 상식이다. 매니지먼트의 영역 가운데 가장 중요한 것 중 하나가 기업 이외의 조직을 관리하여 성과를 올리는 일이다.

앞으로는 지식 생산성을 높이는 것이 가장 큰 과제가 될 것이다. 육체노동 중심의 과업은 이미 과거의 것이 되어 버렸고 현재 기초적인 자원, 투자, 코스트센터Cost Center가 되는 것은 지식노동자다. 이들은 육체노동이 아니라 체계적인 교육을 통해 배우는 여러 가지 것들, 즉 이론과 개념에 따라 일한다.

마지막으로 기업의 매니지먼트는 범국가적 차원에서 이루어질 필요가 있다. 오늘날 선진 사회는 경제적으로 단일 시장을 형성하고 있다. 더구나 개발도상국과 선진국 사이에는 공급 능력의 차이만이 존재한다.

전 세계가 비록 정치적으로는 분열되어 있다 하더라도 수요, 욕구, 가치의 관점에서는 하나의 쇼핑센터와 같은 상태다. 따라서 국경을 넘어 생산 자원, 시장 기회, 인적 자원을 최적화할 수 있도록 세계화의 흐름에 발맞추는 것이 필연적이고도 정상적인 대응이다.

물론 한 사회의 중심 가치나 존속 여부 자체가 매니지먼트의 성과, 능력, 의지, 가치관에 의존하게 되었다는 사실 역시 빼놓을 수 없는 중요한 변화다.

MANAGEMENT

1부

매니지먼트의 사명

매니지먼트란 조직의 기관이다.
조직이란 사회적인 기능을 완수하고
사회에 공헌하기 위한 사회의 기관이다.

매니지먼트의 역할

매니지먼트의 세 가지 과제

기업을 비롯한 모든 조직이 사회의 기관이다. 조직이 존재하는 것은 조직 자체를 위해서가 아니다. 자신의 기능을 수행함으로써 사회, 커뮤니티, 개인의 니즈를 만족시키기 위해서다. 조직은 목적이 아니라 수단이다. 따라서 문제는 '그 조직은 무엇인가'가 아니라 '그 조직은 무엇을 해야만 하는가', '그 조직의 기능은 무엇인가'이다.

그 조직들의 중심에 매니지먼트가 있다. 그 다음 문제는 '매니지먼트의 과제는 무엇인가'이다. 매니지먼트는 과제를 가지고 조직을 정의해야만 한다.

매니지먼트는 조직을 통해 사회에 공헌하게 되는데, 이때 일반적으로 다음과 같은 세 가지 과제를 가지게 된다. 이것들은 서로 이질적이기는 하지만 그 중요성만큼은 동일하다.

조직 특유의 사명을 완수한다

매니지먼트는 조직 특유의 사명을 완수하기 위해 존재한다.

일을 통해 노동자들의 생활을 유지시킨다

현대 사회에서는 조직이야말로 개인이 생계 자금, 사회적 지위, 공동체 유대를 확보하게 하고 자기실현을 꾀하도록 하는 방편이다.

사회에 미치는 영향을 스스로 인식하고 사회에 공헌한다

매니지먼트에는 자신의 조직이 사회에 끼치는 영향에 대해 책임을 지는 동시에 사회 문제 해결에 기여해야 한다는 사명이 있다.

시간 요소

매니지먼트의 모든 문제, 결정, 행동에는 복잡한 요소가 개입된다. 시간이 그중 하나다. 시간은 매니지먼트에서 하나의 차원으로 취급해야 한다. 매니지먼트는 늘 현재와 미래, 단기와 장기를 염두에 두어야 한다.

존속과 건전성을 희생시키면서 눈앞의 이익을 확보하는 것은 무가치한 일이다. 반대로 장대한 미래를 손에 넣고자 위기를 자초하는 것

또한 무책임한 행동이다. 오늘날에는 경제에 관한 단기적인 의사결정을 할 때 반드시 환경이나 자원에 끼치는 장기적인 영향을 고려해야만 한다.

확실한 것은 미래가 현재와 다르다는 사실이다. 미래는 단절된 경계의 저편에 있다. 그러나 그것이 아무리 현재와 달라진다 하더라도 미래란 결국 현재에서 출발하는 것이다. 미지의 세계를 향해 더 큰 도약을 하려면 더 확실하게 기초를 닦아야 한다.

관리적 활동과 기업가적 활동

매니지먼트에는 또 하나의 과제가 있다.

매니지먼트는 이미 존재하며 알려진 것을 관리한다. 동시에 매니지먼트는 기업가의 역할을 해야만 한다. 성과가 작은 분야, 축소되고 있는 분야에서 성과가 확대되는 분야로 자원 분배를 전환해야 한다. 그렇게 하기 위해서는 이미 존재하며 알려진 것을 폐기할 수 있어야 한다.

성과를 올리는 것, 인간의 삶을 유지시키는 것, 사회에 끼치는 영향에 책임을 지고 사회에 공헌하는 것, 이러한 모든 과제들을 과거와 미래를 모두 염두에 두고 완수하는 것이 사회가 매니지먼트에 바라는 기능이다. 그러나 이를 위해 매니지먼트가 어떻게 이루어져야 하는지에 대해서는 대부분 무관심하다. 사회가 관심을 갖는 것은 오로지 결과뿐이다.

물론 정말 중요한 것은 그러한 과제를 수행하기 위한 수단이다. 그렇다고 해서 매니지먼트를 논할 때 그것의 업무와 조직에서 시작할 필요는 없다. 이는 지나치게 기술 관료적인 발상이다. 매니지먼트의 업무와 조직은 그 자체로 절대적이거나 무조건적이지 않기 때문이다. 이는 목적이 되는 과제에 의해 결정되어야만 하는 것이다.

1장 기업의 성과

아직까지 종합적인 경영학이라든가
진정한 기업 이론은 존재하지 않고 있다.
그러나 최소한 기업이란 무엇이며
그것의 존립 목적이 무엇인지에 대해서는 알려져 있다.

01
기업이란 무엇인가

기업은 영리 조직이 아니다

생산, 마케팅, 재무, 기술, 구매, 인사, 홍보 등 직능에 관한 서적들은 이미 많이 나와 있다. 그러나 매니지먼트 그 자체가 무엇이며, 어떻게 수행해야 하는지에 대해서는 논의조차 들을 수 없다.

이것은 우연이 아니다. 종합적인 경영학과 진정한 기업 이론이 존재하지 않기 때문이다.

'기업이란 무엇인가'라는 질문에 경제학자를 비롯한 대부분의 사람들은 '영리 조직'이라고 대답한다. 그러나 이 대답은 틀린 것이며 방향부터 빗나간 것이다.

경제학에서 언급하는 '목적으로서의 이익'이란 예전부터 존재하던

'싸게 사서 비싸게 판다'라는 말을 고친 것에 지나지 않는다. 이는 기업의 어떠한 활동도 설명해 주지 못할뿐더러 활동의 바람직한 모습에 관해서도 이야기해 주지 못한다.

이익은 개별 기업과 사회에 꼭 필요하다. 그러나 그것은 기업이나 기업 활동의 목적이 아닌 '조건'이다. 기업의 의사결정에서 원인이나 이유, 근거가 아니라 결정의 타당성에 대한 판정 기준이 되는 것이다.

이렇게 혼동할 수밖에 없는 까닭은 이윤이 동기라고 생각했을 때 인간의 행동을 설명하기가 훨씬 쉬워진다는 판단 때문이다.

그러나 이윤이 그 자체로 동기가 된다는 것이 실제로 가능한지조차 의심스럽다. 그것은 고전학파 경제학자들이 이론적으로 설명할 수 없는 경제 현실을 설명하기 위해 생각해 낸 것에 불과하다.

이러한 시각은 기업 행동과는 물론 이익 자체와도 관계가 없다. 오히려 기업이 무엇인지에 대한 대답을 할 때 관점을 빗나가게 만들어 해를 끼친다.

이러한 생각 때문에 이익의 본질이 오해받고 있으며 이익을 향한 뿌리 깊은 적의敵意가 생겨나고 있다. 이 오해와 적의야말로 현대 사회의 가장 위험한 병균病菌이다.

기업의 본질, 기능, 목적에 대한 오해들 탓에 공공 정책은 줄줄이 실패하고 있다. 그런가 하면 이익과 사회 공헌이 서로 모순된다고 하는 이상한 통념까지 생겨났다.

그러나 분명한 사실은 기업은 높은 이익을 올림으로써 비로소 사회 공헌을 완수할 수 있다는 점이다.

기업의 목적

기업이 무엇인지 알기 위해서는 기업의 목적부터 생각하지 않을 수 없다. 기업의 목적은 기업 외부에 있다. 기업은 사회에 속한 기관이며 그 목적 역시 사회에서 찾아야 한다.

시장을 만드는 것은 신이나 자연이나 경제적인 힘이 아니다. 바로 기업이다. 기업은 일단 고객의 욕구가 감지되면 그들을 만족시킬 수 있는 수단을 제공한다.

기업의 존재를 결정짓는 것은 고객이다. 고객이야말로 기업의 제품이나 서비스의 가치를 매기고, 경제적 자원을 부富로, 자원을 제품으로 바꾸는 유일한 객체다. 고객이 구입하는 것은 제품과 서비스 자체가 아니라 그것들이 제공하는 효용效用이다.

이렇듯 기업의 목적은 단 한 가지, 고객을 창조하는 것이다. 이에 따라 기업은 두세 가지의 기본적인 기능을 가진다. 바로 마케팅과 이노베이션이다.

마케팅 _ 고객의 욕구에서 출발

마케팅은 오늘날 많은 기업에서 실질적으로 시행되기보다 말로만 떠드는 데 그치고 있다. 이 사실을 분명하게 증명하는 것이 소비자 운동이다.

소비자 운동을 벌이는 이들이 기업에 요구하는 사항은 마케팅의 세부 지침들과 별반 다를 바가 없다. 그들은 기업이 고객의 욕구, 현실, 가치를 반영할 것, 기업의 목적을 고객 욕구의 만족으로 정의할 것, 수입의 기반을 고객에 대한 공헌에 둘 것 등을 요구한다.

마케팅이라는 주제가 오랫동안 논의되어 왔는데도 불구하고 소비자 운동이 점점 강력한 대중 운동으로 등장한 것은 결국 기업에서 마케팅이 제대로 이루어지지 않았다는 사실을 방증하는 것이다. 소비자 운동은 마케팅 부서의 수치다.

그러나 기업 전체의 입장에서 보면 소비자 운동은 틀림없는 기회다. 소비자 운동에 의해 기업은 마케팅을 기업 활동의 중심에 둘 수밖에 없기 때문이다.

이제까지 마케팅은 기업에서 세일즈에 관한 기능적인 업무를 의미하는 데 지나지 않았다. 생산되는 제품과 이를 판매하기 위한 시장을 찾는 데 초점을 맞춰온 것인데, 이는 지극히 기업 중심적인 관점이라고 할 수 있다.

진정한 마케팅은 고객으로부터, 즉 현실, 욕구, 가치로부터 출발한다. '고객에게 무엇을 팔고 싶은가'가 아니라 '고객이 무엇을 사고 싶어 하는가'를 따지는 것이다. '생산된 제품이나 서비스로 가능한 것이 이것이다'가 아니라 '고객이 가치를 느끼고 필요로 하며 간절히 찾고 있는 만족이 이것이다'라고 말해야 한다.

사실 세일즈와 마케팅은 서로 반대되는 개념이다. 심지어 의미상 보완적인 부분조차 없다.

물론 세일즈는 반드시 필요하다. 그러나 마케팅의 이상은 세일즈를 불필요한 것으로 만드는 데 있다. 궁극적으로 마케팅이 추구하는 바는 고객을 이해하고, 제품과 서비스를 고객에 맞춤으로써 제품이 저절로 팔려나가도록 하는 것이다.

이노베이션 _ 새로운 만족을 창출

뛰어난 마케팅 능력을 가지고 있다고 해서 모든 기업이 성공하는 것은 아니다. 기업은 성장하는 경제에서만 존속할 수 있다. 나아가 변화를 당연시하는 경제에서만 성장할 수 있다. 이때 기업은 역으로 성장과 변화를 일으키는 사회의 주요 기관이 된다.

이처럼 기업의 두 번째 기능은 이노베이션, 즉 새로운 만족을 낳는 것이다. 제품과 서비스를 공급하는 데서 끝나는 것이 아니라 더 질 좋은 제품과 서비스를 개발하여 고객을 만족시킬 수 있어야 한다.

물론 이노베이션의 결과 가격이 인하될 수도 있다. 그러나 가격에만 초점을 맞추어 이노베이션을 바라보는 시각은 경제학에서 가격만이 정량적으로 처리 가능한 개념이기 때문에 생겨나는 것이다. 실상 이노베이션은 보다 좋은 제품, 편리함 그리고 욕구의 만족을 가져온다.

기존 제품의 새로운 용도를 발견하는 것도 이노베이션이다. 에스키모들에게 동결 방지용 냉장고를 파는 것은 새로운 공정의 개발이지만, 제품의 발명에 버금가는 이노베이션이다. 그것은 새로운 시장을 개척하는 일이다. 기술적으로 보자면 기존의 제품만이 존재할 뿐이지만 경제적으로 보면 분명 이노베이션이 이루어진 것이다.

이노베이션이란 발명을 의미한다거나 기술에만 한정된 개념이 아니다. 이노베이션은 경제에 관한 것이다. 경제적인 이노베이션, 나아가 사회적인 이노베이션은 기술적인 이노베이션 이상으로 중요하다.

이노베이션을 단순히 하나의 직능職能으로 간주해서도 안 된다. 이는 기술이나 연구 영역에 속한 것이 아니다. 이노베이션은 기업의 모든 부문과 직능, 활동에 영향을 미친다.

이노베이션은 인적 자원과 물적 자원에 대해 보다 큰 부를 창출하는 새로운 능력을 만들어 낸다. 이때 매니지먼트는 사회의 니즈를 사업의 기회로 파악해야 한다. 이는 사회, 학교, 의료, 도시, 환경 등의 부문에서 강력한 니즈가 나타나는 오늘날 특히 강조되어야 하는 사실이다.

생산성에 영향을 끼치는 요인

고객 창조라는 목적을 달성하기 위해서는 자원을 활용해야 한다. 자원은 부를 낳아야 한다는 생각 아래 늘 생산적으로 사용할 필요가 있다. 자원의 생산적 활용은 기업의 관리적인 기능 가운데 하나다.

최근 들어 생산성을 거론하는 사람들이 적지 않다. 자원의 적절한 활용이 실적을 좌우한다는 것은 이미 상식이다. 그럼에도 정작 생산성에 관해서는 알려진 바가 거의 없다. 제대로 생산성을 측정하는 방법조차 없다.

노동만이 유일한 생산 요소라고 보는 관점은 생산성을 이야기할 때 더 이상 유효하지 못하다. 성과와 관련한 모든 활동을 포함하는 광의의 생산성 개념이 필요한 시점이다.

그러나 이러한 활동을 가시적이며 직접적인 비용으로 측정할 수 있는 것에만 한정시킨다면, 즉 회계학의 기준에만 따른다면 이 역시 틀린 것이다. 당장 눈에 보이는 비용의 형태를 취하고 있지 않더라도 생산성에 적지 않은 영향을 끼치는 요인들이 상당하기 때문이다.

생산성에 영향을 미치는 요인에는 다음과 같은 것들이 있다.

지식

지식이란 바르게 적용했을 때 가장 생산적인 자원이 된다. 반대로 잘못 적용했을 때는 가장 비싸면서도 전혀 생산적이지 못한 자원이 되어버린다.

시간

시간은 가장 없어지기 쉬운 자원이다. 어떤 일을 행할 때 원래 그 일에 사용되는 시간에서 절반만큼을 줄일 수 있다면 생산성에 있어 커다란 상승 효과를 얻을 것이다.

제품 믹스product mix

제품 믹스란 기업에서 생산·판매되는 모든 제품 라인을 배합하는 것으로, 이는 곧 자원 믹스를 의미한다.

프로세스 믹스process mix

부품을 구입하는 것과 직접 만드는 것, 내부에서 조립하는 것과 외주에 맡기는 것, 판매를 유통업에 맡겨 유통업자들의 브랜드를 사용하는 것과 자체 판매망을 통해 자신의 브랜드를 만드는 것 가운데 어느 것이 더 생산적인지 고려한다.

자신의 강점

세상에 만능인 매니지먼트란 없다. 수익이 예상되는 사업이라고 해서 모두 진출할 필요도 없다. 누구라도 능력에는 한계가 있다. 따라서 각 기업과 그 기업의 매니지먼트 특유의 능력을 활용하여 한계를 분별하는 것이야말로 기업의 생산성을 좌우하는 요인이다.

조직 구조

조직 구조가 부적절한 바람에 매니지먼트에서 본래 수행해야 할 일을 하지 않는다면 기업은 자원의 낭비를 피할 수 없다.

톱매니지먼트가 마케팅이 아닌 기술에만 집중한다면 생산성은 저하되게 마련이다. 이로 인한 손실은 단위 시간당 생산량 저하에 따른 손실 수준을 훨씬 상회한다.

이상의 요인들은 경제학, 회계학에서 다루는 노동, 자원, 원재료 등의 생산성 요인에 추가되어야 하는 매우 중요한 것들이다.

이익의 기능

이익이란 원인이 아니라 결과다. 이는 마케팅, 이노베이션, 생산성 향상의 결과로서 얻어지는 것이다. 따라서 이익은 기업 본래의 기능인 경제적 기능을 수행하는 데 필수불가결한 요소다.

- 이익은 성과의 판정 기준이다.
- 이익은 불확실성이라는 위험에 대비하는 보험이다.
- 이익은 보다 좋은 노동 환경을 만들기 위한 자본이다.
- 이익은 의료, 국방, 교육, 오페라 등 사회적인 서비스와 만족을 가져다주는 수단이다.

최근 기업인들은 이익에 관해 변명을 늘어 놓고 있으며 이 가운데는 이윤에 관한 무의미한 이야기들이 너무나도 많다.

이익은 사회와 경제에 필수적인 요소로서 변명의 여지가 없는 부분이다. 기업인들이 죄의식을 느끼고 변명할 필요를 느낀다면 사회 활동을 제대로 해 나갈 수 없다. 즉 이익을 창출할 수 없다.

02
사업이란 무엇인가

사회를 어떻게 정의할까

오늘날 기업은 조직의 거의 모든 부문과 계층에 고도의 지식이나 기술을 지닌 자들을 다수 거느리고 있다. 이들이 가진 지식과 기능은 업무의 진행 방식과 내용까지도 좌우한다.

그 결과 기업의 능력과 기업 그 자체에 직접 영향을 끼치는 의사결정이 조직의 모든 계층에서 이루어지고 있다.

'해야 할 것은 무엇이며 하지 말아야 할 것은 무엇인가', '계속해야 할 것은 무엇이고 그만두어야 할 것은 무엇인가', '추구해야 할 제품, 시장, 기술은 무엇이고 무시해도 되는 제품, 시장, 기술은 무엇인가' 등 위험을 동반한 의사결정이 상당히 하위에서, 그것도 매니저 직책이나 지위를 가지고 있지 않은 연구원이나 설계 기사, 제품 기획 담당자, 세무 회계 담당자들에 의해 이루어지고 있는 실정이다.

그들은 그들 나름대로 기업에 대해 막연한 정의를 내리면서 의사결정을 행한다. 그들 모두가 '우리들의 사업은 무엇인가, 무엇이어야만 하는가'라는 질문에 대한 답을 가지고 있다.

따라서 기업 스스로가 이러한 질문에 대해 철저하게 검토하고, 적어도 한 가지 이상의 대답을 마련해 두지 않으면 위로부터 아래에 이르는 모든 계층의 의사결정이 각각 양립할 수 없는 기업의 정의에 따라 이루어지게 된다.

그렇게 되면 서로 다르다는 점을 알아차리지 못하고 각자가 반대 방향을 향해 노력을 계속한다. 잘못된 정의에 따라 의사결정을 내리고 행동한다.

모든 조직에서 공통된 견해, 이해, 방향 설정, 노력을 실현하려면 '우리의 사업은 무엇인가, 무엇이어야만 하는가'에 대한 답을 구하는 것이 반드시 필요하다.

우리의 사업은 무엇인가

자신의 사업이 무엇인지를 아는 것만큼 간단한 문제는 없다고 생각할지도 모른다. 철강 회사는 철을 만들고, 철도 회사는 화물과 승객을 실어 나르고, 보험 회사는 미래의 위험에 대비하고, 은행은 돈을 빌려 준다.

그러나 '우리의 사업은 무엇인가'라는 질문에 대해 대부분의 경우에는 실제로 답하기가 어렵다.

모두가 잘 알고 있는 답변이 맞는 경우는 거의 없다. 때문에 '우리의 사업은 무엇인가'를 질문하는 것이야말로 톱매니지먼트의 중요한 책임이다.

사업이 기업의 목적 측면에서 충분히 검토되지 않으면 실패 가능성은 최대로 높아진다. 반대로 성공하는 기업은 대부분 '우리의 사업은 무엇인가'에 대한 답을 찾아 명확히 인식하고 있다.

기업의 목적과 사명을 정의할 때 출발점은 단 하나밖에 없다. 바로 고객이다.

사업은 회사명이나 정관, 설립 취지에 의해서가 아니라, 재화나 서비스를 구입함으로써 고객이 만족을 느끼도록 만들고자 하는 욕구에 의해 항상 정의된다. 고객을 만족시키는 것이야말로 기업의 사명이자 목적이다. 따라서 '우리의 사업은 무엇인가'라는 질문에 대해서는 기업을 외부, 즉 고객과 시장의 관점에서 바라봄으로써 비로소 대답할 수 있다.

고객의 관심은 언제나 자기 자신의 가치, 욕구, 현실에 존재한다. 이 사실만 보더라도 '우리의 사업은 무엇인가'라는 질문에 답하려면 고객으로부터 출발하지 않으면 안 된다는 사실을 분명히 알 수 있을 것이다.

고객의 가치, 기대, 현실, 상황, 행동을 파악하는 것이야말로 '우리의 사업은 무엇인가'에 대한 정답을 찾는 첫 걸음이다.

고객은 누구인가

'고객은 누구인가'라는 질문이야말로 각 기업의 사명을 정의하는 데 반드시 필요한 요소다. 이는 답이 쉽거나 자명한 질문이라서가 아니다. 중요한 것은 이 질문에 대한 답에 따라 기업이 자신을 어떻게 정의할 것인가가 결정된다는 점이다.

물론 제품과 서비스의 최종 이용자는 고객이다. 그러나 고객은 한 종류가 아니며 기대나 가치관, 기호에 따라 다양하게 분류될 수 있다.

대부분의 사업에는 적어도 두 종류의 고객이 있다. 예를 들어 카펫 사업에는 건축업자, 주택 구입자라는 고객이 있고, 생활용품 제조 회사에는 주부와 소매업자라는 고객이 있다.

고객은 어디에 있는가, 무엇을 구입하는가

캐딜락Cadillac의 새로운 모델에 거금을 지불하는 사람들은 과연 운송 수단으로서 차를 구입하는 것인가, 아니면 지위를 나타내는 상징을 구입하는 것인가?

1930년대 대공황 시기에 수리공에서 시작하여 캐딜락 사업부의 경영을 맡고 있던 독일 태생의 니콜라스 드레이스타트Nicholas Dreystadt는 '우리들의 경쟁 상대는 다이아몬드나 밍크 코트다. 고객이 구입하는 것은 운송 수단이 아니라 지위다'라고 말했다.

이 대답이 파산 직전의 캐딜락을 구했다. 대공황 시절임에도 불구하고 캐딜락은 불과 2, 3년 만에 성장 사업으로 변신했다.

그의 대답은 오늘날 기업이 '고객은 무엇을 구입하는가'에 대한 답을 구하는 데도 커다란 시사점을 던져 준다.

언제 질문해야 하는가

대부분의 매니지먼트가 곤경에 처했을 때를 제외하고는 '우리의 사업은 무엇인가'라는 질문에 관심을 두지 않는다.

물론 어려움에 빠졌을 때 제일 먼저 이 질문을 던지는 것은 무엇보다 중요하다. 이 질문은 회복 불능으로 보이는 기업조차 호전시키며 눈부신 성장을 이끌어 내는 힘을 지니고 있기 때문이다.

그러나 곤경에 빠져서야 이 질문을 떠올린다는 것은 러시아 룰렛에 몸을 맡기는 것만큼이나 무책임하다. '우리의 사업은 무엇인가'를 신중히 따지는 것은 오히려 성공하고 있을 때 해야 할 일이다. 성공은 늘 그 성공을 낳은 행동들을 진부하게 만들고 새로운 현실과 새로운 문제를 만들어 낸다. '그리하여 행복하게 살았다'로 끝나는 이야기는 전래 동화뿐이다.

물론 성공하고 있는 기업에서 '우리의 사업은 무엇인가'를 묻는 것은 쉬운 일이 아니다. 그러한 질문에 대한 대답은 너무나 명백하여 대부분 논의할 여지가 없다고 여겨진다. 또 이로 인해 힘들게 이룩한 스스로의 성공이 트집 잡히지는 않을까 우려하게 마련이다.

무엇이 우리의 사업이 될 것인가

'우리의 사업은 무엇인가'에 대한 훌륭한 답을 찾았다고 해서 끝난 것이 아니다. 큰 성공을 거두게 만든 답조차 사실상 그리 오래가지 않는다. 기업에 관한 정의들은 50년은커녕 30년도 유효한 것이 없으며 겨우 10년이 기한이다.

따라서 매니지먼트는 '우리의 사업은 무엇인가'를 질문할 때 '우리의 사업은 무엇이 될 것인가', '우리의 사업이 갖는 사명, 목적에 영향을 끼칠 가능성이 있는 환경상의 변화를 예측할 수 있는가', '그러한 예측을 사업에 관한 우리들의 정의, 즉 사업의 목적, 전략, 일에 어떻게 짜 넣을 것인가'를 숙고해야 한다.

이 경우도 시장이 출발점이다. 고객, 시장, 기술에 기본적인 변화가 일어나지 않는다는 가정하에 5년 후 혹은 10년 후에 시장은 어떻게 변할지 예측할 수 있을까? 어떤 요인이 그 예측을 정당화하는가, 혹은 무효로 만들 것인가?

시장 동향 가운데 가장 중요한 것이 인구 구조와 인구 동태의 변화다. 그러나 이 점을 주시하고 있는 기업은 거의 없다.

경제학의 관점에서 인구는 거의 일정하다고 여겨진다. 과거에는 이 생각이 옳았다. 큰 전쟁이나 기근이 일어나지 않는 한 인구 변화는 아주 느리게 진행되었다.

그러나 이는 더 이상 들어맞지 않는다. 인구는 실제로 개발도상국에서뿐만 아니라 선진국에서도 급격하게 변할 수 있다.

인구 구조가 구매력이나 구매 습성, 노동력에 영향을 끼친다는 이

유만으로 중요하다는 이야기가 아니다. 인구 구조는 미래를 예측할 수 있는 거의 유일한 사상事象이다.

경제 구조, 유행과 의식, 경쟁 상태의 변화에 따라 초래되는 시장 구조의 변화 역시 중요하다. 특히 경쟁 상태에는 고객의 제품관이나 서비스관에 따라 직접적인 경쟁뿐만 아니라 간접적인 경쟁까지도 포함시켜야 한다.

마지막으로 '소비자의 욕구 가운데 현재의 재화나 서비스로 충족되지 않은 욕구는 무엇인가'에 대해 생각해야 한다. 이에 올바른 대답을 할 수 있는지의 여부가 그저 잠깐 흐름을 타고 있을 뿐인 기업과 성장하는 기업을 가른다. 흐름을 타기만 하는 기업은 당연히 흐름과 함께 쇠퇴한다.

우리의 사업은 어떤 것이어야 하는가

'무엇이 우리의 사업이 될 것인가'라는 질문은 예측되는 변화에 적응하기 위한 것으로 현재의 사업을 수정하고 연장하여 발전시키려는 목적을 가진다.

나아가 '우리의 사업은 어떤 것이어야 하는가'라는 질문 또한 필요하다. 현재의 사업을 전혀 다른 것으로 전환함으로써 새로운 시장을 개척하고 창조할 수 있을지도 모르기 때문이다. 이 질문이 없다면 기업은 중대한 기회를 놓칠 수 있다.

'우리의 사업은 어떤 것이어야 하는가'라는 질문에 답하는 데는 사회, 경제, 시장의 변화 그리고 이노베이션을 고려해야 한다. 이때 이노베이션에는 스스로 일으키는 것과 외부 요인이 일으키는 것이 모두 포함된다.

우리의 사업 중에서 무엇을 버릴 것인가

새로운 사업의 시작을 결정하는 것과 마찬가지로 중요한 일이 있다. 바로 기업에 맞지 않고 고객에게 만족을 줄 수 없으며 업적에 공헌하지 못하는 사업들을 체계적으로 폐기하는 일이다.

'우리의 사업은 무엇인가, 무엇이 될 수 있는가, 무엇이 되어야 하는가'를 결정하는 데는 기존의 제품, 서비스, 공정, 시장, 최종 용도, 유통 채널 등을 분석하는 것이 반드시 필요하다.

'그것들이 현재는 물론 미래에도 유용할 것인가', '고객에게 가치를 주고 있는가, 미래의 고객들에게도 가치를 줄 것인가', '현재의 인구, 시장, 기술, 경제 실태와 맞는가, 맞지 않는다면 어떻게 폐기할 것인가, 혹은 최소한 어떻게 자원과 노력의 투입을 중지할 것인가'에 대하여 신중하게 고민해야 한다.

그러한 고민 끝에 내린 결단에 따라 행동하지 않는 한, 아무리 최선의 정의를 내렸다 할지라도 이는 그저 훌륭한 절차를 거친 것에 불과할 것이다. 단지 지난 일에 대한 평가에 그치는 것이다. 이는 미래는커녕 현재를 개척하기 위해 일할 시간도, 자원도, 의욕도 만들어 주지 못한다.

사업을 정의하는 것은 어려운 일이다. 고통과 위험이 크다. 그러나 사업에 대한 명확한 정의가 있어야만 목표를 설정하고 전략을 발전시키고 자원을 집중하여 활동을 개시할 수 있다. 그리하여 결국에는 성과를 더 높이기 위한 매니지먼트를 할 수 있게 되는 것이다.

03

사업의 목표

사업의 정의는 목표에 맞추어 구체화하지 않으면 안 된다. 그렇지 않으면 아무리 좋은 정의라도 뛰어난 통찰, 좋은 의도, 좋은 경고에 지나지 않는다.

마케팅의 목표

목표 설정에 있어서도 중심이 되는 것은 마케팅과 이노베이션이다. 고객이 대가를 지불하는 것은 이 두 분야에서의 성과와 공헌이기 때문이다.

마케팅의 목표는 여러 가지가 존재한다. 기존 제품과 서비스에 관한 목표, 기존 제품, 서비스, 시장의 폐기에 관한 목표, 기존 시장에서의 신제품에 관한 목표, 새로운 시장에 관한 목표, 유통 채널에 관한 목표, 서비스 표준과 성과에 관한 목표, 신용의 표준과 성과에 관한 목표가 그것이다.

마케팅의 목표에 관해서는 이미 많은 책에서 언급하고 있다. 그러나 어떤 책도 이들 목표가 다음의 두 가지 기본적인 의사결정 이후가 아니면 설정될 수 없음을 충분히 강조하고 있지 않다. 바로 '집중'의 목표와 '시장 지위'의 목표다.

고대의 위대한 과학자 아르키메데스는 "설 장소를 제공해 준다면 세계를 들어 올려 보겠다"고 했다. 아르키메데스가 말하는 '설 장소'가 바로 집중해야 할 분야다.

집중의 목표는 기본 중의 기본으로 매우 중요한 의사결정이다. 집중에 관한 목표가 존재하기 때문에 '우리의 사업은 무엇인가'에 대한 대답도 의미를 가지게 된다.

마케팅 목표의 기초가 되는 또 다른 의사결정은 시장 지위의 목표다. 시장 지위의 목표에 대해서는 '시장에서 리더의 지위를 점하고 싶다', 혹은 '매출만 늘어난다면 시장점유율 따위는 개의치 않는다'고 말하는 것이 보통이다. 둘 다 그럴싸하게 들리지만 사실은 모두 틀린 말이다.

모든 기업이 동일 시장에서 동시에 리더가 될 수는 없다. 반대로 아무리 매출이 늘어나더라도 시장점유율이 낮다면 이 또한 좋지 않다.

시장점유율이 낮은 기업은 한계가 뚜렷하기 때문에 결국에는 취약한 존재가 되고 만다. 매출이 늘어나는 것과 상관없이 시장점유율은 기업에게 상당히 중요하다. 한계에 다다르지 않기 위한 하한선은 업종에 따라 다르지만, 확실한 것은 한계가 분명한 기업의 경우 장기적으로 존속에 큰 위협을 받는다는 사실이다.

한편 독점금지법의 유무와는 별개로 시장점유율이 일정 수준 높아지게 되면 기업에 좋지 않은 영향을 초래할 수 있다. 시장을 지배하게 된 순간부터 신선놀음에 빠질 우려가 있기 때문이다. 자기만족은 결국 돌이킬 수 없는 실패를 부른다.

더구나 시장을 지배하는 기업의 일부 조직에서는 혁신에 반대하고 저항하는 무리가 생겨나게 마련이다. 이 경우 외부 변화에 대한 적응력이 위험할 정도로 떨어지게 된다.

그런가 하면 시장 쪽에서도 독점적인 공급자에 의존하는 상황에 대해 뿌리 깊은 반발감이 생겨난다. 메이커의 구매 담당자건 공군의 조달관이건 혹은 가정주부건 간에 독점적인 공급자의 지배하에 있는 것을 달갑게 여기는 사람은 없다.

더구나 급속히 확대되고 있는 시장, 특히 새로운 시장에 있어서는 독점적인 공급자의 업적이, 강한 경쟁 상대가 있는 경우보다 못한 경우가 많다. 이는 모순으로 여겨질지도 모르며 사실 대부분의 기업인들은 그러한 생각을 하지 않는다. 그러나 새로운 시장일수록 공급자가 한 명이 아니라 여러 명일 때 훨씬 빠르게 확대되는 경향이 있다.

시장의 8할을 점하는 것은 매우 기분 좋은 일이다. 그러나 100의 8할은 250의 5할보다 훨씬 작다. 공급자가 한 명일 경우 시장은 100에서 멈춘다. 제품 종류를 멋대로 정해 버리는 독점적 공급자의 빈곤한 상상력은 곧 명확한 한계를 만든다. 공급자가 여러 명이 되면 한 명의 공급자로는 상상도 할 수 없었던 시장이나 제품이 속속 생겨난다. 결국 시장은 급속하게 250으로 확장된다.

듀폰Du Pont(미국의 종합 화학 회사로 미국 내 최장수 기업 - 옮긴이) 사는 일찍부터 이 사실을 이해하고 있었다. 듀폰 사는 이노베이션에 성공했을 때 독점적 공급자의 지위를 유지하는 것은 개발 비용을 회수할 때까지로 잡았다. 이후에는 특허 사용권을 제공하여 경쟁 상대를 만드는 전략을 취해 왔다. 그 결과 많은 기업이 새로운 시장을 개척하고 혁신적인 제품을 개발하였다. 일례로 듀폰 사의 후원을 받은 경쟁 업체가 없었다면 세계 최초의 본격적인 합성 섬유인 나일론 시장은 성장을 멈추고 소규모에 그쳤을 것이다.

시장에서 추구해야 할 지위는 결국 최대가 아니라 최적인 셈이다.

이노베이션의 목표

이노베이션의 목표는 '우리의 사업은 무엇인가'라는 질문에 대한 답을 구체적인 행동으로 옮기는 데 있다.

모든 기업에는 세 가지 이노베이션이 있다. 제품과 서비스의 이노베이션, 시장과 소비자 행동 및 가치관의 이노베이션, 제품의 시장 투입 기간의 이노베이션이 그것이다.

이노베이션의 목표를 설정할 때 가장 큰 문제는 이노베이션의 영향력과 중요성이 어느 정도인지 측정하기가 매우 어렵다는 점이다.

예를 들어 곧바로 실행 가능한 제품 포장법에 대한 이노베이션 100

건과, 사업 자체를 크게 변화시킬 10년에 걸친 화학계의 이노베이션 1건이 있다면 과연 어느 쪽이 더 중요하겠는가? 이는 대답을 하는 주체가 어떤 산업 분야에 속해 있는지, 또 어떤 기업인지에 따라 달라질 것이다.

경영 자원의 목표

기업이 업적을 올리는 데 필요한 세 가지 경영 자원의 경우에도 역시 목표가 중요하다. 이때 목표란 경영 자원의 획득을 말한다.

일찍이 경제학자들이 말했던 것처럼 경제 활동을 하기 위해서는 토지(물적 자원), 노동(인재), 자본(자금) 등 세 가지 자원이 필요하다. 특히 양질의 인재와 자금을 끌어들일 수 없다면 기업은 영속할 수 없다. 산업 전체를 보더라도 기업이 쇠퇴기에 접어들기 시작하는 시점에 이르러서는 유능하고 의욕 넘치는 인재를 끌어들일 만한 호소력을 잃어 버리는 경우가 많다.

미국에서 철도 산업이 쇠퇴하기 시작한 시점만 봐도 그렇다. 미국의 철도 산업 쇠퇴기는 일반적으로 제2차 세계대전 직후로 알려져 있지만 이는 사실이 아니다. 제2차 세계대전이 종료되고 나서야 철도가 쇠퇴하고 있었음이 마침내 알려진 것이며 곧이어 회복불능에 빠진 것에 불과하다.

실제로 쇠퇴가 시작된 것은 제1차 세계대전이 진행되던 때였다. 제1차 세계대전 전에는 철도 관련 업무에 종사하려는 기술 계통의 유능한 젊은이들이 무수히 많았다. 그러나 철도 분야가 기술계뿐만 아니라 어떤 분야의 고학력 젊은이에게도 매력 없는 직장이 되어 버린 후부터 철도 산업은 급격하게 추락하기 시작했다.

인재와 자금 획득에 관해서는 특히 마케팅적인 사고방식이 필요하다. 이를 위해 먼저 '유능한 인재를 끌어들이고 회사에 오래 남아 있도록 하려면 회사의 업무를 어떤 식으로 만들어야만 하는가', '우리 기업에는 어떤 유형의 인재가 필요한가', '원하는 인재를 확보하려면 무엇을 해야 하는가', '어떻게 해야 회사에서 자금을 끌어들일 수 있겠는가' 등의 질문에 대한 답을 확실히 구해야 한다.

이들 경영 자원에 관한 목표는 두 가지 방향에서 설정되어야 한다.

하나의 출발점은 경영 자원에 대한 기업 자신의 수요다. 스스로의 수요를 시장의 상황과 관련지어 검토해야 한다.

다른 출발점은 시장이다. 시장의 상황과 기업의 구조, 방향, 계획을 연결하여 살펴보아야 한다.

생산성의 목표

경영 자원을 입수하고 그것을 이용하는 것은 첫 걸음에 지나지 않는다. 이 경영 자원들을 생산적인 것으로 만드는 일이 다음 과제다. 모든 기업은 물적 자원, 인재, 자금이라고 하는 세 가지 경영 자원에 관하여 생산성 목표를 설정해야 한다. 동시에 생산성 전체에 관한 목표를 설정할 필요가 있다.

기업 각 부문의 매니지먼트나 기업 간의 매니지먼트를 비교하는데 가장 좋은 척도가 바로 생산성이다. 획득할 수 있는 경영 자원은 누구나 거의 똑같다. 독점 상황과 같은 드문 사례를 제외하면, 어떤 경우에든 기업 간 차이를 만드는 것은 매니지먼트의 질적 수준이다.

매니지먼트의 질적 수준이라는 결정적으로 중요한 요인을 측정하는 하나의 척도가 생산성, 즉 경영 자원 활용의 성과다.

생산성 향상은 매니지먼트의 가장 중요한 사안 가운데 하나이며, 동시에 매우 곤란한 업무 중 하나다. 생산성이란 각종 요인 간에 균형을 맞추는 일이기 때문이다. 그 요인들 중에 측정할 수 있는 것, 정의하기 쉬운 것은 늘 적다.

예를 들어 인재는 세 가지 생산 요소 중 하나에 지나지 않는다. 인재의 생산성 향상이 다른 경영 자원의 생산성 저하에 의해 이루어진 것이라면 전체적인 생산성은 떨어지고 있을지도 모른다.

생산성이란 어려운 개념이면서 상당히 중요한 개념이다. 생산성 목표가 없으면 기업은 방향을 잃고 통제조차 불가능하게 된다.

사회적 책임의 목표

불과 몇 년 전까지 경제학자들은 사회적 책임이 무형의 것이며 이것에 목표를 설정할 수 없다고 이야기했다. 그러나 오늘날 우리들은 이 무형적인 것이 유형적일 수 있다는 사실을 알게 되었다. 소비자 운동이나 환경 파괴에 대한 공격은 기업이 사회에 끼치는 영향에 관해 스스로 철저하게 검토하고 목표를 설정해야만 한다는 교훈을 배우기 위한 값비싼 수업이었다.

사회와의 관계는 기업에게 있어서 존립과 직결된 문제다. 기업은 사회와 경제 속에 존재한다. 그러나 기업 내부에서는 스스로가 마치 진공 상태에 독립적으로 존재하고 있는 양 생각하곤 한다. 사실 많은 기업이 자신의 사업을 내부의 시각에서 바라보고 있다.

그러나 사회나 경제는 어떤 기업일지라도 하룻밤 사이에 소멸시킬 힘을 갖고 있다. 기업은 사회나 경제의 인정 속에 존재하고 있으며, 사회와 경제가 그 기업이 생산적인 일을 하고 있는 유용한 업체라고 여길 때에만 존속을 허락한다는 사실을 잊어서는 안 된다.

사회적 책임에 대한 공표는 단순히 좋은 의도를 표명한다는 의미가 아니라 기업 전략의 일환으로 이해할 필요가 있다. 그러므로 매니지먼트는 기업에 대한 책임에서 한 발 더 나아가 사회에 대한 책임도 가지고 있다.

비용으로서의 이익

기본적인 영역에서 목표를 철저하게 검토하고 설정한 후에는 '얼마만큼의 이익이 필요한가'라는 질문을 던져야 한다.

목표 달성에는 큰 위험이 동반된다. 더구나 노력, 즉 비용도 필요하다. 바로 이 지점에서 기업의 목표를 달성하는 데 '이익'이 중요해지게 된다.

이익이란 기업 존속의 조건이다. 이익이란 미래의 비용으로서 사업을 계속 하기 위한 비용이다.

목표를 실현하는 데 들어가는 비용을 이익으로 내고 있다면 그 기업은 존속의 수단을 갖고 있는 셈이다. 그러나 기본적인 목표를 실현할 비용조차 모자란 기업이라면 이미 한계에 부닥쳐 위험 신호가 들어온 것과 다름없다.

이러한 상황을 피하기 위해서는 이익에 대한 계획이 명확하게 작성되어야 한다. 이것은 무의미한 상투어가 되어버린 '이익 극대화'에 대한 계획을 말하는 것이 아니다. 그러나 그 필요 금액은 많은 기업들이 실제로 올리고 있거나 목표로 삼고 있는 최고 금액을 상회하는 액수여야 한다.

목표액 설정에 필요한 균형

목표를 설정하는 데는 균형이 필요하다. 이는 이익과의 균형, 가까운 장래와 먼 장래 사이의 균형, 다른 목표와의 균형, 즉 목표 간 절충 관계를 의미한다.

무엇이든 잘 해 내는 조직은 없다. 자금이 있더라도 인재가 없을 수도 있다.

그러므로 우선순위가 필요하다. 모든 것에 조금씩 손을 대는 것은 최악의 선택이다. 아무런 성과도 올릴 수 없기 때문이다. 우선순위가 한참 잘못되었다 할지라도 아예 없는 것보다는 백 번 낫다.

목표의 실현

마지막 단계는 목표를 실현하기 위한 행동 단계다. '우리의 사업은 무엇인가, 무엇이 될 것인가, 무엇이어야만 하는가'를 생각하여 목표를 검토하는 것은 지식을 얻기 위해서가 아니라 행동하기 위해서다. 그 목적은 조직의 에너지와 자원을 바른 성과에 집중하는 것이다. 따라서 검토가 이루어진 후 목표, 기한, 계획, 구체적인 업무 할당이 진행되어야 한다.

실행에 옮기지 않으면 목표는 목표가 아니다. 단지 꿈에 불과하다.

04

전략 계획

전략 계획에 대한 몇 가지 오해

우리가 꿈꾸는 미래는 간절히 바란다고 해서 저절로 만들어지지 않는다. 분명한 의사결정을 해야만 한다. 당장 행동하고 위험을 무릅쓰지 않으면 안 된다. 이때 필요한 것은 장기 계획이 아니라 전략 계획이다.

먼저 전략 계획에 대한 일반적인 오해에 어떤 것들이 있는지 알 필요가 있다.

전략 계획은 마법 상자나 기법의 묶음이다

전략 계획은 분석적인 사고이며 자원을 행동과 연결하는 것이다.

전략 계획을 작성하는 데는 다양한 기법이 사용된다. 그중 컴퓨터를 사용할 수도 있다.

그러나 '우리의 사업은 무엇인가, 무엇이어야만 하는가'에 대한 대답은 데이터나 프로그램으로 도출할 수 있는 것이 아니다. 기법이나 프로그램 자체가 전략 계획은 아니라는 이야기다. 그것들은 도구에 불과하다.

의사결정에 과학적인 방법을 적용한다고 전략 계획이 되는 것도 아니다. 전략 계획은 사고, 분석, 상상, 판단을 적용하는 것이다. 결국 전략 계획은 기법이 아니라 일종의 책임이다.

전략 계획은 예측이나 미래의 주인이 되기 위한 계획이다

미래는 예견할 수 없다. 어느 정도 예측할 수 있는 사람이 있다면 오늘 신문을 보여주고 10년 전에 어느 것을 예측할 수 있었는지 질문하면 된다. 전략 계획이 필요한 것은 바로 우리들이 미래를 예측할 수 없기 때문이다.

예측과 전략 계획이 같지 않은 한 가지 이유는, 예측이란 가능성의 정도와 범위를 발견코자 하는 데 그치기 때문이다. 기업가의 관심은 가능성 그 자체를 바꾸는 데 있다. 실제로 기업가적인 공헌이란 경제, 사회, 정치의 상황을 바꾸는 혁신을 일으키는 것을 뜻한다.

기업은 예측의 기초가 되는 가능성 그 자체를 바꾸어야 한다. 따라서 기업이 미래를 향하게 하는 데 예측은 쓸모가 없다. 사람의 생활이나 업무를 변혁하는 데 예측은 필요치 않다. 외부의 변화에 적응하기 위한 기반조차 되지 않는다. 전략 계획이라는 기업가의 의사결정 기반은 더더욱 될 수 없다.

전략 계획은 미래의 의사결정에 관련된 것이다

전략 계획은 현재의 의사결정이 미래에 갖는 의미에 관한 것이다. 의사결정이 존재할 수 있는 것은 현재뿐이다.

최대의 문제는 '내일 무엇을 해야 하는가'가 아니라 '불확실한 내일을 위하여 오늘 무엇을 해야만 하는가'이다. 문제는 '내일 무엇이 발생할 것인가'가 아니라 '현재의 사고방식이나 행동에 어떤 종류의 미래를 끼워 넣을 것인가, 어느 정도 앞을 생각할 것인가' 그리고 '어떻게 합리적인 의사결정을 할 수 있을 것인가'이다.

내일 행할 의사결정에 관해 계획하기는 쉽다. 이는 그러나 즐거울지는 몰라도 무익한 일이다. 의사결정은 현재만 할 수 있다.

그러나 오늘만을 위해서 의사결정을 할 수는 없다. 아무것도 결정하지 않겠다는 결정은 물론 가장 편리한 것이지만, 결국 장기간에 걸쳐 우리를 구속한다.

전략 계획은 위험을 없애거나 최소화하기 위한 것이다

이러한 시도는 결국 불합리하며 끝없는 위험과 확실한 파멸만을 초래할 뿐이다. 경제 활동이란 현재의 자원을 미래, 즉 불확실한 기대에 거는 것이다. 경제 활동의 본질은 위험을 무릅쓰는 것이다.

위험을 완전히 없앤다면 성과를 기대할 수 없다. 사실 위험을 최소화했다는 말조차 때로는 의문이다. 얻게 될 성과를 생각하면 무릅써야 하는 위험이란 언제 어디서나 반드시 존재한다. 전략 계획에 성공한다는 것은 더 큰 위험을 부담하겠다는 의미다. 더 큰 위험을 부담하는 것이야말로 기업가로서 성과를 올리는 유일한 방법이기 때문이다.

전략 계획이란 무엇인가

전략 계획은 위험을 동반하는 기업가적인 결정을 행하고, 그 실행에 필요한 활동을 체계적으로 조직하며, 그 활동들의 성과를 기대한 것과 비교 측정하는 연속된 프로세스다.

우선 모든 종류의 활동, 제품, 공정, 시장에 관해 '오늘 이 일을 하지 않았다면 언젠가 다시 할 생각이 있는가'를 따져 보아야 한다. 대답이 부정적일 경우 '그렇다면 어떻게 하루라도 빨리 그만둘 수 있을까'를 생각해 보고, '무엇을 언제 할 것인가'를 가려 내야 한다.

이미 하고 있는 일을 더 많이 하기만 하면 좋은 성과를 올릴 수 있는 분야도 있다. 그러나 이미 행하고 있는 것만으로는 미래의 니즈를 지속적으로 채울 수 없다.

'무엇을 할 것인가'를 따지는 것은 문제의 일면만 본 것에 불과하다. '언제 할 것인가'라는 질문도 마찬가지로 중요하다. 이 질문에 대한 답이야말로 새로운 일을 시작하기 위한 적절한 타이밍을 가르쳐 주기 때문이다.

최선의 전략 계획이라 해도 업무로 구체화되지 않으면 좋은 의도였다고 평가받는 데 그치고 만다. 성과는 조직 내의 주요 인재들을 어떻게 할당하느냐에 달려 있다. 전략 계획은 미래에 훌륭한 성과를 낼 수 있는 활동에 자원을 할당함으로써 비로소 의미를 지닌다. 그렇지 않으면 약속과 희망은 있어도 전략 계획은 존재하지 않는다. 따라서 '오늘 이 일을 위해 최고 수준의 부하 직원 중에서 누구를 임명할 것인가'를 판단하는 것이 불가피하다.

위험을 동반하는 의사결정을 하고 싶은지의 여부는 문제가 아니다. 매니지먼트는 일의 성격상 반드시 의사결정을 해야 한다. 차이는 '책임지고 하느냐, 무책임하게 하느냐', 즉 '성과와 성공에 대해 타당한 가능성을 고려하면서 행할 것인가, 엉터리로 행할 것인가' 하는 것뿐이다.

전략 계획이란 판단 대신 사실을, 매니지먼트 대신 과학을 들먹이는 것이 아니다. 매니지먼트를 행하는 자의 능력, 용기, 경험, 직감의 역할을 축소해서도 안 된다. 의학 지식이 많은 의사라고 해서 의사로서의 자질을 불문에 부치지 않는 것과 같은 이치다.

매니지먼트의 판단력, 지도력, 비전은 전략 계획을 보다 체계적으로 조직화한 후 거기에 지식을 적용함으로써 강화되는 것이라고 보아야 한다.

2장 공적 기관의 성과

공적 기관은 그 규모에 걸맞은 성과를 올리지 못하고 있다.
부진의 원인은 과연 무엇인가?
공적 기관이 성과를 올리기 위해서는 무엇이 필요한가?

05

다원화 사회의 도래

현대 사회의 성장 부문

현대 사회에서 기업은 하나의 조직에 지나지 않는다. 기업의 매니지먼트만이 매니지먼트의 전부는 아니라는 뜻이다. 정부 기관, 군, 학교, 연구소, 병원, 노동조합, 법률 사무소, 회계 사무소, 그 외의 여러 단체 모두가 조직이다. 이 조직들은 하나같이 매니지먼트를 필요로 한다.

이렇듯 기업 이외의 조직, 즉 공적 기관이야말로 현대 사회의 주요 성장 부문이다. 그런 의미에서 오늘날 우리들의 사회는 기업 사회라기보다 다원화 사회다.

기업 내에서도 성장 부문은 서비스 쪽이다. 대기업에서 소기업에 이르기까지 다양한 서비스 부문에 직원들이 급증하고 있다. 이 서비스 부문에도 물론 매니지먼트가 존재한다.

서비스 기관이 성과를 올리는 방법

서비스 기관은 정부나 병원과 같은 공적 기관이든 기업 내 서비스 부문이든지 간에 모든 경제 활동에서 생산되는 잉여 자금으로 비용을 충당한다. 즉 사회적 간접비 혹은 기업 내 간접비로 비용을 충당하고 있다.

서비스 기관은 현대 사회의 기둥으로서 사회 구조를 떠받치고 있다. 이제 사회나 기업이 제대로 기능하기 위해서는 서비스 기관이 성과를 올리지 않으면 안 된다.

그런데도 공적 기관의 성과는 훌륭하기는커녕 납득할 만한 수준에도 도달하지 못하고 있다. 학교나 병원이 모두 예전에는 상상도 못했을 만큼 비대해지는 바람에 예산이 급증한 것은 물론 대부분 위기에 처해 있다. 예전에는 공적 기관의 활동이 문제되는 일이 드물었지만 오늘날에는 이 기관들의 활동 부진이 사회로부터 집중 공격을 받고 있다.

우편이나 철도 등의 공적 사업은 19세기까지만 해도 별 무리 없이 경영되었다. 그러나 현재는 거액의 보조금을 받으면서도 막대한 적자에 허덕이고 있으며, 엎친 데 덮친 격으로 서비스의 질까지 현저히 떨어지고 있다.

중앙 정부나 지방 자치 단체의 경우 더 높은 성과를 올리고자 끊임없이 조직을 개편하고 있다. 그럼에도 대부분의 국가에서는 관료주의에 대한 불만이 높아지고 있는 실정이다. 공적 기관이 공헌과 성과를 위해서가 아니라 기관 내에서 일하는 사람들을 위해 경영되고 있다는 불만의 소리마저 들린다.

그러나 공적 기관은 폐지될 수도 폐지되어서도 안 된다. 오늘날의 사회에서는 공적 기관의 역할이 반드시 필요하다.

공교육 무용론을 주장하는 사람들이 바라는 것은 교육의 질 저하가 아니라 향상이다. 병원의 결함을 공격하는 사람 역시 의료 복지의 확충을 바라고 있다. 기업 내 서비스 부문 역시 그 역할 자체가 불필요해진 것은 아니다.

지금 필요한 것은 서비스 기관이 성과를 올리기 위한 방법을 발견하고 배우는 일이다. 다행히도 서비스 기관은 성과를 올리기 위한 매니지먼트가 충분히 가능하다.

공적 기관과 기업 내 서비스 부문에서 성과를 올리는 조직은 매우 이례적인 것으로 간주된다. 하지만 이것을 의외로 생각하기보다는 서비스 기관이 성과를 올리는 것도 충분히 가능한 일이라는 쪽으로 생각의 물꼬를 돌려야 한다.

06

공적 기관 부진의 원인

세 가지 오해

공적 기관 부진의 원인으로 자주 언급되는 것이 다음의 세 가지다.

기업처럼 매니지먼트하지 않는다

우리는 공적 기관이 기업처럼 매니지먼트를 해야만 성과를 올릴 수 있다는 이야기를 지겨울 정도로 들어왔다. 그러나 이는 틀린 말이다. 기업처럼 매니지먼트하라는 주문은 잘못된 처방전이다.

공적 기관 부진의 원인은 그것이 기업이 아니라는 점에 있다. 공적 기관을 기업처럼 매니지먼트한다는 것은 사안을 단순히 비용 관리 측면에서만 바라본 것이다.

공적 기관에 결여되어 있는 것은 성과지 효율이 아니다. 효율로 성과를 얻을 수는 없다.

물론 모든 조직에 효율은 반드시 필요한 요소다. 그러나 공적 기관의 세계에는 경쟁이 없다. 비용 관리를 외부로부터 강제 받는 일도 없다. 그 점이 시장에서 경쟁하는 기업과 근본적으로 다른 부분이다.

공적 기관 문제의 핵심은 비용 의식의 결여가 아니라 성과를 올릴 수 없다는 점이다.

효율 면에서는 우수한 공적 기관이 있을지도 모르며 실제로 그러한 기관이 존재하기도 한다. 하지만 공적 기관은 반드시 해야만 하는 일을 하지 않는다는 점에서 큰 문제가 있다.

인재가 없다

남북 전쟁 직후 헨리 아담스Henry Adams를 시작으로 오늘날에 이르기까지 미국의 개혁자들이 한결같이 요구해 온 것은 '인재'였다.

그러나 기업과 마찬가지로 공적 기관도 슈퍼맨만을 매니저의 지위에 둘 수는 없다. 조직의 수는 너무나 많다. 모든 병원의 원장이 천재나 위인일 리 없다.

현재 공적 기관에서 일하는 이들이 애초부터 부적격하고 무능하며 불성실하고 태만했던 것은 아니다. 기업에서 일하던 인재가 공적 기관에 들어간다고 해서 현재의 관료보다 일을 더 잘하리라는 보장은 더더욱 없다. 우리는 그들이 관료제에 금방 물들 것이라는 사실을 잘 알고 있다.

목적이나 성과가 구체적이지 않다

공적 기관 부진의 가장 그럴싸한 이유로 공적 기관의 목적과 성과가 구체적이지 못하다는 점을 들기도 한다. 이는 문제의 일면만을 지적한 것이다.

원래 사업의 정의는 공적 기관뿐만 아니라 기업의 경우에도 추상적일 수밖에 없다. 예를 들어 시어스 로벅Sears Robeuck의 '일반 가정을 위한 바이어가 된다'는 정의나 막스 앤 스펜서Marks and Spencer의 '영국 계층을 타도한다'는 정의 역시 모호하긴 마찬가지다.

사실 '영혼의 구제'라는 교회의 목적 또한 정량적으로는 파악할 수 없다. 한 마디로 장부에 적을 수는 없는 것이다. '전인격의 발달'이라는 학교의 목적은 또 어떠한가. 이 역시 정량적으로 파악하기 힘들다.

공적 기관과 기업은 무엇이 다른가

공적 기관과 기업의 기본적인 차이는 지불을 받는 방법에 있다. 기업은 고객 만족을 통해 대가를 지불받는다. 고객이 갖고 싶어 하는 것, 대가를 지불할 생각이 있는 것을 만들었을 때에만 지불을 받을 수 있다. 이렇듯 기업 입장에서는 고객 만족이 성과와 업적을 보증한다.

그러나 공적 기관은 예산으로 운영된다. 성과나 업적에 대해서 지불받는 것이 아니다. 예산은 활동과는 관계없는 세금이나 공과금에 따른 수입으로부터 할당된다.

이 사실은 기업 내 서비스 부문에도 동일하게 적용된다. 성과에 대한 지불은 받지 않는다. 지불은 간접비, 즉 예산에서 받는다. 그도 그럴 것이 기업 내 서비스 부문은 공적 기관과 같은 성격을 지니고 같은 행동을 취한다.

예산에서 지불을 받는 것은 성과와 업적의 의미를 완전히 바꿔 버린다. 예산형 조직에서는 성과란 더 많은 예산의 획득을 의미한다. 업적이란 예산을 유지하거나 증가시키는 것이다.

따라서 시장에 대한 공헌이나 목표의 달성 같은 성과의 통상적 의미는 2차적인 것이 된다. 예산 획득이야말로 이들 조직의 성과를 측정하는 첫 번째 판정 기준이며 존속을 위한 첫 번째 요건이 되는 것이다. 때문에 예산이란 원래의 성격으로 볼 때 공헌이 아닌 계획을 뜻하는 것으로 그 의미가 달라지고 만다.

성과를 올리지 말라

아무리 그 중요성을 설명해도 예산형 조직에서는 효율이나 비용 관리가 미덕일 수 없다. 예산형 조직의 지위는 예산 규모와 사람의 수로 가늠할 수 있다. 더 적은 예산이나 인원으로 성과를 올린다 해도 업적으로 평가받지 않는다.

오히려 조직을 위험에 빠뜨릴 수 있다. 예산을 다 쓰지 않으면 이듬해에는 의회나 이사회가 예산을 줄일지도 모르기 때문이다.

더구나 예산형 조직에서는 '우리들의 사업은 무엇인가'라는 질문이 언제나 위험한 것으로 치부된다. 이는 논의를 불러 일으키는데,

그렇게 발생하는 논의는 관계 당사자 간의 대립을 초래한다. 누구나 이를 피하고 싶어 한다. 결국 예산형 조직에서는 논쟁을 피하기 위해 국민과 스스로를 속일 수밖에 없다.

예산에 의존하는 것은 우선순위를 매기고 활동에 집중하는 데 방해가 된다. 뿐만 아니라 잘못된 것, 낡은 것, 진부한 것의 폐기를 어렵게 만든다. 그 결과 공적 기관은 비생산적인 일에 종사하는 사람들을 여럿 두게 된다.

어떤 조직이든지 간에 현재 하고 있는 일의 폐기를 반기지는 않는다. 기업도 예외는 아니다. 그러나 기업은 성과와 업적에 대해 지불을 받기 때문에 비생산적이고 진부한 것은 언제라도 고객에 의해 매장되어 버린다. 예산형 조직은 그러한 테스트를 받기는커녕 현재 하고 있는 일이 고결할 뿐 아니라 공익에 틀림없이 합치된다고 굳게 믿는다.

오늘날 모든 서비스 기관은 현재 하고 있는 일을 영원히 계속할 것이라는 생각보다는 현재 하고 있는 일이 가까운 장래에 폐기될지도 모른다는 생각을 항상 염두에 두어야 한다.

사람은 어떻게 보답 받느냐에 따라 행동한다. 보답의 형태가 보수, 승진, 메달, 칭찬 중 어떤 것이라도 상관없다.

이때 예산형 조직은 공헌이 아닌 예산을 만들어 내는 것이야말로 성과요, 업적이라고 오해한다. 이는 예산형 조직 특유의 성격이다.

예산에 의존하는 것 자체가 나쁘다거나 바람직하지 않은 것은 아니다. 15세기 유럽의 군대나 중국의 군벌과 같이 자급자족하던 군대는 끊임없이 싸우며 공포를 조장하고 약탈과 폭행을 반복했다. 군사

비를 예산화한 것은 바로 이 '전쟁하는 자유 기업'을 없애기 위한 방편이었다.

공적 기관과 마찬가지로 기업 내 서비스 부문도 예산에 의존하지 않을 수 없다. 기업 내 연구소에게는 예산이야말로 유일하며 바람직한 자금원이다.

그러나 예산으로 지불을 받는 것은 그것이 아무리 필요하고 바람직한 일이라 해도 잘못된 방향 설정이 될 수밖에 없다. 물론 이러한 잘못된 방향 설정이 전혀 없도록 하는 것은 지극히 어려운 일이다. 그러나 그것을 줄이고 대책을 강구할 수는 있다.

07

공적 기관 성공의 조건

여섯 가지 규율

공적 기관에도 종류가 있다. 종류가 다르면 당연히 구조도 달라진다. 다음의 규율들은 서로 다른 공적 기관들이라도 공통적으로 지켜야 하는 사항이다.

- '사업은 무엇인가, 무엇이어야만 하는가'를 정의한다. 목적에 관련된 정의를 밝히고 그것들을 철저하게 검토해야 한다. 서로 다른 정의, 언뜻 모순된 정의를 채용한 후 균형을 취하는 것도 한 방법이다.
- 목적에 관한 정의에 따라 목표를 도출한다.

- 활동의 우선순위를 결정한다. 이는 목표를 정하고 성과의 기준, 즉 최소한으로 필요한 성과를 규정하고 기한을 설정하며 성과를 올리도록 일하고 책임을 분명히 하기 위한 것이다.
- 성과의 척도를 정한다.
- 자신의 성과에 대해 피드백을 행한다. 즉 성과에 의한 자기 관리를 확립하지 않으면 안 된다.
- 목표에 비추어 성과를 감사監査한다. 목적에 합치되지 않는 목표나 실현 불가능하게 된 목표를 밝혀내야 한다.

항구적인 성공이란 있을 수 없다. 문제는 성공이 실패보다 버리기 더 어렵다는 점이다. 이미 자부심을 키워 놓은 상태이기 때문이다. 성공은 애착을 낳고 사고와 행동을 습관화하며 과신을 부른다. 이렇게 무의미해진 성공은 실패보다 더 해롭다.

공적 기관의 종류

공적 기관이 성과를 올리는 데 필요한 것은 인물이 아니라 제도다. 그것은 기업이 성과와 업적을 올리는 데 필요한 제도와 비슷하다. 물론 공적 기관은 기업이 아니기에 적용 방법이 다르다.

더욱이 그 적용은 공적 기관의 종류에 따라 다르며, 사실 다를 수밖에 없다. 성과에 대해서가 아니라 계획과 활동에 대해 지불받는다는 의미에서 공적 기관은 세 종류로 나누어진다.

자연적 독점 사업

독점 사업은 경제적인 재화나 서비스를 생산하지만 독점이기 때문에 성과에 대해 지불을 받는 것은 아니다.

경제학에서는 전화 사업이나 전력 사업 등 지역 내에서 배타적인 권리를 가질 수밖에 없는 사업을 자연적 독점 사업이라고 부른다. 기업 내 연구소도 그 기업 속에서는 자연적 독점 사업이다. 자연적 독점 사업은 성과에 대해 직접 지불을 받지는 않지만 공적 기관 중에서는 그나마 성과에 가장 가까이 있다.

자연적 독점 사업에 필요한 것은 조직 구조의 단순화다. 나아가 기업이 행하는 모든 것들의 체계화다. 이것이 자연적 독점 사업을 국유화하기보다 민영화하여 규제 아래 두는 것이 좋은 이유다. 경제학이나 정치학이 밝히는 바와 같이 규제 하에 있지 않은 자연적 독점 사업은 성과와 효율이 모두 오르지 않는다. 이는 고객을 착취하는 행위다.

국유화된 자연적 독점 사업은 낮은 효율과 형편없는 서비스, 비싼 요금, 니즈의 무시 등으로부터 고객을 구제할 만한 수단을 가지고 있지 않다. 이에 비해 규제 아래 놓인 민간의 자연적 독점 사업은 고객의 불만이나 니즈에 훨씬 민감하다. 규제 기관을 통해 표명된 여론의 힘에 따르지 않을 수 없기 때문이다.

예산에서 지불을 받아 사업을 행하는 공적 기관

공립 학교나 병원이 전형적인 예다. 기업 내 서비스 부문이 대부분 여기에 속한다. 이들 서비스 기관에 필요한 것은 소유는 보장하되 경쟁은 시킨다고 하는, 폴란드 출신의 마르크스주의자 오스카 랑게

Oscar Richard Lange가 말하는 이른바 '사회주의적 경쟁'이다.

이러한 형태의 공적 기관의 경우 고객이 진정한 의미의 고객은 아니다. 오히려 출자자 개념에 가깝다.

이런 종류의 서비스 기관은 욕구가 아니라 필요를 충족시킨다. 학교나 기업 내 서비스 부문은 누구나 가져야만 하는 것, 가지지 않으면 안 되는 것을 공급하는 것이다. 때문에 이러한 서비스 기관에는 성과에 관한 최소한의 기준을 설정해야만 한다.

그러나 감독이나 규제가 필요하더라도 매니지먼트는 독립된 기관에서 행하는 것이 좋다. 더구나 고객 입장에서는 복수의 서비스 기관 중에서 선택할 수 있는 편이 여러 면에서 더 바람직하다. 일정 수준 이상의 성과를 올리려면 경쟁이 필요하다.

어떤 대기업에서는 사업부가 본사의 마케팅 스태프를 이용할 수 있다(물론 이용을 강제 당하지는 않는다). 사외 컨설턴트를 쓰는 일도, 사업부 내에 스태프를 두는 것도 허용되고 있다.

수단의 통일성이 불가결한 공적 기관

국방이나 사법 관련 정부 기관을 비롯하여 전통적인 정치학에서 다루는 행정 조직 대부분이 이에 속한다. 이런 종류의 조직은 통치를 제공한다.

여기에 독립된 매니지먼트란 있을 수 없다. 경쟁이 가능하긴 하지만 바람직하지는 않다. 정부 안에 두고 정부의 직접 운영에 맡겨야만 한다.

그렇다 하더라도 목표와 우선순위, 성과의 측정은 불가결하다. 따라서 이러한 기관은 존립의 목적과 성과에 관해 독립된 감사가 필요하다. 성과에 대한 피드백 수단이 없기 때문이다. 유일한 규율은 분석과 감사다. 행정 조직에 대한 감사는 19세기 들어 겨우 정부가 받아들이게 되었다. 오늘날에는 지출을 감사하고 부정, 불법, 비효율을 분명히 하기 위해 행정부나 입법부에 독립된 기관이 존재하는 일이 당연지사가 되었다.

행정 조직은 사회의 핵심적인 존재인 동시에 큰 비용이 드는 존재다. 따라서 행정 조직의 목표와 성과에 관해서는 반드시 감사가 필요하다. 모든 정책과 법률, 계획에 관해 '목표는 현실적인가, 달성 가능한가, 필요에 맞는 것인가', '목표가 바른가, 우선순위는 검토하고 있는가, 성과는 공약이나 기대에 합치되는가' 등의 질문을 던지지 않으면 안 된다.

나아가 모든 행정 조직과 입법 행위가 항구적이지는 않다는 사실을 전제해야 한다. 새로운 활동, 기관, 계획은 기간을 정해 두어야 하며 그동안의 성과에 따라 목적과 수단의 건전함이 증명되었을 때만 연장을 인정하도록 해야 한다.

공적 기관에게 기업을 모방하는 자세는 필요하지 않다. 물론 성과에 대한 평가는 반드시 필요하다. 그러나 이는 무엇보다 병원답고, 행정 조직답고, 정부다운 것이어야 한다. 이를 위해 자신만의 사명과 목적, 기능에 관해 철저하게 검토하는 일이 선행되어야 함은 물론이다.

3장 일과 인간

매니지먼트의 두 번째 과제는 생산적인 일을 통해
노동자들로 하여금 성과를 올리는 기쁨을 맛볼 수 있도록 해 주는 것이다.
그러나 그 구체적인 방법에 대해 알려진 바는 거의 없다.

08

새로운 현실

육체노동자에서 지식노동자로

오늘날 선진국 노동 인구의 대부분은 피고용자다. 그들은 혼자서 일하지 않고 조직에 속해 일한다. 즉 집 밖에서 일한다. 불과 1세기 전만 해도 상상할 수 없는 일이었다. 당시에는 농민을 비롯한 대부분의 사람들이 가족 단위로 일했다.

노동 인구의 중심은 육체노동자에서 지식노동자로 이동하고 있다. 선진국에서는 이제 노동 인구 가운데 몸을 사용하는 노동자들의 숫자보다 지식과 이론을 사용하는 노동자들의 숫자가 훨씬 많아졌다.

지식노동자라고 해서 모두가 고학력인 것은 아니다. 서류 정리에 고도의 지적 능력이나 고등 교육은 필요없지 않은가?

그러나 서류 정리에 사용되는 것은 망치나 낫과 같은 물리적 도구가 아니라 알파벳이라고 하는 고도로 추상화된 도구다. 즉 물건이 아니라 기호다.

육체노동자의 위기

이러한 변화는 육체노동자와 그들의 노동조합에 막대한 위기를 불러오고 있다.

과거 200년 동안 공장 노동자는 산업혁명의 아들로서 경제적 보장, 지위, 권력을 얻기 위해 끊임없이 싸웠다. 특히 제1차 세계대전 이후에는 눈부신 약진을 거듭했다.

바로 이 육체노동자가 또 다시 위기에 처하게 되었다.

경제적인 보장이 위협받고 있는 것은 아니다. 오히려 그것은 한층 더 강화되었다. 문제는 그들의 사회적 지위와 신분이 급속하게 추락하고 있다는 점이다.

육체노동자에서 지식노동자로의 패러다임 변화는 19세기 초에 있었던 프롤레타리아와 부르주아 사이의 분열보다 더 심각한 계급 분열을 낳아 육체노동자들의 조직인 노동조합을 위기에 빠뜨렸다.

육체노동자는 조합의 힘을 자신의 힘과 동일시했다. 조합의 지도자는 자신의 권위를 긍지로 여겼다.

하지만 오늘날의 젊은 육체노동자들은 스스로가 소외당하고 있다고 여기기 때문에 조합 지도자의 권위를 받아들이려 하지 않는다. 그 결과 노동조합은 더욱더 힘을 잃고 있다.

매니지먼트를 상대로 노동자를 대표해야 하는 기관은 노동자에게만이 아니라 사회에도 필요하다. 매니지먼트가 어떤 식으로 선출되어 구성되든지 간에 분명한 것은 그것이 하나의 힘이라는 사실이다. 반면 노동조합은 매니지먼트의 이러한 힘에 대항하는 특이하고도 전례 없는 저항력이다.

그렇다고 노동조합의 약화가 곧 매니지먼트의 강화를 의미하는 것은 아니다.

새로운 도전

지식노동과 지식노동자에 관련된 문제는 어제가 아닌 오늘과 내일의 문제다. 이는 전혀 새로운 종류의 문제다. 지식노동의 매니지먼트에는 일찍이 선례가 없다.

지식노동은 예로부터 한 사람 내지 소수로 이루어져 왔다. 그러나 현대의 지식노동은 복잡한 대조직 속에서 이루어진다.

이런 의미에서 오늘날의 지식노동자는 과거에 존재하던 지식전문가의 후손이라 볼 수 없다. 오히려 숙련노동자의 후손이라고 보는 편이 맞다.

조직 속에서 지식노동자의 지위가 어떠하며, 무슨 일을 하고, 공헌도는 어느 정도인지 아직은 불분명하다. 지식노동자 대부분의 생산성을 측정하는 것은 물론, 정의하는 일조차 불가능한 경우가 많다.

결국 우리는 일과 사람에 대한 매니지먼트에서 세 가지 도전에 직면한 상태다. '피고용자 사회의 도래', '육체노동자의 심리적 · 사회적 지위 변화', '탈공업 사회의 경제적 · 사회적 중심으로 대두한 지식노동과 지식노동자'가 그것이다.

09

일과 노동

일과 노동

일과 노동은 근본적으로 다르다.

일을 하는 것은 사람이며 일은 사람의 노동을 통해 이루어진다. 그러나 일의 생산성을 올리는 데 필요한 것과, 사람이 생동감 있게 일하는 데 필요한 것은 분명히 다르다. 따라서 일과 노동의 역학 관계를 잘 살펴 매니지먼트해야만 한다.

노동자가 만족하더라도 일이 생산적으로 이루어지지 않으면 실패다. 반대로 일이 생산적으로 이루어지더라도 사람이 생동감 있게 일하지 않으면 그것 또한 실패다.

일이란 무엇인가

일이란 일반적이며 객관적인 것이다. 그것은 일종의 과제다. 따라서 일에도 사물에 대한 접근법이 그대로 적용될 수 있다.

또한 그곳에는 논리가 있다. 그러므로 일은 분석과 종합과 관리의 대상이 된다.

일을 이해하는 데 우선 필요한 것은 다른 모든 객관적인 사상事象을 이해하기 위한 '분석'이다. 일의 분석이란 기본적인 작업이 무엇인지 밝히고 이를 논리적인 순서로 늘어 놓는 것을 의미한다.

다음으로 필요한 것은 프로세스의 종합이다. 이것은 집단으로 이루어지는 일의 경우에 해당된다. 개개의 작업을 한 사람 한 사람의 일로 그리고 그들의 일을 생산 프로세스로 조립해야 한다.

마지막은 관리 수단을 집어넣는 작업이다. 일이란 개개의 작업이 아니라 일련의 프로세스다. 예기할 수 없는 편차를 감지하고, 프로세스 변경이 필요함을 알아채고, 필요한 수준으로 프로세스를 유지하기 위해서는 피드백 장치가 반드시 필요하다.

노동의 다섯 가지 차원

노동은 사람의 활동이며 인간의 본성이다. 노동은 논리가 아니라 역학이다. 여기에는 다섯 가지 차원이 존재한다.

생리적인 차원

사람은 기계가 아니다. 때문에 한 가지 일만 시키면 현저하게 피로감을 느낀다. 심리적인 싫증뿐만 아니라 생리적인 피로가 쌓이는 것이다. 이는 시력을 떨어뜨리고 자극에 대한 반응이 둔해지게 만든다. 그러므로 사람은 동일한 작업을 반복해서 하는 것보다는 몇 가지 작업을 조합해 가며 일할 때 더 잘할 수 있다.

또한 사람은 일정한 속도와 리듬에 맞춰 일하는 데 적합하지 않다. 모든 사람에게 공통의 속도, 맞추어야 할 리듬이란 존재하지 않는다. 속도, 리듬, 지속력은 사람에 따라 다르다. 유아에 대한 연구에서도 그것들의 패턴은 지문처럼 사람마다 다르다는 사실이 밝혀진 바 있다.

일은 균일하게 설계해야 하지만 노동에는 다양성을 부여해야 한다. 속도, 리듬, 지속 시간을 바꿀 여지를 남겨두어야 하며, 일의 수순 역시 빈번하게 바꾸어야 한다. 일에 꼭 들어맞는 뛰어난 산업 공학이 사람에게는 최악의 인간 공학이 될 수 있음을 명심하도록 한다.

심리적인 차원

앞서 말했듯이 사람에게 일이란 무거운 짐인 동시에 본성이다. 저주이면서 축복이다. 이것은 인격의 연장이며 자기실현이다. 스스로를 정의하고 자신의 가치를 측정하며 자기자신의 인간성을 알기 위한 수단이다.

미래학자가 유토피아로 그리는 '노동 없는 사회'가 정말 실현될지도 모르겠지만 그렇게 될 경우 사람은 인격의 위기에 직면하게 될 것이다. 노동이 사라질 것이라는 예측을 뒷받침할 만한 징후가 아예 없다는 것이 현재로서는 엄청난 행운이다.

사회적인 차원

조직 사회에서는 일이 인간과 사회를 연결하는 고리가 될 뿐 아니라 사람이 사회에서 차지하는 위치까지도 결정한다.

먼 옛날부터 일은 집단에 속해 동료를 만들고자 하는 욕구를 채워 주는 주된 수단이었다. 아리스토텔레스가 '사람은 사회적 동물이다' 라고 한 말은 곧 '사람은 사회와의 연대를 위해 일할 필요가 있다'는 사실을 뜻한다.

물론 한 사람이 사회에서 차지하는 위치와 역할이 그저 직장에서의 기능만으로 결정되는 것은 아니다. 많은 사람들이 직장 이외의 커뮤니티를 갖고 있다.

그러나 일은 대부분의 사람들에게 사회와 자신을 연결해 주는 중요한 매개체로 기능한다. 더구나 일을 통한 사회와의 관계는 때때로 가족과의 관계보다 더 큰 의미를 지닌다. 이 사실은 젊은 독신자나 아이들이 독립한 후 중년에 이를 때 특히 자주 발견되는 것이다.

경제적인 차원

노동은 생계의 밑천이며 존재의 경제적인 기반이다.

그것은 경제 활동을 위한 자본을 만들어 낸다. 경제 활동이 영속할 수 있는 기반과 위험에 대한 대비책, 미래의 직장, 미래의 일에 필요한 바탕을 만들어 낸다.

어떤 경제 체제에서도 임금 부분과 자본 부분은 모두 필요하다. 자본 부분은 노동자의 생계적 필요와 직접 충돌하는 영역이다. 이 대립은 시장 경제든 계획 경제든 그리고 사유든 국유든 상관없이 절대 피할 수 없다.

정치적인 차원

집단 내, 특히 조직 내에서 일을 할 때는 항상 권력 관계가 동반된다. 조직에는 반드시 직무를 설계하고 조립하며 할당하는 누군가가 존재한다.

노동은 순서에 따라 수행된다. 조직에서 어떤 사람은 승진하고 어떤 사람은 승진하지 못한다. 이 모든 것이 권력을 행사하는 누군가가 존재하기 때문이다.

노동에 동반되는 이들 다섯 가지 차원은 서로 별개의 것이다.

종래의 접근법에 오류가 발생했던 것은 이러한 차원들 가운데 한 가지만을 유일한 것으로 여겼기 때문이다. 마르크스를 비롯한 많은 경제학자들은 경제적 차원이 다른 모든 차원을 지배한다고 주장했다. 그러면서 경제 관계만 바꾸면 소외 문제도 사라질 것이라고 주장했다.

이에 반해 엘튼 메이어Elton Mayor는 직장에서의 인간관계, 즉 심리적인 차원과 사회적인 차원이 지배적인 것이라고 주장했다. 분명 그의 말에도 일리는 있다. 하지만 현실에서는 도리어 일이 집단 내의 인간관계를 좌우한다.

이러한 다섯 가지 차원과 그것들의 관계에 대해 더 자세히 알아야 한다. 불가능하다고 생각될지도 모른다. 하지만 이제 매니지먼트가 없으면 안 되는 세상이다. 일의 생산성을 높이고 노동자들이 성과를 올리도록 만들기 위해 해결책을, 적어도 조정책을 강구해야만 하는 것이다.

10
일의 생산성

생산성 향상의 조건

자기실현의 첫걸음은 일을 생산적으로 만드는 것이다. 일에서 무엇이 필요한지를 이해하고 이를 노동으로 치환시켜야 한다. 노동과 자기실현은 서로 모순되는 것이 아니라 보완적인 것이다.

일을 생산적으로 해 내기 위해서는 다음의 네 가지가 필요하다.

- 분석 : 일에 필요한 작업과 수순, 도구를 알아야 한다.
- 종합 : 작업을 모아 프로세스로 편성한다.
- 관리 : 방향, 질과 양, 기준과 예외에 대한 관리 수단을 세운다.
- 도구

성과 중심의 사고

더 나아가 기본적인 것으로서 성과, 즉 일의 결과물output을 중심으로 생각해야 한다. 기능이나 지식 등 일의 투입물input에서 시작해서는 안 된다. 그것들은 도구에 지나지 않는다. 어떤 도구를 언제 무엇을 위해 사용할 것인지는 결과에 의해 규정된다. 작업을 구성하고 관리 수단을 설계하는 등 필요한 작업을 결정하는 것은 성과다.

이러한 것들은 그동안 육체노동에 관한 부분에서만 연구되고 개발되어 왔다. 이는 대부분의 사람들이 육체노동에 종사하고 있었기 때문이다. 생산물의 거의 대부분은 육체노동에 의해 만들어지고 있었다. 그러나 시간이 지남에 따라 육체노동은 점차 그 중요성을 잃어 가고 있다.

오늘날에는 그동안 육체노동에 적용해 왔던 접근법, 개념, 원리가 별다른 수정 없이 정보 처리나 일반 사무 업무에도 적용될 수 있다는 사실이 밝혀졌다. 의외일지 모르지만 서비스 업무 역시 대부분은 물건을 생산하는 일과 별반 다름없기 때문에 역시 이 원리가 적용될 수 있는 분야다.

육체노동에 관한 체계적인 방법론을 적용할 수 있을지의 여부가 분명하지 않은 유일한 분야는 발명이나 연구 등 신지식을 생산하기 위한 활동이다. 그러나 이 역시 필자는 적용 가능하다는 생각이며, 이러한 생각의 근거는 다음과 같다.

19세기의 가장 생산적인 발명가라 불리는 에디슨은 체계적인 방법에 따라 발명의 생산성을 올렸다.

그는 늘 갖고 싶은 제품을 정의하는 것에서 일을 시작했다. 그 다음 발명 프로세스를 몇 가지로 분해하고 상호 관계와 순서를 명확히 한 후 요점별로 프로세스의 관리 수단을 설정하고 기준을 정했다.

지금 우리들은 단편적인 사례를 몇 가지 갖고 있는 것에 불과하다. 그것들은 가능성을 나타내는 데는 충분하지만 전모를 밝히는 데는 충분치 않다.

방법론에 한계가 있음은 말할 필요도 없다. 그러나 과학상 혹은 산업상의 신지식을 구하기 위한 조직적인 탐구 활동 대부분은 그러한 방법론의 범주에 들어간다.

11

사람과 노동의 매니지먼트

X이론과 Y이론

사람과 노동의 매니지먼트에 관한 논문은 적어도 그 숫자 면에서 경영 과학이나 컴퓨터에 관한 문헌보다 더 많다. 그중 가장 많이 읽히고 이용되어 온 것이 더글러스 맥그리거Douglas D. Mcgregor의 X이론과 Y이론이다.

맥그리거는 사람과 노동에 관해 두 가지 이론을 제시했다. X이론이라 이름 붙여진 전통적인 견해는 사람이 태만하며 일을 싫어한다고 말한다. 때문에 규제가 필요하며 스스로 책임을 질 수 없는 존재라고 간주한다. 이에 반해 Y이론에서는 사람이 욕구를 지니고 일을 통해 자기실현과 책임을 바란다고 이야기한다. X이론은 사람을 미숙한 존재로 보고 Y이론은 사람을 어른이고 싶어 하는 존재로 여기는 셈이다.

맥그리거 자신은 두 가지 견해를 제시만 했지 어느 것이 바르다고는 말하지 않았다. 그러나 대부분의 사람들은 그가 Y이론을 믿고 있다고 생각했다.

현실은 맥그리거의 추종자들이 생각하던 것만큼 단순하지 않다. 강한 사람조차도 명령과 지휘를 필요로 한다. 약자는 말할 필요도 없이 책임이라는 무거운 짐에 대해 보호를 필요로 한다.

세계는 어른들로만 이루어진 것이 아니다. 영원히 성숙해지지 않는 인간이 너무도 많다. 정력적인 사람이 있으면 태만한 사람도 있다. 같은 인물이라도 서로 다른 상황에서는 전부 다른 반응을 나타내게 마련이다.

당근과 채찍

당근과 채찍에 의한 매니지먼트, 즉 X이론에 의한 매니지먼트는 더 이상 유효하지 않다. 선진 사회에서는 육체노동자에게조차 이것이 통하지 않는다. 지식노동자에 대해서는 말할 것도 없이 어떤 국가에서도 통하지 않는다.

매니지먼트의 손에 더 이상 채찍은 없다. 심지어 당근마저도 유인 수단이 되지 못한다.

그렇다면 새로운 현실에 맞는 당근과 채찍을 손에 넣을 수 있을까?

심리적 지배

산업 심리학은 대부분 Y이론에 충실하다. 자기실현, 창조성, 인격을 강조하기 때문이다.

그러나 그 내용을 살펴보면 전제가 되는 것은 X이론이다. 사람에게는 언젠가 약해지고 병이 들어 스스로를 돌볼 수 없는 때가 온다. 이에 대한 두려움과 불안, 억압이 내면에 가득 차 있을 수밖에 없다.

결국 사람은 자기실현보다도 지배를 받고 싶어 한다. 기아에 대한 공포나 물질적인 보수 때문이 아니라 소외에 대한 두려움이나 안정에 대한 희구로 인해 지배를 받고 싶어 한다는 것이다.

분명 이것은 X이론보다 진화된 것이다. 종래의 당근과 채찍은 강제에 지나지 않았다. 그러나 아무리 진화했다 하더라도 이것이 지배라는 점에서는 궁극적으로 다를 바가 없다. 그러한 지배는 진화한 것이든 아니든 심리를 남용하는 것이라고밖에 볼 수 없다. 심리를 가지고 사람을 지배하고 조작하는 것은 지식의 자살 행위이며 이는 진실로 혐오스러운 지배 형태다.

여기서 심리를 이용하는 것의 적절성, 도덕성을 굳이 더 따지지는 않겠다. 다만 심리적 지배의 가능성에 관해서만 살펴보기로 하자.

심리적 지배는 매니지먼트에서 틀림없이 매력적인 수단이다. 그것은 매니지먼트에 대해 종래와 같이 행동해도 좋다고 부추긴다. 그렇게 매니지먼트를 기분 좋게 만든다.

그러나 아무리 심리학 책을 열심히 읽고 관련 세미나에 성실하게 참석하더라도 이 변형된 X이론을 채용하는 데 발을 내디디기는 여간 어려운 일이 아니다.

이 조심스러움은 건전한 본능이다. 심리적 지배가 유효할 수 없는 것은 200년 전 계몽주의가 정치적으로 유효할 수 없었던 것과 같은 이치다. 그 원인도 같다. 지배 계층에서 만능의 천재를 필요로 하기 때문이다. 즉 심리적 지배를 하려면 모든 아랫사람들에 대해 숙지해야 하며 모든 심리적 수법에 정통해야 한다. 아랫사람들 전체의 성격과 욕구, 심리적 문제를 이해해야 한다. 다시 말하면 매니지먼트는 전지전능하지 않으면 안 된다.

업무상 인간관계는 존경에 기초를 두고 있어야 한다. 이에 반해 심리적 지배는 전통적인 X이론 이상으로 사람을 바보 취급한다. 심리적 지배는 사람을 태만하고 일을 싫어하는 존재라고는 가정하지 않지만, 매니지먼트만이 건강하고 그 외에는 모두 병들었다고 가정한다. 매니지먼트만이 강하고 다른 이는 약하다고 한다. 매니지먼트만이 지식을 갖고 있으며 다른 사람들은 무지하다고 여긴다. 매니지먼트만이 바르고 다른 사람들은 그르다고 간주한다. 정말 교만스럽고 어리석은 가정이다.

유효한 방법은 무엇인가

그러면 무엇이 유효한 방법인가. 일단 맥그리거의 Y이론은 정답이 아니다. 기회만 주어지면 사람들이 성과를 올리기 위해 일할 것이라는 가정은 타당성이 떨어진다. 강자에게조차 무거운 책임을 지우려면 많은 도구가 필요하다.

그렇다고 사람을 혹사시키는 방법에 의존할 수는 없다. 당근이나 채찍도 안 된다. X이론에서 주장하는 명령과 보호에 의한 '안정'을 대신할 만한 것을 찾아야 한다.

일반적으로 일과 노동자의 역사가 특별히 행복한 것은 아니었다. 물론 예외도 있다. 일하는 것이 성과와 자기실현을 의미하는 시기가 분명 존재하는데, 그 전형적인 것이 국가가 존망의 위기에 빠졌을 때다.

노동자는 자신이 대의에 공헌하고 있다는 사실을 늘 자각한다. 제2차 세계대전 후의 미국이 그랬다. 일 자체가 변한 것은 아니었다. 상사가 특별히 지적인 사람으로 달라졌다거나 인간적으로 변모한 것도 아니었다. 비록 한정된 기간이긴 했지만 당시에는 일에서 얻을 수 있는 만족감과 일에 대한 충실한 태도가 이전과 완전히 달랐다.

그러나 이러한 현상은 국가에 중대한 위기가 닥치지 않더라도 혹은 외부로부터 자극을 받지 않더라도 충분히 일어날 수 있는 것이다.

일본 기업의 성공

일본의 기업 성공 사례에서 가장 눈에 띄는 특징은 다음과 같다.

- 직무 설계는 현장의 몫이다. 일본에서도 산업 기술자industrial engineer는 일의 연구나 분석에 있어서만큼은 서구와 같은 방법,

도구, 기법을 사용한다. 그러나 그들은 직무 설계를 하지는 않는
다. 일의 내용을 분명히 이해한 후 업무의 실제 설계는 현장에
넘긴다.

- 모든 인간, 특히 최고경영자까지도 퇴직할 때까지 깊이 연구하
  는 것을 일상의 과제로 삼는다.
- 종신고용제를 택한다. 적어도 대기업에서는 채용이 되기만 하
  면 평생 직장이 보장된다.
- 복리후생이 임금과 같은 정도로 중시된다.
- 강력한 리더를 키우는 데 큰 관심이 없다. 풍파를 일으키지 않을
  평범하고 소심한 사람을 뽑아 육성하는 데 이상적이다.
- 조직의 모든 계층이 의사결정에 동참한다. 이는 의사결정 프로
  세스 자체에 참가한다는 뜻이 아니라 의사결정에 대해 생각하
  는 일에 동참한다는 뜻이다. 즉 권한에 따른 참가가 아니라 책임
  에 따른 참가인 것이다.

종전 후 불과 20년 사이에 일본을 세계 2위의 경제 대국으로 도약
시킨 독립심 강하고 공격적인 톱매니지먼트가 이러한 시스템에서 만
들어졌다는 것이 믿기 어려울 정도다. 그러나 일본에서는 종신고용
제로 인해 취직이 보장되고 또 취직 후 25년간은 연공서열에 따라 승
진하기 때문에 젊은이들을 살피고 육성하는 일이 매니지먼트의 첫째
가는 책임으로 여겨진다.

이러한 일본의 관행은 예로부터 내려오던 것은 아니지만 일본의
기본적인 신조와 가치관을 잘 반영하고 있다. 때문에 이를 서구의 토

양에 이식하는 것이 불가능하다고 이야기하는 사람들도 있다.

그러나 그 바닥에 있는 사고방식은 꼭 일본 특유의 것이라고만은 할 수 없다. 같은 생각이 서구에서도 똑같이 효과를 발휘하고 있는 현실만 보아도 그렇다.

차이스Zeiss 방식의 비밀

19세기 독일 경제의 성장기에 광학 산업이 완수한 역할은 말할 수 없이 크다. 그것은 주로 차이스 사의 예나 공장에서 완성되었다고 해도 과언이 아니다.

칼 차이스Carl Zeiss는 렌즈 제작을 가업으로 하는 장인이자 위대한 발명가였고 동시에 이노베이터였다. 그는 물리학자 에른스트 아베 Ernst Abbe와 파트너십을 맺었다. 1888년 차이스 사를 물려받은 자가 아베였다.

아베는 최초의 과학자 출신 발명가로서 놀라울 정도로 생산적이었다. 그는 정밀 렌즈 제작에 이노베이션을 몰고 왔다. 그러나 그의 최대 위업은 발명이나 기업 경영보다는 일하는 것과 노동자에 대한 매니지먼트에 있었다.

차이스 사의 아베는 테일러와는 관련이 없었는데도 불구하고 '과학적 관리법'이란 설명 외에 도저히 이름 붙이기 어려운 일을 해 냈다. 광학 유리를 제조하는 데 필요한 프로세스와 정밀 렌즈로 가공하는 데 필요한 프로세스를 각각 분석한 후 이 두 가지를 통합했던 것이다.

그는 헨리 포드Henry Ford가 20년 후에 행한 것처럼 일을 조직화하는 데까지는 이르지 못했다. 다만 직무 편성의 책임을 실제로 노동자들에게 지웠는데, 이론과 기능을 설명하고 나서 그들 스스로 직무를 편성하도록 요구했던 것이다.

양질의 광학 유리를 현미경, 카메라, 안경과 같은 일용 기구에 사용할 수 있을 정도의 저비용으로 만들려면 새로운 기계와 공구가 필요했다.

아베는 기능사들이 대학 출신의 과학자나 기술자의 도움을 받아 그 개발에 몰두하도록 했다. 차이스 사가 오랫동안 세계적인 독점 기업의 지위를 누릴 수 있었던 이유는 무엇보다 이 노동자들 스스로가 설계하거나 개량한 기계와 공구 덕택이었다.

아베는 일본 기업보다도 앞서 있었다. 그는 일하는 사람들이 스스로 자신의 일을 관리해야만 한다고 반복해서 말했다.

차이스 사에서 정식 고용의 보장은 없었다. 아베나 기술자들은 무능한 충실성만으로 고용을 유지하는 것은 진지한 관행이 아니라며 거부했다. 그러나 차이스 사에서는 업적을 올리는 방법을 배우고 의욕이 있음을 증명만 하면 경기 변동에 상관없이 고용을 보장했다.

아베는 유언으로 경영권과 소유권을 차이스 사에서 일하는 사람 전원을 수익자로 삼는 재단에 양도했다. 이것은 노동자 관리가 아니었다. 에른스트 아베 재단은 경영자가 임명한 이사에 의해 운영되었다. 이 재단은 노동자의 복리후생을 위해 자금을 제공했다. 이는 주로 자녀의 장학금, 의료 보조, 주택 수당 등 종업원의 니즈에 따라 실시되었다.

IBM 사의 시행착오와 개선

IBM 사의 창립자인 토마스 왓슨Thomas John Watson은 어느 날 공장에서 한 여성이 기계를 향해 멍하니 앉아 있는 것을 보았다. "왜 일을 하지 않습니까?" 하고 묻자 그녀는 "공구를 바꿔 주길 기다리고 있습니다"라고 대답했다. 이에 "직접 할 줄은 모릅니까?"라고 물으니 "할 수 있습니다. 하지만 하지 않기로 되어 있습니다"라는 대답이 돌아왔다.

왓슨은 수많은 노동자들이 매주 몇 시간 동안 공구 담당자를 기다리기 위해 시간을 낭비하고 있음을 알게 되었다. 한편 기계 조립을 습득하는 데는 며칠 간의 훈련으로 충분했다. 결국 IBM 사에서는 기계 조립을 새로운 직무로 추가했다. 그 후 완성 부품의 검사도 새로운 직무 가운데 하나로 설정되었다.

직무의 영역이 확대되자 제품의 질과 양에 있어서 예기치 못한 개선이 이루어졌다. 이에 놀란 IBM 사는 이후 직무 확대에 체계적으로 임하게 된다.

개별 작업을 가능한 한 단순하게 설계하여 누구라도 그 작업들을 수행할 수 있도록 훈련시켰다. 그 작업들 중 적어도 한 가지는 숙련 기능이나 판단력을 필요로 하는 것으로 정했다.

그러자 노동자들의 자세에도 큰 변화가 나타났다. IBM 사에서는 노동자들 모두가 자신의 직무에 긍지를 지니게 되었다. 이것이 최대의 수확이었다.

IBM 사는 감독의 직무도 바꾸었다. 오늘날 IBM에는 전통적인 의미의 감독이 없다. 감독이나 직장職長 대신 현장 어시스턴트가 있을 뿐이다. 그 직무는 실제로 노동자들이 일을 이해하고 일을 위해 도구를 사용할 수 있도록 도와주는 것이다. 어시스턴트는 상사가 아니다.

IBM 사의 두 번째 이노베이션 역시 절반은 우연히 주어졌다. IBM 사가 최초의 컴퓨터를 개발했던 1940년대 후반, 수요가 많아지자 설계가 채 끝나기도 전에 생산을 개시해야만 하는 상황이 벌어졌다. 설계는 생산 현장에서 기술자와 기능 기사가 협력하여 수행했다.

그 결과 아주 훌륭한 설계도가 마련되었다. 싸고 빠르게 제품을 생산할 수 있게 되었을 뿐만 아니라 설계에 참가한 사람들이 뛰어난 업무 처리 능력을 보여 주었다.

이러한 사례들은 소위 민주적인 매니지먼트나 참여형 매니지먼트를 보여 주지는 않는다. 아베도 왓슨도 자신들의 결정을 강요하는 데 주저하지 않았다.

이러한 매니지먼트의 성공 사례는 현대의 이즘ism보다 훨씬 중요한 사실을 나타낸다. 가족적인 매니지먼트, 참여 매니지먼트 등 소위 만병통치약을 내세우며 종래의 이론은 대부분 '권한'의 조직화에 초점을 맞추어 왔다. 이에 반해 일본 기업과 차이스 사의 아베, IBM 사의 왓슨은 '책임'의 조직화를 행한 것이다.

12
책임과 보장

초점은 일

숙련, 비숙련, 육체, 지식, 사무 계통의 모든 노동자들이 책임이라는 무거운 짐을 지기 위해서는 무엇이 필요한가? 노동자들이 책임을 지도록 하기 위해 기업이나 매니지먼트는 무엇을 해야 하는가?

바로 일에 초점을 맞추어야 한다. 일은 그 자체가 모든 것이 되어서는 안 되지만 가장 우선이 되어야 한다.

물론 업무 외적인 부분이 불만족스럽다면 업무 자체의 보람 또한 느낄 수 없을 것이다. 아무리 최상급 쇠고기로 요리를 한다 해도 양념이 없다면 누가 이 음식에 매력을 느끼겠는가.

이는 어린 아이도 알만큼 명백한 사실이지만 과거의 역사를 통틀어 보면 일보다 그 외의 요소에 초점을 맞추어 온 사례가 더욱 많음을 알 수 있다.

마르크스주의자들은 소유 관계에만 초점을 맞추었을 뿐 업무 구성이나 노동자의 매니지먼트에는 손도 대지 않았다. 가족적 매니지먼트의 신봉자들은 주택이나 의료 등 복지에 더 큰 관심을 쏟았다. 물론 그것들이 중요하기는 하다. 하지만 업무 자체가 주는 보람을 대신할 수는 없다.

세 가지 조건

일하는 보람을 느끼도록 만들려면 일 그 자체에 책임을 지워야 한다. 이를 위해서는 생산성 향상을 위한 업무 구성, 피드백 정보, 지속적인 학습이 필수적이다.

생산성 향상을 위한 업무 구성

일을 분석하고, 프로세스를 종합하고, 관리 수단과 기준을 검토하고, 도구와 정보를 설계하는 등 일련의 과정을 이행하지 않으면서 일에 책임을 지우려는 행위는 소용없는 것이다. 이는 독창성이라는 슬로건과 정반대다.

인간이 속박에서 해방될 때 전문가를 뛰어넘는 창의력과 생산성을 보일 것이라는 생각은 18세기 루소 이전부터 존재했다. 그러나 그것이 옳다는 사실을 지지할 만한 명백한 근거는 없다. 독창성도 기초적인 도구가 있어야만 비로소 힘을 발휘한다. 업무의 올바른 구성은 직관적으로 알 수 있는 것이 아니다.

피드백 정보

노동자들에게 책임을 부여하기 위한 두 번째 조건은 성과에 대한 피드백 정보를 공개하는 것이다. 이는 노동자들로 하여금 자기 관리를 가능케 하고 스스로의 성과에 대한 정보를 알게 하기 위해서다.

지속적인 학습

지속적인 학습은 육체노동은 물론 사무노동에도 필요하다. 지식노동에는 말할 것도 없다.

지식노동이 성과를 올리기 위해서는 전문화되어야만 한다. 다른 전문 분야의 경험과 문제, 니즈를 접하면서 동시에 자신의 지식과 정보를 다른 분야에 적용할 수 있어야 한다. 어떤 형태의 지식노동이든지 간에 여기에 종사하는 집단은 지속적으로 학습해야만 성과를 기대할 수 있다.

이들 세 가지 조건, 즉 생산적인 업무 구성, 피드백 정보, 지속적인 학습은 노동자가 그들의 일, 집단, 성과에 관해 책임을 갖도록 만들기 위한 기반이다. 따라서 이 모든 것들은 매니지먼트의 책임이자 과제다.

그러나 이 세 가지 조건은 매니지먼트에게만 일방적으로 주어지는 것이 아니다. 실제로 노동자들 스스로가 처음부터 일, 프로세스, 도구, 정보에 관해 검토해야 하며 자신의 지식과 경험, 욕구가 업무의 모든 단계에서 귀중한 자원으로 활용되도록 해야 한다.

일을 어떻게 할 것인지 검토하는 것은 노동자와 그 집단의 책임이다. 이들은 업무의 방식과 성과에 대한 책임을 가지고 있다. 따라서 일, 직무, 도구, 프로세스, 기능의 향상에 있어서도 책임이 있다. 이는 엄격하긴 하지만 만족시킬 수 있는 요구들이다. IBM의 예를 보면 노동자들은 높은 목표를 설정하고 실제로 그들 스스로가 설정한 목표 이상의 성과를 올린다.

이는 일이 놀이가 되어서가 아니다. 심리적인 요인은 큰 역할을 수행하지만 동기부여만이 그 원인이 되지는 않는다. 자신이나 작업자 집단의 직무 설계에 책임을 지니도록 하는 것이 성공하려면 그들이 자신의 전문 분야에서 지식과 경험을 살릴 수 있어야 한다.

일을 생산적으로 만들기 위해 독창성에 기대하는 것은 희망 사항일 뿐이다. 정말 필요한 것은 노동자들의 실질적인 지식과 기술이다. 그들이야말로 유일한 전문가다.

직장 커뮤니티와 책임

공장이나 사무소에는 직장 커뮤니티가 있다. 노동자의 업무 성과를 향상시키기 위해서는 이 직장 커뮤니티에 실질적인 책임을 부여해야 한다.

매니지먼트가 직장 커뮤니티의 문제에 관해 의사결정을 행하는 것이 직장 커뮤니티에게는 중요한 일일 수 있다. 그러나 매니지먼트 입장에서는 중요하지 않은 문제를 짊어지는 것이다.

여기에는 직원 식당, 휴가 조정, 레크리에이션 활동 등의 문제가 포함된다. 기업의 매니지먼트가 이러한 문제들을 손수 처리하게 되면 자금을 투입하더라도 능률은 더 나빠지고 마찰과 불만이 야기되며 의사결정이 적절하게 이루어지지 않아 제대로 운영되기 힘든 경우가 많다. 그 이유는 이 활동들이 매니지먼트의 관심 영역이 아니기 때문이다.

그러나 직장 커뮤니티와 그 구성원들에게는 이 활동들이 중요한 문제다. 운영 지침이 상부에서 내려온 것인 한 아무리 해도 이들의 사기는 오르지 않는다. 결국 이런 활동들에 관한 책임은 직장 커뮤니티에 맡겨야 한다.

이 활동들은 직장 커뮤니티가 리더십을 발휘하고 인정받고 배워갈 수 있는 좋은 기회다. 리더십을 발휘할 기회가 직장 커뮤니티에 존재하지 않을 때 직장 커뮤니티의 능력과 에너지, 야심은 매니지먼트나 직장 커뮤니티에 대립하는 형태로 발휘될 수 있다. 이는 당연히 부정적이고 파괴적이며 선동적인 형태를 띤다.

직장 커뮤니티에서 이루어지는 자치는 민주적이지 않아도 좋다. 아니, 민주적이어서는 안 된다. 오히려 권한이나 임무는 일본 기업이나 차이스 사처럼 연공에 따라 결정되어야 한다.

중요한 것은 직장 커뮤니티의 문제는 자치가 아니면 안 된다는 사실이다. 의사결정의 책임은 그 의사결정의 영향과 직접적인 관계를 맺고 있는 곳에 부여해야만 하는 것이다.

누구나 매니지먼트의 일원이다

노동자나 업무의 매니지먼트에 관한 해답이 모두 존재하는 것은 아니다. 조직 사회는 최근에야 생겨났다. 인류 역사를 보면 피고용자는 바로 얼마 전까지만 해도 그 숫자가 훨씬 적었다. 당근과 채찍이 효력을 잃어버린 것도, 고학력의 인적 자원이 출현한 것도 아주 최근의 일이다.

우리들은 무엇이 문제인지, 또 어떻게 접근해야 하는지 알고 있다. 완전한 실현에 대하여 확신할 수는 없지만 지향해야 할 목표 또한 알고 있다.

아직까지는 노동자를 향해 '동료 매니저 여러분'이라고 부르는 사람이 아무도 없다. 그러한 일이 향후 일어나지 않을지도 모른다. 그러나 그것이야말로 목표다.

물론 매니지먼트의 권한과 권력, 의사결정과 명령, 소득의 격차, 상사와 부하 직원이라는 현실은 여전히 남을 것이다. 그러나 누구나 자기 자신을 매니지먼트의 일원이라고 여기는 조직을 구축해야만 성장할 수 있다.

신분의 보장

그렇다고 해서 실업의 두려움이 존재하는 가운데 업무와 집단, 성과에 책임을 질 수는 없다. 책임을 지기 위해서는 안정적인 일자리와 수입에 대한 보장이 있어야만 한다.

이노베이션이나 변화에 대한 저항은 과거에서부터 계속되어 온 현상이다. 르네상스 시대에 피렌체의 직공들은 새로운 기술이 일을 위협한다고 주장했다.

하지만 이노베이션이나 변화에 대한 저항은 인간의 본성이 아니다. 일과 수입이 보장된다면 저항은 찾아볼 수 없을 것이다.

필요한 것은 일과 수입에 관한 법률상 혹은 계약상의 보증이 아니다. 책임을 지우기 위해 필요한 것은 실행이다. 급여를 계속 지불하더라도 현실적으로 일을 주지 않으면 실업과 동일한 불안을 안겨 준다.

진정 필요한 것은 노동자에게 체계적으로 업무를 부과하는 시스템, 즉 노동자를 사회의 생산적인 일원으로 만드는 시스템이다.

13

사람이 최대의 자산이다

왜 성공 사례로부터 배우지 않는가

지금까지 언급한 이야기들은 아주 오래전부터 알려졌던 것이다. 비록 조직적이지 않은 기업이 몇몇 있긴 하지만 대부분은 성과를 올리고 조직의 체질을 강화하여 번영을 불러왔다. 매니지먼트도 강화되었다.

이러한 사실을 안 매니지먼트는 많았지만 실제로 행동에 옮긴 매니지먼트는 그렇게 많지 않다.

그렇다면 차이스 사나 IBM 사로부터 배우지 않는 이유는 무엇인가? 왜 배우려 하지 않는 것일까?

오해와 두려움

노동자들이 주체적으로 성과를 올릴 수 있도록 그들에게 과제를 부여하는 데 인색한 주요 원인은 매니지먼트가 권한과 권력을 혼동하기 때문이다. 매니지먼트는 육체노동자든 지식노동자든 책임을 지고 싶다는 그들의 요구를 들어 주는 것이 권한의 방치를 의미한다고 오해하면서 저항하곤 한다. 자신의 권한이 위협받는다고 인식하는 것이다.

권한과 권력은 다르다. 매니지먼트는 처음부터 권력을 갖지 않는다. 책임을 지는 것뿐이다. 그 책임을 다하기 위해서 권한이 필요한 것이고 권한을 가지게 되는 것이지, 그 이상의 특별한 의미는 없다.

권한과 권력을 혼동한 나머지 매니지먼트가 그 자신과 조직에 나쁜 결과를 초래하는 예는 엄청나게 많다. 이전에는 분권화가 대단한 저항을 받았다. 톱매니지먼트를 약화시키고 권한의 상실을 초래할 것이라는 염려 때문이었다.

그러나 오늘날에는 분권화가 톱매니지먼트를 강화한다는 사실을 누구나 알고 있다. 분권화에 의해 톱매니지먼트는 보다 큰 성과를 올릴 수 있으며 본래의 업무를 더 잘 수행할 수 있다. 다시 말해 톱매니지먼트의 권한은 분권화에 의해 더욱 증대된다.

일본 기업이나 IBM 사, 차이스 사 역시 노동자들이 성과를 올리게 되면 매니지먼트의 권한이 강화될 것이라는 사실을 알고 있었다. 부하 직원들이 성과를 올리면 자연히 매니지먼트가 자신의 일에 전념할 수 있기 때문이다. 매니지먼트 본연의 업무가 아니거나 빈약한 성과만이 예상되거나 또는 시간만 빼앗는 활동으로부터 마침내 해방될 수 있는 것이다.

과거의 톱매니지먼트가 분권화에 저항한 이유가 한 가지 더 있었다. 분권화가 진행되면서 생겨나게 될 고도의 요구 사항들을 두려워했기 때문이다. 노동자들이나 직장 커뮤니티에 책임을 지도록 하는 것을 두려워하는 매니지먼트의 저항도 이유는 같았다.

책임을 부여받은 사람은 높은 수준의 요구를 한다. 매니지먼트가 완벽해야 한다고 요구하는 것은 아니다. 그들도 상사가 인간이라는 사실 정도는 안다. 단 그들은 자신들 역시 스스로의 일에 책임을 지고 있으므로 매니지먼트가 보수에 걸맞은 일을 해야 한다고 당당하게 요구한다.

인간의 매니지먼트란 인간의 강점을 발휘하도록 하는 것이다. 인간은 약한 존재로서 문제를 일으키며 잡다한 절차나 일을 필요로 한다. 인간은 곧 비용이며 위협 그 자체다.

그러나 인간이 이런 사실들 때문에 고용되는 것은 아니다. 그들의 강점과 능력 때문이다. 조직의 목적은 사람의 강점을 생산에 연결시켜 그들의 약점을 중화시키도록 하는 데 있다.

사람이야말로 최대의 자산

사람이야말로 최대의 자산이라고 한다. '조직의 차이는 결국 사람이 하고 있는 일에서 생겨난다'는 말도 있다. 사실 인적 자원 이외의 자원은 어느 조직에서나 대부분 동일하게 사용되는 편이다. 매니지먼트도 모든 자원 가운데 인적 자원이 가장 잠재력이 개발되지 않고 있으며 제대로 활용되고 있지 않음을 잘 알고 있다.

매니지먼트의 기존 접근 방식을 살펴보면 대개 사람을 자원으로서가 아니라 문제, 잡일, 비용, 위협으로 취급하는 편이다. 사람을 자산으로서 재무제표에 계상해야 한다는 제안이 등장한 배경에는 이러한 인식이 있다.

물론 사람을 자산으로 기장記帳하는 것이 쉬운 일은 아니다. 자산이란 그 성격상 처분 가능하며 청산할 때 가치를 지니는 것이기 때문이다. 이에 반해 사람은 기업의 소유물이 아니기 때문에 매각할 수 없는데, 이렇게 매각되지 않는 것은 자산이라고 볼 수 없다. 이익의 측정 방법 등 실무적인 문제도 있다. 그렇다 할지라도 이 제안은 충분히 고려할 만한 가치가 있다.

실행

가장 중요한 것은 실제로 행하는 일이다. 이는 비전이나 태도를 바꾸는 것보다 훨씬 쉽다. 그 구체적인 사항은 다음과 같다

- 일과 직장에 대해 성과와 책임을 부여한다.
- 함께 일하는 사람들을 활용해야 할 대상으로 파악한다.
- 강점이 성과에 결부되도록 사람을 배치한다.

이 정도로는 과거의 인사 관리를 비판하고 새로운 이념과 방법을 요구하는 사람들을 만족시킬 수 없을지도 모른다. 그러나 사람을 활용해야 할 대상으로 보고 적재적소에 배치할 수는 있을 것이다. 또한 조직의 목표가 온전히 업적으로 향하도록 만들 수도 있다. 이는 따분한 일과 지루한 사람을 재미있게 만들지는 못하지만, 즐거운 일과 재미있는 사람을 따분하게 만드는 것을 방지하는 데는 큰 역할을 한다.

물론 이러한 실행을 통해 조직의 긴장을 없애거나 권력과 자금에 관련된 문제를 해결할 수는 없다. 하지만 분명한 것은 신뢰와 성과가 눈에 보일 것이라는 점이다. 확신컨대 매니지먼트는 진정한 리더십으로 나아갈 수 있을 것이다.

4장 사회적 책임

사회적 책임을 수행하는 것은 매니지먼트의 제3과제다.
모든 조직의 매니지먼트는 자신들이 만들어 내는 부산물副産物,
즉 자신의 활동이 사람, 환경, 사회에 끼치는 영향에 책임을 진다.
더 나아가 모든 매니지먼트는 사회적인 문제의 발생을
예기하고 이를 해결해 줄 것이라는 기대를 받는다.

14
매니지먼트와 사회

'기업의 사회적 책임'의 의미 변화

기업의 사회적 책임에 관한 논의는 이미 100년 전부터 있었다. 매니지먼트에 관한 모든 문헌에는 사회적 책임과 관련된 부분이 반드시 존재했는데, 1960년대 초부터 기업의 사회적 책임이 갖는 의미가 바뀌었다.

과거에는 기업의 사회적 책임에 관한 논의가 다음의 세 가지 분야에서 이루어졌다.

- 사적인 윤리와 공적인 윤리와의 관계 : 조직을 맡은 자는 어디까지 개인의 윤리에 따를 것인가, 조직에 대한 책임은 개인으로서

의 비윤리적 행동을 어디까지 허용할 것인가, 혹은 강제할 것
인가.

- 노동자에 대한 책임
- 지역 사회에 대한 공헌이라는 의미에서의 책임 : 미술관, 박물
  관, 오페라, 오케스트라의 후원, 학교 및 교회 임원으로서의 봉
  사, 자선 단체에 기부하는 직원의 행위 등.

어떤 공헌이 가능한가

오늘날 사회적 책임에 관한 논의는 기존과는 전혀 다른 곳에 있다.
예를 들면 '사회 문제에 대응하고 이를 해결하기 위해 기업은 무엇을
해야 하는가', '인종 차별을 비롯한 사회 문제나 환경 문제를 해결하
는 데 어떤 공헌을 할 수 있는가'와 같은 부분이 중점적으로 이야기되
고 있다.

스웨덴에서는 대형 제조업체인 ASEA 사를 비롯한 몇몇 대기업들
이 60년대 말 아프리카의 대규모 전력 프로젝트에 참가한 일로 비난
을 받은 적이 있었다.

이 프로젝트는 UN의 지원과 세계은행으로부터의 융자, 스웨덴 사
회당 정권의 보증을 통해 이루어졌는데, 그 목적은 극빈 지역의 생활
수준 향상이었다. 그런데 해당 지역이 포르투갈의 식민지라는 이유
로 기업들은 식민주의를 지원했다는 비난을 받은 것이다.

기업의 사회적 책임에 관한 가장 강한 요구는 1960년대 뉴욕 시장

이었던 존 린제이John Lindsay의 성명에서 살펴볼 수 있다. 그는 뉴욕의 대기업들에게 흑인 거주 구역의 주민들이 생계를 꾸려 나갈 수 있도록 자원과 교육을 제공해 달라고 요청한 바 있다.

매니지먼트에 대한 과신

이러한 요구에 관해 자주 들려 오는 해석은 잘못된 것이다. 요구 수준이 높아진다고 해서 기업에 대한 적의敵意가 커지는 것은 아니다. 과도한 기대를 낳는 것은 기업의 실적이다. 즉 사회적 책임에 대한 요구는 성공에 대한 대가라고 이해하면 된다.

선진국에서는 경제적 성과를 당연지사로 여긴다. 인류의 3분의 1을 한 세기 동안 풍요롭게 만든 경제 성장의 힘이, 나머지 3분의 2를 더욱 단기간에 풍요롭게 만들 것이라는 기대는 틀림없는 사실이다. 이는 적어도 급속한 발전을 가능케 할 것이다.

유럽에서는 오늘날에도 19세기 말의 아파트를 볼 수 있다. 엘리베이터 없는 5층 건물에 7명 가족에게 석탄이나 장작을 태울 스토브 하나, 더럽고 작은 욕조가 하나뿐인 환기 안 되고 어둡고 빈약한 방이 전부뿐인 아파트 말이다. 그러나 이 아파트들도 예전에는 신흥 중산층을 위한 것이었다.

생활의 질을 걱정하고 있다는 사실은 도리어 성공했다는 증거다. 과거에는 생활 자체를 유지하는 데 모든 역량을 기울여야 했던 사회의 리더 계층이 오늘날 생활의 질에 대한 기대를 책임져야 하는 상황에 이르게 된 것은 어쩌면 아주 당연한 것이다.

분명 사회적 책임을 요구하는 목소리는 너무나 많은 것을 기대하고 있다. 그러나 이 목소리는 단순하고 소박할 뿐 불합리하지 않다. 그들은 바른 것을 기대하고 있다. 그 목소리에 깔려 있는 것은 권위에 대한 적의가 아니라 매니지먼트에 대한 과신인 것이다.

정부에 대한 환멸

오늘날 기업이나 대학에 사회적 책임을 요구하는 사람들도 한 세대 전에는 정부가 모든 사회적 문제를 해결할 수 있다고 생각했다. 그러나 현재 정부 주도를 지지하는 사람들 혹은 일본, 스웨덴, 독일과 같이 정부에 대한 경의와 신뢰가 남아 있는 국가들조차 정부에 대한 기대는 크지 않다. 강력한 정부를 바라는 사람들조차 정부가 모든 것을 해결해 줄 것이라고는 생각하지 않는다.

기업의 사회적 책임을 강조하고 요구하는 바탕에는 기업의 매니지먼트가 사회 리더로서의 지위를 계승했다는 인식이 자리 잡고 있다. 리더로서의 매니지먼트가 대두된 후 정부의 능력을 향한 환멸이 증대되고 생활의 질에 초점이 맞춰지면서, 기업 활동의 중심에 사회에 대한 관심을 두라는 목소리가 커지기 시작했다.

예전에는 사회의 가치와 신조, 개인과 개인의 자유를 흠집 내지 않고 어떻게 자동차나 신발을 만들 것인가가 관건이었다. 그러나 이제는 새로운 요구가 등장하면서 기업이 직접 나서서 사회의 가치를 형

성하고 개인의 자유를 실현하며 바람직한 사회를 만들어야 한다고
외치고 있다.

이와 같은 사회의 요구에 대해 매니지먼트는 새로운 생각을 가지
고 행동할 수밖에 없다. 과거의 방법으로는 처리할 수가 없다.

세 가지 이야기

최근 우리는 책이나 잡지를 통해 기업의 무책임, 탐욕, 무능에 관한
수많은 기사들을 보고 있다. 물론 무책임하고 탐욕적인 기업, 무능한
매니지먼트는 분명 존재한다. 그러나 사회적 책임의 문제는 무책임,
탐욕, 무능을 해결하는 데 그치지 않는다.

사회적 책임 문제의 근본은 다른 데 있다. 바로 좋은 의도, 존경해
야 할 행동, 고도의 책임감조차 때로 문제를 일으킬 수 있다는 사실
이다.

웨스트버지니아West Virginia 주의 비엔나Vienna 마을

단 한 번의 평범한 번영조차 제대로 경험하지 못했던 웨스트버지
니아 주의 경제는 20년대 말 이후 석탄 산업의 쇠퇴와 함께 침체일로
를 걷고 있었다.

뉴욕에 본사를 둔 대형 화학 회사인 유니온카바이드Union Carbide
사는 창업 당시 웨스트버지니아 주에서 생산한 석탄을 사용하고 있
었기 때문에 두세 곳의 대형 탄광을 소유하고 있었다. 경영진은 사내

의 젊은 직원에게 실업률이 높은 지역에 공장 입지를 기획하도록 지시했다.

그러나 정작 가장 곤경에 허덕이던 서쪽 지역에 관해서는 매력적인 계획이 하나도 없었다. 그 지역이야말로 가장 일이 필요한 곳이었다. 작은 마을 비엔나와 그 주변에는 고용 기회가 전혀 없었다. 세울 만한 공장은 고비용의 특수강 공장뿐이었는데, 비엔나는 그 공장 입지로도 부적절했다. 그 지역에서 생산되는 석탄은 높은 비용이 드는 처리 공정을 필요로 하는데다, 거액의 설비 투자를 하더라도 다량의 재와 연기가 배출되는 것을 피할 수 없었다.

그러나 이 공장은 비엔나 마을에 1,500명, 인근 탄광에 500명 내지 1,000명의 고용 창출 효과를 가져다 줄 터였다. 경영진은 채산에 한계가 있더라도 사회적 책임을 다한다는 생각에서 이곳에 공장을 건설하기로 했다.

공장에는 최신 공해 방지 시설을 갖추었다. 당시에는 대도시의 발전소조차 굴뚝에서 분출되는 재의 양을 반만 줄일 수 있어도 대단한 것이라 여겼다. 그런데 이 비엔나 공장은 무려 재의 75퍼센트를 줄이는 설비를 갖추었다.

공장은 1951년 조업을 개시했다. 유니온카바이드 사는 지역 사회의 구세주가 되었다. 정치가, 정부 관계자, 교육 관계자들 모두가 이 회사의 사회적 책임 수행을 칭찬했다.

그러나 그로부터 10년 후 여론은 완전히 반전되었다. 공장은 공공의 적이 되고 말았다. 환경 문제에 대한 관심이 높아지면서 비엔나에 거주하는 주민들이 너나 할 것 없이 재와 연기에 대해 불만을 토로하기 시작했다.

1961년에는 반反 공해, 즉 반 유니온카바이드를 공약으로 내세운 인물이 시장에 당선되었다. 또 다시 10년 후에는 비엔나 공장이 미국 전역에서 커다란 악명을 떨치는 존재가 되었다.

스위프트 데 아르헨티나Swift do Argentina의 비극

스위프트 데 아르헨티나는 아르헨티나 최대의 식육 공장이었으며 빈곤 지역 최대의 고용주였다. 아르헨티나의 식육 가공업은 제2차 세계대전 이후 줄곧 어려움에 처해 있었다.

1968년 금융업을 중심으로 여러 남미 국가에서 사업을 전개하던 캐나다계 글로벌 기업인 델텍Deltec 사에서 이 공장을 매입했다. 델텍 사는 경쟁력을 갖추기 위해 설비를 근대화했지만 식육 공장은 쇠퇴일로를 걷기만 했다.

경쟁 상대였던 다른 두 회사는 60년대 말 공장을 폐쇄했다. 그러나 델텍 사는 남미에서 진행 중인 다른 사업에 대한 영향을 생각해서 스위프트 데 아르헨티나를 폐쇄하지 않기로 했다. 실업률이 높은 지역의 고용을 유지하기로 한 것이다.

인원을 정비하고 생산성을 대폭 높였으며 오히려 추가 자금을 투입했다. 은행에서 융자를 받기까지 했다. 그러나 1971년까지도 수익은 회복되지 않았다.

마침내 스위프트 데 아르헨티나는 종업원을 포함한 전 채권자에 대하여 공장 폐쇄와 장기 분할을 통한 채무의 변제(더구나 델텍에 대한 변제는 가장 후순위였다)를 제안했다. 채권자의 86퍼센트가 이에 동의

했는데, 이는 법률로 정해진 비율보다 훨씬 높은 것이었다.

그런데 승인은 형식적인 일이었는데도 불구하고 아르헨티나 판사는 이 동의를 무효라고 판결했다. 나아가 동의를 부정하게 얻었다는 혐의로 공장 파산을 선고하고 정부에 청산인 임명을 요청했다. 델텍 사에 대해서는 채권자로서의 권리를 일절 인정하지 않았다. 더구나 델텍 사가 소유하고 있던 아르헨티나 기업의 주식을 모두 압류해 버렸다. 놀랍게도 이 결정은 반기업, 반미 성향을 갖지 않은 사람들에게까지 지지를 받았다.

공민권公民權과 퀘이커Quaker의 양심

1940년대 말 미국의 어느 대형 철강 제조업체가 남부 사업부에 새로운 매니저를 임명했다.

이 사업부는 인종 차별이 심한 지역에 있었다. 당시까지 경영진은 전부 남부 출신으로 구성되어 있었는데, 새로운 매니저는 시민권 운동을 하고 있던 북부 출신 퀘이커 교도였다.

본사의 경영진들은 새로운 매니저에게 임명장을 건네는 자리에서 다음과 같이 말했다.

"자네의 승진은 이제까지의 업적에 따른 것이네. 그러나 자네가 일하게 될 그 남부 사업부에서는 흑인들에게 평등한 기회를 부여한 적이 없다네. 그곳에서는 흑인이 조수 이상이 될 수가 없어. 이제까지는 손을 쓸 수 없었지만, 이 문제가 언젠가 큰 골칫거리가 될지도 모른다네. 서둘러 행동해서 조합의 지지를 끌어 내게. 자네가 시민권 운동을 하면서 노동조합 사람들과 함께 일해 온 사실을 잘 알고 있네.”

　본사에서는 새로운 인사 조치에 대해 불안해하면서도 이 매니저에게 큰 기대를 걸고 있었다. 부임 첫 해, 신임 매니저는 지역 및 조합 간부들과 좋은 관계를 맺었다.

　그러던 어느 날 마침내 기회가 찾아왔다. 공장을 확장하고 새로운 용광로에 몇 명을 배치하는 안건이 올라왔던 것이다.

　조합과의 협약은 엄격하게 적용되었다. 소수이기는 했지만 몇 명의 흑인 숙련공이 일부 임원 자리에 임명되었다. 백인의 선임권을 침해하지 않는 범위 내에서 이루어진 일이었고 백인을 흑인 밑에 두는 것도 아니었다.

　그러나 새로운 인원 배치도를 게시한 아침, 그에게 조합 간부가 달려왔다.

　“엄청난 조합원들이 불평에 싸였습니다. 더 이상은 참을 수 없습니다. 36시간의 파업에 돌입하겠습니다. 무리한 것을 바라지는 않습니다. 성의만 보여 주신다면 파업을 연기할 수도 있습니다. 예를 들어 인원 배치를 보류해 주시는 것도 좋습니다. 새 용광로의 인원 배치 문제는 조합과 감독이 해결하게 해 주십시오. 이것이 협약에 근거한 파업 통고서입니다.”

　사업부장은 본사의 경영진과 조합 고문에게 연락을 취하려고 했으나 어째서인지 양쪽 모두 연락이 닿질 않았다. 비서들조차 자신의 상사들이 어디에 있는지, 심지어 언제 돌아올지도 모른다고 답했다. 진퇴양난에 빠진 사업부장은 퀘이커 교도의 현인賢人이며 동시에 인종 문제, 특히 흑인의 고용 기회에 관해 급진적인 사고를 지닌 친구를 떠

올렸다.

놀랍게도 그 현인은 그의 곤경에 동정을 나타내지 않았다.

"고용에서의 인종 차별 문제가 비합법적이고 부도덕하며 죄악이라는 점에 있어서는 나도 같은 생각이네. 그러나 자네가 행한 일 자체는 합법적이라 해도 분명 잘못된 것일세. 자네는 대기업의 경제력에 기대어 지역 사회에 특정한 가치관을 강요하고 있어. 자네의 가치관이나 생각은 옳지만 그것은 대기업의 경제력으로 지역 사회를 지배하려는 것과 다름이 없네. 이것은 경제적인 제국주의지. 목적이 좋다고 용납되는 것은 아니네."

이 사업부장은 회사를 그만두고 북부로 돌아왔다. 회사 측은 문제의 인원 배치도를 파기했다. 파업은 중지되었다. 다시 말할 필요도 없이 몇 년쯤 지나 그 회사는 인종 문제에 관해 리더십을 발휘하지 않았다며 혹독하게 공격받았다.

사회적 책임의 매니지먼트

사회적 책임에 대한 요구가 간단하지는 않지만, 경제학자인 밀턴 프리드먼Milton Friedman의 말대로 이를 무시할 수는 없다.

물론 기업은 경제적인 기관이며 경제상의 과제에만 대응해야 한다는 그의 주장은 타당하다. 사회적 책임은 기업이 경제적 기능을 수행하는 것을 방해함으로써 사회 전체를 손상시킬 위험을 내포하고 있다. 또는 기업의 매니지먼트가 그들이 관여할 영역이 아닌 데까지 권력을 행사하게 하는, 보다 큰 위험을 초래할 수 있다.

매니지먼트가 사회적 책임을 회피할 수 없다는 것은 자명한 이치다. 사회가 요구해서도, 필요로 해서도 아니다. 현대 사회에는 매니지먼트 이외에 다른 리더들이 존재하지 않기 때문이다.

앞서 언급한 세 가지 이야기들이 사회적 책임은 애매하며 동시에 위험한 영역이라는 교훈을 들려 주는 것은 아니다. 모든 기업에 있어서 사회적 책임은 자기 자신의 역할을 철저하게 검토하고 목표를 설정하며 성과를 올려야 할 중대한 문제다. 즉 사회적 책임을 매니지먼트하지 않으면 안 된다.

15

사회적 영향과 사회의 문제

사회적 책임은 어디에서 생겨나는가

기업, 병원, 대학의 사회적 책임은 두 가지 영역에서 발생한다. 첫째, 그들의 활동이 사회에 끼치는 영향에서 발생한다. 둘째, 그들의 활동과는 관계없이 사회 자체의 문제에서 야기된다.

어느 경우든지 조직은 필연적으로 사회나 지역 내에 존재하므로 매니지먼트에게는 중대한 관심사가 아닐 수 없다. 그러나 이 두 종류의 사회적 책임은 전혀 다른 성격의 것이다. 전자는 조직이 사회에 행한 것에 대한 책임이며 후자는 조직이 사회를 위해 행할 수 있는 것에 관한 책임이다.

현대의 조직은 각 해당 분야에서 사회에 공헌하기 위해 존재한다.

이들은 사회와 지역 속에 이웃으로 존재한다. 조직은 그들의 운영을 위해 사람을 고용하며 따라서 조직이 사회에 끼치는 영향은 사회에 대한 조직 자체의 공헌에서 머물지 않는다.

병원의 목적은 간호사나 요리사를 채용하는 데 있지 않다. 환자를 보살피는 데 있다. 이 목적을 달성하기 위해 간호사와 요리사가 필요한 것이다. 이렇게 해서 직장 커뮤니티가 탄생한다.

특수강 공장의 목적은 소음을 내며 유해 가스를 배출하는 것이 아니다. 고객을 위해 고성능 금속을 만드는 것이다. 그 목적을 위해 소음을 내고 열과 연기를 배출한다. 이러한 식으로 사회에 끼치는 영향들은 조직의 목적에 의해 필연적으로 발생하는 부산물이다.

이에 반해 사회 문제는 조직과 그 활동의 영향에서 비롯되는 것이 아니라 사회 자체의 기능 부전으로 인해 발생한다.

조직은 사회 속에만 존재하는 사회의 기관이므로 사회 자체의 문제에 영향을 받을 수밖에 없다. 지역 사회가 어떤 반응을 보이는 사회 문제든지 간에 조직에게는 모두가 늘 중대한 관심사다. 건전하지 못한 사회에서는 기업과 대학, 병원이 제대로 기능할 수 없기 때문이다.

이렇게 한 사회의 건강은 매니지먼트에게 반드시 필요한 것이다.

매니지먼트가 사회에 끼치는 영향에 대한 책임

고의든 아니든 매니지먼트는 자신의 조직이 사회에 끼치는 영향에 대해 책임이 있다. 이것이 원칙이다.

여론이 반대하지 않는다고 해서 책임이 사라지는 것은 아니다. 문제에 대응하면 평판이 나빠질 것을 염려해서, 같은 업종의 회사가 앙심을 품을 수 있기 때문에, 혹은 어떤 사람도 해결해 달라는 요구를 하지 않아서 등은 모두 변명이 되지 않는다.

언제 수면에 떠오르든 사회는 조직이 끼치는 영향을 질서에 균열을 일으키는 일종의 공격으로 간주한다. 이러한 영향을 제거하고 문제를 해결하기 위해 책임 있는 행동을 취하지 않는다면 비싼 대가를 지불해야 한다. 여기에 몇 가지 예가 있다.

1940년대 말부터 50년대에 걸쳐서 포드Ford 사는 자동차의 안전성 향상을 꾀했다. 그들은 안전벨트를 장착한 차를 출시했으나 별로 팔리지 않았기 때문에 더 이상 생산하지 않았고 더불어 안전의 개념까지 버리고 말았다.

그로부터 15년 후 안전 의식이 확산됨에 따라 자동차 업체들은 안전성에 대한 관심 결여로 인해 사회의 거센 비난을 받으며 '죽음의 상인'이라는 불명예스러운 호칭을 얻게 되었다. 그 결과 자동차 메이커를 벌하고 시민의 안전을 확보하기 위한 법률들이 꼬리에 꼬리를 물고 제정되기 시작했다.

사회에 미치는 악영향을 어떻게 해결할 것인가

사회에 미치는 악영향을 해결하기 위해서는 우선 그 내용을 명확히 해야 한다. 먼저 사회, 경제, 개인에게 미치는 영향 가운데 조직의 목적이나 사명의 달성과 관련 없는 것은 최소화하고 가능하면 제거한다. 조직 내부에 대한 것이든 외부 사회나 물리적 환경에 대한 것이든 그 악영향은 적을수록 좋다.

악영향의 원인이 되는 활동 자체를 중지하여 이를 없애는 것이 최선의 답이겠으나 대부분의 경우에는 그 활동을 중지할 수가 없다. 따라서 악영향의 원인이 되는 활동을 계속하면서 이를 제거 또는 최소화하기 위한 체계적인 대응이 필요하다. 이 점에서 이상적인 접근법은 악영향 제거를 그대로 수익 사업화하는 것이다.

예를 들어 미국의 대형 화학 회사인 다우케미컬Dow Chemical 사는 약 20년 전부터 대기 오염과 수질 오염에 대비해 왔다. 제2차 세계대전 이후 이 회사는 오염을 바람직하지 않은 것으로 인식하고 모두 제거해야 한다고 결의했다. 환경 문제가 이슈가 되기 오래 전에 공장에서 나오는 오염의 제로화를 선언했던 것이다. 더구나 제거한 오염 물질로부터 새로운 제품을 개발하여 시장을 체계적으로 창조해갔다.

비슷한 예로 듀폰 사의 산업 유독성 연구소Industrial Toxicity Laboratory가 있다. 이 회사는 1920년대에 자사 제품에 유해 물질이 포함되어 있음을 공표했다. 그러고는 곧바로 독성을 시험하기 위한 연구소를 설립하고 독성 제거 프로세스를 개발하여 다른 화학 회사에서는 당연한 것으로 여기던 악영향들을 제거해 나갔다.

오늘날 이 산업 유독성 연구소는 폭넓은 고객을 위해 독성을 검사하고 무독성 원료를 개발하고 있다. 사회에 미치는 악영향이 사업상의 기회로 전환되면서 자연스레 제거된 좋은 본보기라 할 수 있다.

매니지먼트는 사회에 미치는 악영향을 제거하는 것이 늘 사업의 새로운 기회가 되도록 시도를 멈추지 말아야 한다. 물론 불가능한 경우가 더 많다. 악영향의 제거는 비용 증가를 의미하기 때문이다. 외부 비용, 사회의 부담으로 여겨지던 것이 자신의 비용이 된다. 따라서 동종업계의 타사가 같은 룰을 받아들이지 않는 한 경쟁에서 불리해지고 만다.

동일한 룰이 수용되기 위해서는 정부 규제와 같은 공적 조치가 필요하다. 따라서 비용을 증가시키는 프로세스의 경우 최소 비용으로 최대 효과를 창출하는 규제 수단을 검토하고 스스로 방안을 마련하여야 한다. 더불어 바르고 공정한 규제의 입법화가 추진되어야 한다.

지금까지는 기업뿐만 아니라 모든 기관의 매니지먼트가 이러한 책임을 회피해 왔다. 그들의 태도는 일반적으로 '규제가 없는 것이 가장 좋은 규제다'라는 것이다. 그러나 사회에 대한 악영향의 제거가 규제와 법률을 필요로 한다면 책임 있는 조직에게는 정해진 룰이 오히려 이익이 될 것이다.

반대로 규제와 법률이 존재하지 않는다면 책임 있는 조직이 오히려 부당한 처우를 받을 수 있다. 이들 조직은 무책임하다고 비난받을 것이며, 대신 양식 없고 탐욕적이며 어리석고 남을 속이는 조직이 이익을 얻게 될 것이다.

여론이 문제시하지 않는다고 해서 그 문제를 무시해도 되는 것은 아니다. 최종적으로는 그 문제가 결국 기업의 발목을 잡아 기업의 악행으로 여겨질 것이다.

자원과 에너지, 자금 등의 비용은 악영향을 제거해 가는 단계와 시간에 맞춰 점점 누적되고 커진다. 이때 필요한 것은 비용과 효과의 균형을 얻기 위한 의사결정이다. 산업에 종사하는 사람이라면 이 점에 대해 누구라도 이해할 것이다. 물론 그 밖의 사람들에게는 전혀 이해되지 않는 부분일 수도 있다. 때문에 이들이 기업에게 던지는 제안은 흔히 트레이드오프Trade-off(두 가지 가운데 하나의 목표를 선택하여 달성하게 되면 나머지 목표가 희생되는 것 - 옮긴이)의 문제를 감안하지 않은 것일 때가 많다.

사회에 미치는 악영향에 대한 책임은 곧 매니지먼트의 책임이다. 그것은 사회에 대한 책임이 아니라 자신의 조직에 대한 책임이다.

악영향을 사업상의 기회로 만드는 것이 가장 이상적인 선택이다. 그러나 이것이 불가능하다면 최적의 트레이드오프를 실현하기 위한 규제나 법안을 만들어 공공의 토론장에서 논의를 촉진하고 최선의 규제가 실현되도록 손을 써야 한다. 그것 또한 매니지먼트가 해야 할 일이다.

사회 문제는 기회의 원천이다

사회 문제는 사회를 퇴화시키고 그 기능을 마비시키는 질병과도 같다. 그것은 조직, 특히 기업의 매니지먼트에게는 커다란 도전인 동시에 기회다. 사회 문제 해결을 사업상의 기회로 전환, 이익을 내는 것이야말로 기업과 여타 조직이 가진 공통의 기능이다.

이노베이션, 즉 기존 사업을 새로운 사업으로 전환하는 일 또한 조직의 기능이다. 이때 이노베이션을 기술에 한정된 개념으로 여겨서는 안 된다.

과거를 돌아봤을 때 사회적인 이노베이션은 적어도 기술적인 이노베이션만큼 중요한 역할을 담당해 왔다. 19세기의 주요 산업은 공업 도시라는 새로운 사회 환경을 사업상의 기회와 시장으로 전환한 결과 생겨났다. 그리하여 처음에는 가스, 전기를 이용한 조명 사업이 생겨났다가 이어 전차, 전화, 신문, 백화점 등의 사업이 일어났다.

따라서 사회 문제를 사업 기회로 전환하기 위한 열쇠는 새로운 기술과 제품, 서비스가 아니라 사회 문제의 해결, 곧 이노베이션에 있다. 사실 성공한 기업의 비밀은 언제나 사회적 이노베이션에 있는 법이다.

제1차 세계대전 이전은 노동쟁의의 시대였다. 강도 높은 노동과 높은 실업률이 이어지면서 숙련노동자조차 시간당 임금이 15센트가 채 되지 않았다.

이러한 와중에 헨리 포드는 1913년 말 모든 노동자에게 당시 평균 임금의 두세 배에 달하는 일당 5달러를 주겠다고 보증했다. 파트너인 포드에게 이러한 결정을 강요했던 제임스 쿠젠스James Couzens 역시 임금 부담을 모르는 바 아니었지만 노동자들을 위해 단호한 행동을 취해야만 한다고 생각했다.

그는 지불되는 임금이 기존의 3배가 되더라도 총노동 비용은 결국 하락할 것이라고 판단했다. 이 생각은 옳았다. 포드에서는 인력 이동이 심각하여 1912년 당시 1만 명을 확보하기 위해서는 6만 명을 고용해야 할 정도였다. 그런데 새로운 임금 체계가 등장하자 퇴직자가 거의 사라졌다.

이로 인한 비용 절감은 그 후 수년간 지속된 원재료 가격 상승에도 불구하고 T형 자동차의 가격을 내릴 수 있을 만큼 엄청났다. 자동차 한 대당 이익 역시 늘릴 수 있었다. 결국 포드가 시장을 지배할 수 있었던 주된 원인은 단호한 임금 인상이 불러온 총노동 비용의 절감이었던 셈이다.

포드의 결단과 행동은 미국의 산업 사회를 변모시켜 미국의 노동자는 마침내 중산 계급으로 확고히 자리 잡게 되었다.

사회 문제가 사업상의 기회로 전환되면 더 이상 문제가 되지 않는다. 그러나 그렇게 할 수 없는 문제는 사회를 퇴행시키지는 않더라도 만성적인 질환으로 작용한다. 사실 문제 중에도 심각한 종류의 것은 쉽사리 사업상의 기회로 전환할 수가 없다. 그렇다면 이러한 종류의 사회 문제에 대하여 매니지먼트는 어떤 사회적 책임을 가지고 있는가?

그러한 문제들도 매니지먼트에게는 중대사다. 건강한 기업과 병든 사회의 모습은 양립할 수 없기 때문이다. 기업이 건강하기 위해서는 건전한, 적어도 제 구실을 하는 사회가 필요하다. 이는 기업이 성공하고 성장하기 위한 전제다. 사회를 병들게 하는 만성적인 요인들이 자연스럽게 사라지는 일은 없다. 누군가가 무엇인가를 행동하지 않으면 해결되지 않는다.

그렇다면 기업과 조직은 그들이 초래한 영향에서 비롯된 것이 아니며, 그들의 목적에 따라 이익의 기회로 전환할 수 없는 문제들에 관해 어디까지 대응해야 할 것인가? 그리고 어디까지 책임을 져야 하는가?

전 뉴욕 시장인 존 린제이는 "흑인 거주구의 문제에 대해 정부나 봉사 단체, 지역 사회가 무엇을 해도 악화되기만 하고 있다. 따라서 이 문제는 대기업에 맡기고 싶다"고 말했다. 사실 이 문제는 뉴욕, 미국, 서구 사회 전체의 중요한 문제이기도 하다. 하지만 그렇다고 해서 흑인 거주구 문제를 매니지먼트의 사회적 책임으로 전가할 수 있는가? 그렇지 않다면 사회적 책임에도 한계가 있는 것일까? 그 한계는 어디에 있는가?

16

사회적 책임의 한계

직무의 수행

매니저는 일종의 하인이다. 그들이 매니지먼트하는 조직이 바로 주인이다. 따라서 매니지먼트의 첫 번째 과제는 그들의 기업과 병원, 학교 등 자신이 몸담은 조직이 기능하게 하고 그 목적하는 바를 이루기 위해 공헌하는 것이다.

큰 조직의 대표로서 공적인 지위를 가지고 사회 문제에 훌륭한 리더십을 발휘했다 하더라도 자신의 조직을 부진에 빠지게 만들었다면 그를 공인公人이라 할 수 없다. 그는 무책임하게도 주어진 신임에 보답하지 못한 것이다.

조직이 각자의 특수한 직무를 제대로 수행하는 것이야말로 사회가 필요로 하는 일이다. 각각의 조직이 자신의 기능을 수행하지 못한다면 이는 사회적으로 큰 손실이다.

어떤 조직이든 간에 최대의 책임, 즉 본래의 기능을 제대로 수행하지 못한다면 다른 어떤 책임도 이행할 수 없다. 파산하는 기업은 지역사회의 좋은 고용주도 이웃도 될 수 없다. 미래의 리더나 전문가를 양성하지 못하는 대학은 아무리 좋은 일에 많이 관여하고 있다 하더라도 책임 있는 대학이라 할 수 없다.

매니지먼트는 리스크를 안고 미래의 활동을 수행하는 데 필요한 최저수익성minimum profitability을 일단 알아야 한다. 이 정보는 자신이 내린 의사결정에 대해 정치가, 매스컴, 사회에 설명을 하기 위해서라도 꼭 필요하다.

사회적 책임에 관해서는 기업 이외의 조직에도 같은 한계가 적용된다. 그들 조직의 고유한 기능을 침식시키는 것이라면 아무리 고상한 동기가 작용한다 해도 모든 활동이 무책임한 것이 된다.

물론 이러한 사고방식은 별로 인기가 없다. 하지만 사회의 기본적인 조직을 이끄는 매니지먼트란 인기를 위해 존재하지 않는다. 업적을 올리고 책임을 수행하기 위해 보수를 받는 것임을 명심해야 한다.

능력과 가치관에 따른 한계

업무를 맡을 능력이 없는데도 과업을 부여받는 것은 기대만 부풀렸다가 실망만 안겨 주는 무책임한 행동이다.

조직, 특히 기업은 자신이 끼치는 사회적 영향에 대하여 일정한 책임을 수행해야만 하며, 이를 위해 필요한 능력은 모두 갖추고 있어야 한다. 그러나 우선해야 할 분야 이외에는 행동의 권리와 의무가 조직 자신의 고유한 능력에 따라 한정된다.

조직은 자신의 가치 체계에 부합하지 않는 과제는 피해야 한다. 기술이나 지식은 쉽게 획득할 수 있지만 가치관은 바뀌지 않는다. 전혀 관심 없는 분야에서 뛰어난 성과를 보이는 사람은 없는 법이다.

그러므로 매니지먼트는 적어도 그 자신과 그의 조직에게 부족한 능력이 무엇인가를 알 필요가 있다. 이를테면 기업은 계량과 측정이 가능한 분야에 강점을 보이며, 정량화할 수 없는 분야의 지식이 결여되어 있다. 실제로 업적이 눈에 잘 보이지 않는 정치, 지역 사회, 권력에 관해서는 관심과 이해도가 약하다.

그러나 무형의 분야라 해도 문제에 따라 측정 가능한 형태로 명확하게 목표를 설정할 수 있다. 이 경우 기업의 능력과 가치 체계에 부합하는 일로 전환하는 것이 가능하다.

예를 들어 10대 흑인 소년을 대상으로 한 직업 훈련에서 성공을 거둔 조직의 사례는 별반 찾아보기 힘들다. 그러나 기업의 경우 이러한 직업 훈련에서 정부와 학교, 그 외 지역 사회의 여러 기관과 비교했을 때 아주 큰 성과를 올리고 있다.

이러한 사업은 목표를 설정하고 성과를 측정하는 것이 가능하기 때문에 명확한 형태로 파악하고 정의할 수 있다. 결과적으로 이 경우에는 기업이 성과를 올릴 가능성이 높다.

권한의 한계

사회적 책임에 있어 가장 중요한 한계는 '권한의 한계'다.

법학에서는 '책임'이라는 단독적인 개념을 찾아볼 수 없다. 찾을 수 있는 것은 '책임과 권한'이라는 개념이다. 권한을 가진 자는 책임을 진다. 반대로 책임을 진 자는 권한을 요구한다. 책임과 권한은 동전의 양면과도 같다. 때문에 사회적 책임을 진다는 것은 사회적인 권한을 요구한다는 것과 같은 의미다.

사회적 책임의 한계로서 권한의 문제는 자신이 끼치는 영향과 무관하다. 그 이유는 자신이 끼치는 사회적 영향 자체가 순수하고 우발적이며 무의식적인 것이라 할지라도 이는 사실상 권한을 행사한 결과이기 때문이다. 그러므로 이때 자동적으로 책임이 발생한다.

그러나 기업과 조직이 사회 자체의 문제나 병폐에 관해 사회적 책임을 요구받았을 때는 책임에 동반되는 권한이 정당한지 그렇지 않은지를 철저하게 생각해야 한다. 그렇지 않을 경우 월권과 무책임이 초래될 수 있다.

기업이 책임을 요구받았을 때는 반드시 그것에 관해 '권한을 갖고 있는가, 가져야 마땅한가'를 스스로 질문할 필요가 있다. 만일 권한을 갖지 않은 상태이거나 또 갖지 말아야 한다면 책임을 질 것인가에 대해 의심을 해 봐야 한다. 사실 많은 분야에 있어서 기업은 권한을 지녀서는 안 된다. 일부러 책임을 갖는 것은 권력욕에 지나지 않는다.

미국의 소비자 운동가인 랄프 네이더Ralph Nader는 스스로를 대기업의 적이라 지칭한다. 기업이나 여론도 그런 식으로 이해하고 있다.

사실 그는 제품의 품질이나 안전성에 대해 기업의 책임을 요구한다는 관점에서 기업의 정당한 책임, 즉 업적과 공헌에 대한 책임을 문제로 제기했다. 오늘날 그는 대기업이 재화나 서비스 이외의 분야에서도 책임을 가져야 한다고 주장한다.

1972년 네이더의 태스크포스 가운데 하나가 듀폰 사와 델라웨어 주의 관계에 관한 조사 보고서를 발표했다. 듀폰 사는 델라웨어 주에 본사를 둔 그 지역 최대의 고용주였다.

이 보고서는 듀폰 사의 경제적인 업적에 관해 아무 것도 논하지 않고 있다. 듀폰 사가 인플레이션의 압박 속에서도 미국 경제의 여러 부문에서 기초 재료가 되고 있는 제품의 가격을 낮추었던 사실마저도 사회적 책임과는 무관하다고 간주한다.

그 대신 보고서는 듀폰 사가 인종 차별, 보건, 공립 학교 등과 같은 델라웨어의 사회 문제에 경제적인 영향력을 행사하고 대응하지 않았다면서 비판한다. 즉 듀폰 사는 델라웨어의 사회, 정치, 법률에 관한 책임을 수행하지 않았다는 사실 때문에 사회적 책임을 태만히 했다는 비난을 받게 된 것이다.

이는 얄궂게도 이전의 진보파나 좌익에서 나왔던 비판과는 판이한 것이었다. 그들은 작은 주에서 큰 영향력을 끼침으로써 주州의 전면에서 간섭과 지배, 부당한 권한을 행사하고 있다고 비난받고 있었다.

사회 문제에 대한 책임을 지는 일이 조직의 본래 기능을 방해하고 상실케 한다면 매니지먼트는 당연히 이에 저항해야 한다. 요구가 조직의 능력 이상일 때, 책임이 부당한 권한을 의미할 때도 그렇다. 그러나 문제가 아주 중대한 성격일 때는 문제 해결에 대해 철저히 검토하고 그 해결책을 제안할 필요가 있다. 문제가 심각하면 결국은 무엇인가 해야 한다.

기업을 비롯한 모든 조직은 사회의 심각한 병폐에 늘 관심을 기울일 줄 알아야 한다. 그리고 가능하다면 그러한 문제를 조직의 공헌과 업적을 위한 기회로 전환해야 한다. 그렇지 못하더라도 최소한 문제가 어디에 있으며 어떻게 대응해야만 하는가를 검토해야 한다.

관심을 갖지 않는 것은 용납 받지 못하는 일이다. 조직 외에는 여러 사회 문제에 관심을 가질 만한 존재가 없다. 또한 현대 사회에서 조직의 매니지먼트만큼 리더의 지위에 있는 것도 드물다.

그러나 동시에 선진 사회에서는 독립적인 매니지먼트를 갖고 업적을 올리는 조직이 필요하다. 선진 사회는 전체주의 사회로서 기능할 수 없다. 사실 선진 사회는 사회적인 과제의 대부분이 각각 독립적인 매니지먼트를 지닌 조직에 의해 이루어진다. 여기서 말하는 조직이란 특정 분야에서 특정 성과를 올리는 것을 목적으로 하는, 정부 기관을 포함한 사회의 기관이다.

각 조직들이 수행해야 할 최대의 공헌, 최대의 사회적 책임이란 스스로의 기능을 수행하는 것이다. 최대의 무책임이란 능력을 상회하는 과제에 도전하거나 혹은 사회적 책임이라는 미명 하에 다른 이로부터 권한을 빼앗아 스스로의 기능을 잃는 것이다.

17

기업과 정부

정부와의 관계를 어떻게 설정할 것인가

조직, 특히 기업의 매니지먼트에서 사회적 책임에 관한 중대한 사안 중 하나는 바로 정부와의 관계다. 보통 이 관계는 매니지먼트의 사회적 책임을 논할 때 언급되지 않는 경향이 있다.

우리에게는 조직 사회의 현실과 니즈에 맞는 새로운 정치 이론이 필요하다. 새로운 이론을 정립할 때까지는 시간이 필요한데, 그 사이에도 정부와 기업은 각자의 영역에서 특유한 일을 수행해야 한다. 그 일 가운데 정부와 기업이 협력하여 대응해야 할 것과 개별적으로 대응해야 할 것을 분간할 수 있어야 한다.

현재 우리는 정부와 기업의 관계에 관한 해답을 도출할 수 있는 단계까지는 도달하지 못하고 있다. 따라서 개별적으로라도 문제를 바라보는 사고방식이나 나름의 기준을 가지고 있어야 한다. 애매모호한 해결책이 더 나은 해결의 기회를 잃고 정부와 기업을 잘못된 관계로 이끄는 일이 없도록 해야 한다.

이렇듯 해결책을 생각하고 그 실행을 관리, 감독하는 일은 매니지먼트의 임무다. 무작정 정치학자가 해결해 주기만을 기다릴 수는 없다. 그러기에는 기업, 경제, 사회에 걸쳐 너무나도 큰 문제들이 걸려 있다.

역사 속의 모델

자본주의 경제, 즉 시장 경제 속의 정부와 기업 관계를 나타내는 모델로 주로 거론되는 것이 바로 자유 방임 모델이다.

그러나 자유 방임이란 경제 이론 모델이지, 정치 이론이나 정부 활동 모델이 아니다. 과거 200년간 어떤 영향력을 지닌 정치학자들도 벤담Jeremy Bentham과 존 스튜어트 밀John Stuart Mill 이외에는 자유 방임에 관심을 두지 않았다. 게다가 자유 방임은 실상 19세기 중엽 영국에서 아주 짧은 기간 동안 행해진 것에 지나지 않는다. 정부와 기업의 관계를 다루어 온 것은 자유 방임이 아니라 중상주의와 입헌주의 두 가지 모델이며 이 가운데 중상주의의 역사가 더 오래되었다.

중상주의 모델에서 경제는 국가의 주권, 특히 군사력의 기반이다. 국가 경제와 국가 주권은 똑같이 중요하다. 이 모델에서 기업인은 관료에 비해 사회적으로 열등한 존재로 여겨진다. 루이 14세 통치 하의 프랑스, 비스마르크 통치 하의 독일, 제2차 세계대전 이전의 일본이 그러했다. 이러한 중상주의 모델의 전통이 이어지며 오늘날에도 행정에 종사하는 사람들의 임무가 기업을 지배하고, 강화하며, 장려하는 일, 특히 수출을 지원하고 장려하는 것에 있다고 여겨지는 경우가 많다.

물론 기업인은 기술과 매니지먼트의 발전에 따라 그 지위가 크게 개선되어 마침내 정부의 파트너가 되고 서로 공생하는 존재가 되었다. 그렇더라도 중상주의 모델에서는 기업이 정부의 하위 파트너로 간주된다.

한편 19세기에 주로 미국에서 발달한 입헌주의 모델은 기본적으로 정부와 기업이 대립 관계에 놓여 있다고 본다. 양자의 관계는 행정이 아닌 법률에 의해 규제된다. 입헌주의도 중상주의와 마찬가지로 자유 방임을 신뢰하지 않는다. 기업 활동은 기업인에게만 맡겨두기에 너무나도 중요하기 때문이다. 그러나 기업을 지도하고 보호하는 중상주의와는 달리 입헌주의는 '…을 하지 말라'라고 한다. 즉 독점 금지법, 규제 기관, 형사 고발을 이용한다.

중상주의와 입헌주의 모두 정치 모델이자 규범이다. 현실은 모델과 다르다. 그러나 중상주의와 입헌주의 이 두 가지 모델은 이미 1세기 이상에 걸쳐 정부와 기업의 관계에 관한 규범과 지침이 되어 왔다. 정부나 정치가가 어떻게 행동해야 하는지를 가르쳐 줬던 것이다.

또 여론을 파악할 때 무엇이 옳고 그른지 판단하는 기준을 부여해 주었다. 이 두 모델은 정부와 기업의 관계를 결정할 수는 없었지만 두 조직의 관계에 관한 문제를 그때그때마다 해결하는 데는 꽤 쓸모가 있었다.

새로운 문제

오늘날에는 입헌주의도 중상주의도 모두 진부해졌다. 이 두 가지 모두 더 이상 정부나 기업에 어떤 지침도 부여하지 않는다. 해결이 필요한 문제를 취급할 수도 없게 되었다. 그것은 바로 다음과 같은 이유들 때문이다.

혼합 경제의 진전

중상주의나 입헌주의 모두 자본주의 경제를 위한 이론이었지만 이는 사회주의 경제 하에서도 유효했다. 그러나 정부와 기업의 활동이 섞여 있고 특히 양자가 경쟁 관계에 놓여 있는 혼합 경제에서는 이 두 가지 모두가 쓸모없다.

글로벌 기업의 발전

두 모델 중 어느 것도 조화시킬 수 없는 현실이다. 글로벌 기업은 원래 하나였던 정치 주권과 국가 경제가 결별하면서 생겨났다. 더 이상 미국과 같은 최강 국가에서조차 국가 경제를 정의할 수 없게 되었다. 반면 정치 주권은 완전히 국가가 소유하고 있으며 국가를 대신할 무엇인가가 등장할 징후는 아직까지 전혀 없다.

사회의 다원화

사회에서 정부는 유일한 조직이 아니다. 정부는 고유한 목적을 지닌 셀 수 없이 많은 조직 가운데 하나에 지나지 않는다. 그러한 사회에서는 정부 이외 조직의 리더, 특히 기업의 매니지먼트에게 사회적 책임이 부과된다. 이는 정부의 지위나 역할에 독자성이 사라졌음을 의미한다. 정부 이외의 조직은 더 이상 중상주의 모델에서 정의하는 '국가 정책을 위한 도구'가 아니다.

매니지먼트의 대두

소유주를 대신할 매니지먼트가 급격히 떠오른 것도 중요한 변화다. 중상주의나 입헌주의 모델은 모두 소유주를 기업의 주역으로 간주하지만 현실은 그렇지 않다.

출신, 교육, 배경, 가치관에 있어서 정부 사람들과 아주 닮은 이들이 기업의 매니지먼트를 맡고 있다. 동시에 정부 사람들도 다른 모든 조직의 지도자들과 마찬가지로 매니지먼트를 하고 있다. 물론 여기에는 기업의 관료화라는 위험이 도사리고 있다.

그러나 중요한 것은 새로운 양상으로의 발전이 정부와 기업 사이에 예전부터 존재하던 경계선을 없앴다는 사실이다. 중상주의 모델과 입헌주의 모델의 전제가 된 정부와 기업의 구분이 뼈대만 앙상하게 남은 것이다.

이러한 것들은 기업보다 정부에 문제가 될 수 있다. 그러나 정부와 기업의 관계에 관한 두 가지 모델이 어느 것도 현실을 제대로 반영하지 못하고 있다는 사실은, 기업과 그 매니지먼트에게도 무시할 수만은 없는 매우 중대한 사항이다. 그리고 이에 대한 해결책은 아직 요원하기만 하다.

해결책을 판단하는 기준

영구적인 해법이나 정치 이론, 모델이 존재하지 않는다 하더라도 정부와 기업의 관계에 관한 각각의 문제들을 해결하려는 노력을 그만둘 수는 없다.

우선 필요한 것은 구체적인 문제에 대한 중도적이고 일시적인 해결책이 좋은지 나쁜지를 판단하는 기준이다. 이는 각각의 문제를 해결할 때 국가, 정부, 경제, 기업에게 기본적이고 장기적인 관점에서 필요하다고 생각되는 것을 강화하거나 최소한 지켜가기 위한 지침이다.

많은 법률은 필요 없다. 단지 필요한 것은 새로운 모델이다. 오늘날 기대할 수 있는 것은 각각의 문제에 대한 일시적인 해답이다. 그것들은 최소한 다음의 네 가지 기준을 만족시켜야 한다.

- 기업과 그 매니지먼트가 성과에 책임을 지는 자율적인 존재가 되어야 한다.
- 변화를 가능케 하는 자유롭고 유연한 사회를 지켜야 한다.
- 글로벌 경제와 국가의 정치 주권을 조화시켜야 한다.
- 기능을 수행하는 강력한 정부를 유지하고 강화해야 한다.

18

프로페셔널의 윤리

기업 윤리 이전의 문제

지금까지 기업 윤리나 기업인의 윤리에 관한 문제는 셀 수 없을 정도로 자주 언급되고 활자화되었다. 그러나 그것들 대부분은 기업과는 아무런 관계가 없을 뿐 아니라 윤리와도 거리가 먼 이야기였다.

그 첫 번째는 아주 보편적이고 일상적인 정직함에 관한 것이다. 우리들은 기업인이 속이거나 훔치거나 거짓말하거나 뇌물을 주고받아서는 안 된다고 엄격하게 말한다. 그러나 이는 기업인뿐만 아니라 누구라도 저질러서는 안 되는 일이다.

속이거나 훔치거나 거짓말을 하거나 뇌물을 주고받는 인간은 언제나 존재한다. 이들은 어떤 경우에라도 사회적으로 용인될 수 없다.

어떤 사람이라도 그 직무나 업무에 따라 인간 행동의 일반적인 룰을 피할 수는 없다. 기업의 부사장, 시의 고문, 대학의 학부장에 임명되더라도 여전히 그는 인간이다.

두 번째는 윤리와는 별반 관계가 없는 문제다. 고객을 접대하기 위해 접대부를 고용하는 것은 윤리의 문제가 아니다. 이는 인간의 미의식에 관한 문제다. 즉 수염을 깎으면서 거울 속 자신의 모습에서 매춘 중개인의 모습을 보고 싶은지 아닌지가 진짜 문제라는 것이다.

유감스럽게도 역사상 청렴이 왕, 귀족, 승려, 장군 등과 같은 지도자 혹은 르네상스 시대의 화가나 인문학자, 중국의 문인 등 지식인들 사이에서 일반적인 자질로 알려진 적은 한 번도 없었다.

그러나 이는 기업을 떠나 개인, 가정, 학교의 도덕관에 관한 문제다. 비즈니스 윤리가 따로 있는 것이 아니다. 정말 중요한 것은 기업의 중역이든 누구든 간에 유혹에 진 자를 엄히 벌하는 것이다.

최근에는 이 두 가지 주제 이외에 제3의 주제가 추가되었다. 매니지먼트는 지역 사회에서 적극적이고 건설적인 역할을 수행할 책임, 즉 지역 사회의 활동에 참여할 윤리적 책임이 있다는 것이다.

물론 이런 종류의 활동이 강제되어서는 안 된다. 이로 인해 보수를 받는다거나 승진하는 일이 있어서도 안 된다. 이런 종류의 활동을 명령한다거나 압력을 행사하는 것은 조직의 권력 남용이다.

지역 사회의 활동에 참가하는 것은 바람직한 일이다. 그러나 이것이 윤리나 책임과 상관 있는 일은 아니다. 이웃으로서, 일개 시민으로서 참여하는 개인의 공헌 문제다. 결론적으로 이는 매니지먼트의 책임 밖에 있는 것이다.

리더의 책임

매니지먼트를 담당하는 사람들에게 윤리의 문제는 그들의 집단이 리더 지위에 있다는 사실에서 파생된다. 물론 매니지먼트 담당자라 하더라도 개인적으로는 피고용인에 지나지 않는다. 매니지먼트를 구성하는 개인을 사회의 리더라고 부를 수는 없다.

그러나 그들이 속해 있는 리더 그룹은 가시적인 권한을 지니고 있으며 높은 자리에 위치한다. 때문에 이 그룹을 구성하는 자들에게는 분명 책임이 있다. 그렇다면 리더 그룹의 일원으로서 지녀야 하는 매니지먼트의 책임과 윤리는 구체적으로 무엇인가?

리더 그룹의 일원이라면 본질적으로 프로페셔널이다. 이들에게는 신분, 탁월성, 권한과 동시에 의무도 주어진다. 물론 매니지먼트를 한다고 모두 리더는 아니다. 매니지먼트 지위에 있는 사람이 수백만 명까지는 아니더라도 수십만 명 정도는 족히 되는 사회도 존재한다.

진정한 리더십은 찾아보기 힘들다. 이는 매우 한정된 사람들이 가지고 있는 특징이다. 그러나 그렇다 해도 매니지먼트의 입장에 있는 자들은 모두 리더 그룹의 일원으로서 프로페셔널의 윤리, 즉 책임의 윤리를 요구받는다.

'알면서 해를 끼치지 말라'

프로페셔널의 책임은 이미 2,500년 전 그리스의 히포크라테스 서약 가운데 확실하게 표현되어 있다. '알면서 해를 끼치지 말라'는 구절이 그것이다.

프로라고 해서 반드시 그들의 고객 모두가 좋은 결과를 얻을 것이라는 보장은 없다. 그들이 할 수 있는 것이라고는 최선을 다하는 것뿐이다. 그러나 최소한 알면서도 해를 끼치는 일은 하지 않겠다고 약속해야 한다.

프로란 알면서도 해를 끼치는 몰상식한 일은 최소한 하지 않는 사람이라고, 고객이 믿을 수 있어야 한다. 이러한 신뢰 없이는 아무것도 이루어질 수 없다.

동시에 프로는 자립적이어야 한다. 고객에 의해 지배, 감독, 지휘를 받아서는 안 된다.

그리고 자신의 지식과 판단이 온전하게 스스로의 결정으로 나타난다는 점에서 프로는 지극히 사적인 존재여야 한다. 물론 사적인 이해관계에 따라서가 아니라 공적인 이해관계에 따라 일하는 것이야말로 그들에게 부여되는 자립성의 기초이며 근거다.

다시 말해 프로는 자립적인 존재로서 정치나 이데올로기의 지배에 따르지 않는다는 의미에서 사적인 사람이다. 그러나 그 언동이 의뢰인의 이해에 따라 제한되고 있다는 의미에서 공적인 사람이다. 이러한 프로의 윤리가 가진 기본, 즉 공적 책임의 윤리가 바로 '알면서 해를 끼치지 말라'이다.

예를 들면 자신의 사업이 사회에 끼치고 있는 영향으로 인해 업계에 불만과 불평이 팽배하다는 사실을 알면서도 적절한 해결책을 검토하지 않거나 혹은 검토하더라도 실행하지 않는다면 이는 매니지먼트는 알면서 해를 끼치는 셈이다.

물론 그러한 매니지먼트는 어리석은 선택을 하는 것이다. 그들의 태도로 인해 자신의 기업이나 산업에 상처를 주기 때문이다. 뿐만 아니라 이는 프로의 윤리에도 심히 위배되는 것이다.

MANAGEMENT

2부

매니지먼트의 방법

매니지먼트는 기업의 현실과 니즈에 뿌리를 둔다.
그 때문에 매니지먼트의 직무가 생겨나는 것이다.
매니지먼트의 업무가 존재하고 기능이 존재하고 이를 위한 조직이 존재한다.

매니지먼트의 필요성

매니지먼트는 기업의 기초 자원이다. 완전히 자동화된 공장이라도 일반 직원들은 거의 없는 대신 매니지먼트는 반드시 존재한다. '조직의 목적이 달성될 수 있는가', '조직 내에서 일이 제대로 이루어지고 사람이 잘 관리되는가' 하는 문제는 매니지먼트가 어떻게 실행되는지에 달려 있다.

포드 사의 경우

1905년 빈손에서 시작한 헨리 포드는 겨우 15년 만에 세계 최대의 자동차 메이커를 만들어 냈다. 포드 사는 1920년대 초 미국의 자동차 시장을 독점적으로 지배하며 전 세계의 리더 자리를 차지했다.

그러나 불과 수년 후인 1927년 그 난공불락의 제국이 사양길에 접어들었다. 리더의 지위를 잃고 업계 3위로 내려앉으면서 20년에 걸쳐 축적해 온 이익이 눈 녹듯 사라졌다. 심지어 최대 호황을 누릴 수 있었던 제2차 세계대전 중에도 부진을 면치 못했다.

1944년 사업에 아무런 경험도 없던 26세의 새파란 청년 헨리 포드 2세가 대를 이었다. 2년 후 그는 할아버지의 측근을 추방하고 새로운 매니지먼트 팀을 도입하여 회사를 위기에서 구해 냈다.

헨리 포드는 매니지먼트를 도입하지 않은 결과, 실패하고 말았다. 그러나 매니지먼트 팀을 불필요하다고 여긴 것은 헨리 포드만이 아니었다.

지멘스Siemens 사의 경우

베르너 폰 지멘스Werner von Siemens는 헨리 포드와 거의 정반대의 성격을 가진, 매우 배려 깊은 사람이었다. 그런 그도 매니지먼트 팀을 만들지 않고 주위에 조수와 소수의 보좌진만을 두었다. 지멘스 사는 1870년대 후반까지 눈부신 성장을 거듭했으나 마침내 방향성을 잃어버리고 결국에는 위기에 빠지고 말았다.

이 회사는 포드 사처럼 막대한 자산을 갖고 있지 못했다. 지멘스가 죽은 지 5년 후인 1897년에는 자본 시장에 도움을 청하는 처지가 되었다. 그러자 베르너의 사촌 동생이자 독일 은행의 총재였던 게오르

그 지멘스Georg Siemens가 창립자의 상속인들을 압박하여 지멘스 사에 매니지먼트 조직과 시스템을 도입하도록 만들었다. 결국 이 회사는 수년 후 활력을 되찾을 수 있었다.

미쓰비시三菱 사의 경우

미쓰비시 사의 창립자인 이와사키 야타로岩崎弥太郎는 앞서 등장한 두 창립자와는 매우 다른 성격의 소유자였다. 그는 최고의 인재들을 매료시켰고 이들을 데려와 제대로 육성했으며 완벽하게 활용했다. 그러나 그 또한 포드나 지멘스처럼 매니지먼트라는 것을 믿지 않았다. 기업 소유주만이 권한과 책임을 지녀야 한다고 여겼으며 그것이 그에게는 진보적이고 서구적인 사고방식으로 여겨졌다.

이와사키는 메이지 유신 직후인 1868년 거의 무일푼의 사무라이에서 출발했으나 15년 후에는 미츠이 물산三井物産, 스미토모住友 사와 같은 17세기부터 지속되어 온 산업 세력을 훌쩍 뛰어넘었다.

그때가 미쓰비시 사에게는 포드 사의 1920년대 초반에 해당하는 시기였다. 성장은 둔화되고 쇠퇴의 징후가 보이기 시작했던 것이다. 그러나 미쓰비시 사에게는 다행스러운 일이 일어났다. 이와사키가 1885년 50세의 나이로 세상을 떠났던 것이다.

그의 사후 곧바로 조직 개혁이 착수되었다. 그리하여 일본에서 가장 전문적이고 강력하며 자립적인 매니지먼트 팀이 만들어졌다. 이때부터 미쓰비시 사의 진정한 성장이 시작되었다.

GM 사의 경우

1920년대 초 포드가 매니지먼트의 필요성을 무시하면서 자신의 신념을 고집하고 있을 때, GM 사의 사장에 취임한 알프레드 P. 슬론 주니어Alfred P. sloan Jr.는 포드와는 정반대의 신념을 증명하기 시작했다.

당시 GM 사는 포드의 거대한 힘에 눌려 업계 2위의 자리를 유지하는 데 그치고 있었다. 그도 그럴 것이 원래 포드와의 경쟁에서 진 후 매각 물건으로 나와 있던 자동차 회사들이 자금 조달을 위해 합병하여 생겨난 회사가 바로 GM 사였다. 포드 사에 이길 수 있는 차종은 하나도 없었고, 대리점 조직도 제대로 존재하지 않았다.

더구나 당시 GM 사는 합병 전의 기존 소유주들에게 소위 완전한 자치를 허락하고 있었다. 자신의 사업부를 사유지 내에 두고 각각 멋대로 매니지먼트하고 있었던 것이다.

슬론은 GM 사의 사업이 무엇이고 적합한 조직 구조는 어떠한 것인지 고민하며 규율 없는 봉건 영주들을 하나의 톱매니지먼트 팀으로 조직했다. 5년 후 마침내 GM 사는 자동차 산업의 정상 자리에 오르게 되었다.

성질의 변화

헨리 포드가 운영한 기업과 슬론이 설계한 기업은 딱딱하고 튼튼한 피부를 가진 곤충과, 골격으로 이루어진 척추 동물에 비교할 수 있다.

육상 생물이 더 성장하기 위해서는 골격이 필요하다. 그런데 피부가 골격으로 진화하는 일은 결코 없다. 양자는 발생원이 다른 이질적인 기관이기 때문이다.

마찬가지로 기업도 일정한 규모에 달하게 되면 반드시 매니지먼트가 필요하다. 매니지먼트 팀이라는 골격이 오너 겸 기업가라는 피부를 대신해야 한다. 그것은 피부가 진화한 것이 아니다. 완전히 바뀌는 것이다.

매니지먼트가 없을 때, 조직은 관리 불능이 되고 계획은 실행되지 않는다. 최악의 경우 계획의 각 부분이 속도, 목적, 목표 면에서 제멋대로 수행될 수도 있다. 상사의 눈에 드는 일이 성과를 올리는 것보다 중요해지기도 한다.

제품이 뛰어나고 종업원이 유능하며 동시에 헌신적이라도 나아가 상사가 아무리 위대한 능력과 매력을 지니고 있더라도, 매니지먼트라는 골격을 갖춘 조직으로 변신하지 않는 한 기업은 실패를 거듭하면서 정체되어 결국 하향 곡선을 그리게 될 것이다.

5장 매니저

매니저를 매니저답게 만드는 것은 성과에 대한 책무다.

19
매니저란 무엇인가

조직의 성과에 책임을 지는 자

매니저의 정의는 무엇인가? 지금까지의 정의는 '사람의 일에 책임을 지는 자'였다. 이는 매니저의 기능과 소유자의 기능을 구별하면서 매니저의 일이 분석, 연구, 개선 등의 독립된 일이라는 점을 밝혀 주었다.

그러나 이 정의는 사실상 큰 의미를 지니지는 못했다. 조직에는 매니저라는 책임 있는 지위에 있으면서 일에는 책임을 지지 않는 사람들이 반드시 있기 때문이다.

모든 조직, 특히 기업에서 최근 가장 급속하게 늘고 있는 매니저의 정의는 '조직의 성과에 책임을 지는 자'이다. 이는 '사람의 일에 책임을 지는 자', 혹은 '상사'라는 의미가 아니다. 그보다는 한 분야의 전문가로서 조직에 공헌하는 사람들을 일컫는다. 이들은 조직의 부를 창출하는 힘이나 사업의 방향 및 업적에 중대한 영향을 끼친다.

새로운 정의

이에 따라 매니저의 진정한 정의를 내리는 것, 즉 누가 매니저인지를 분명히 하는 것이 긴급한 과제가 되고 있다. 매니저를 구분 짓는 기준은 '명령하는 권한'이 아닌 '공헌하는 책임'에 있다. 매니저와 전문가의 관계 역시 책임과 기능을 기본으로 비로소 밝혀낼 수 있다.

전문가의 과제

전문가에게는 매니저가 필요하다. 자신의 지식과 능력을 전체의 성과와 결부시키는 일이야말로 전문가의 최대 과제다. 자신의 지식과 능력이 다른 이들에게 전달되지 않는 한 성과는 오르지 않기 때문이다. 이때 매니저는 이들이 말하려고 하는 것, 행하려고 하는 것을 확실하게 이해해야 한다.

전문가는 전문 용어를 자주 사용하는데, 사실 이들은 전문 용어 없이는 충분히 의사를 전달할 수가 없다. 문제는 이것을 다른 사람이 이해해야만 유효한 지식과 정보가 된다는 점이다.

이러한 사실을 전문가에게 인식시키는 것이 매니저의 일이다. 조직의 목표를 전문가의 용어로 번역하고 반대로 전문가의 지식과 능력을 고객의 말로 바꾸는 것도 매니저의 일이다.

전문가가 효과적으로 일을 처리하려면 매니저의 도움이 절실히 필요하다. 매니저는 전문가의 상사가 아니라, 도구이자 가이드이자 마케팅 에이전트다.

반대로 전문가는 매니저의 상사가 될 수도 있으며 사실상 상사가 되지 않으면 안 된다. 전문가는 곧 선생님이다. 자신이 속한 매니지먼트를 이끌어 가면서 새로운 기회, 분야, 기준을 나타낼 수 있어야 한다. 이런 의미에서 그들은 조직 내의 모든 매니저보다도 높은 입장에 선다.

전문가의 기능과 지위

종래에는 조직 속에 승진 경로란 한 가지밖에 없었다. 더 높은 지위와 보수를 얻으려면 매니저가 되어야만 했다. 그 결과 불행하게도 인정받아 마땅한 많은 이들이 그럴 수 없었다.

한편 관리하는 일을 바라지도, 그럴 능력도 없는 사람들마저 단지 인정받고 보상을 받기 위해 매니저로 임명되는 일이 비일비재하게 발생했다.

기능과 지위는 반드시 분리되어야 한다. 군대가 그 좋은 예다. 이를테면 '소령'은 일종의 지위다. 그것만 가지고는 대대의 지휘관 즉 매니저인지, 국방부 연구원 즉 전문가인지 알 도리가 없다. 그래서 군에서는 소령이라는 지위 이외에 대대장이라든가 커뮤니케이션 전문가와 같은 기능상의 직책을 부여한다.

매니저에 관한 기존 정의에서는 관리하는 자가 뛰어난 사람이므로 보다 많은 보수를 받는다고 보았다. 이는 공장의 조립 라인이나 사무적인 일에 있어서는 의미가 있었다. 아직 전문가의 영역에 도달하지 못한 사람, 즉 목표나 공헌에 대해 책임을 질 필요가 없는 지식 노동자에게도 의미가 있었다. 그러나 이것은 진짜 전문가라고 불려야 할 사람들, 즉 특정 조직 내에서 리더로 간주되는 사람들에게는 전혀 의미가 없다.

야구 스타가 감독이나 코치보다 수입이 많은 것은 이상한 일이 아니다. 전문가로 구성된 조직의 우두머리인 매니저는 그 부문의 사람들 대다수보다 많은 보수를 받는다.

그러나 감독보다 더 많은 보수를 받는 스타플레이어가 간혹 존재한다는 사실을 예외로 여겨서는 안 된다. 더욱이 이를 바람직하지 않은 것으로 간주해서도 안 된다. 특히 영업 사원의 경우, 실적이 우수한 인기 영업 사원이 그 지역 담당 판매부장보다 많은 보수를 받는 것은 결코 이상한 일이 아니다.

매니저든 전문가든 매니지먼트 그룹의 일원이란 점에서 다를 바가 없다. 그들에 대한 요구에 차이가 있어서는 안 된다. 매니저와 전문가의 차이는 그 책임과 활동에 있어서 매니저 쪽이 다른 면, 즉 관리적인 부분을 한 가지 더 지니고 있다는 점에 있다.

50명의 부하 직원을 둔 시장 조사 담당 매니저와 한 명의 부하 직원도 없이 똑같은 일을 하고 있는 시장 조사 전문가의 차이는 기능도 공헌도 아닌 조직상의 차이에 있다. 양자에 요구되는 것은 같다. 그들은 모두 매니지먼트 그룹에 속한다.

20
매니저의 일

매니저의 두 가지 역할

매니저에게는 두 가지 역할이 있다.

첫 번째 역할은 투입한 자원의 합계보다 큰 것을 만들어 내는 생산체를 조직하는 것이다. 이는 오케스트라의 지휘자와 비슷하다. 오케스트라에서는 지휘자의 행동, 비전, 지도력을 통해 음악이 만들어진다. 따라서 매니저는 그의 자원, 특히 인적 자원의 모든 강점을 발휘시키는 한편 모든 약점을 제거해야 한다.

매니저는 각각의 활동뿐 아니라 전체의 성과를 함께 고려해야 한다. 앞서 언급했던 오케스트라 지휘자에 비유해 보자면 오보에의 음과 오케스트라 전체의 음을 동시에 들을 수 있어야 한다.

매니저는 매니지먼트의 일원으로서 사업의 매니지먼트, 사람과 일의 매니지먼트, 사회적 책임의 매니지먼트라고 하는 세 가지 과제를 수행하게 된다. 이 세 가지 중에서 한 가지라도 희생시키는 결정이나 행동은 조직 전체를 약화시킨다. 모든 결정과 행동은 세 가지 과제 모두에게 적절히 부합되어야 한다.

두 번째 역할은 모든 결정과 행동에 있어 현재 필요한 것과 미래에 필요하게 될 것을 조화시켜가는 것이다. 어느 것을 희생시키더라도 조직은 위험에 처한다. 오늘을 위해 내일 희생되는 것을, 혹은 내일을 위해 오늘 희생되는 것을 잘 계산할 필요가 있다. 그와 같은 희생을 최소화해야 하며 무엇보다 조기에 보완해야 한다.

매니저의 일

실제로 대부분의 매니저들은 매니지먼트 이외의 일에 많은 시간을 소비한다. 판매부장은 통계 분석을 하고 중요한 고객의 상담에 응한다. 공장의 직장職長은 공구를 수리하고 생산 보고를 한다. 그러나 그러한 일들은 모든 매니저에게 공통된 일이다. 매니저만 행하는 일이 아니다.

모든 매니저에게 공통되는 일은 목표 설정, 조직, 동기 부여와 커뮤니케이션, 평가 측정, 인재 개발 등 총 다섯 가지이다.

물론 목표를 설정한다는 것만으로 매니저가 될 수는 없다. 좁은 공간에서 매듭을 맬 줄 안다는 사실만으로 외과 의사가 될 수 없는 것과 마찬가지다.

그러나 목표를 설정할 능력이 없으면 적격한 매니저가 될 수 없다. 실을 묶는 기술이 없다면 뛰어난 외과 의사가 될 수 없는 것과 같다. 실을 묶는 기능을 향상시키면 그만큼 외과 의사로서 진보하는 것처럼, 매니저도 이 기본적인 다섯 가지 모두에 관해 능력과 태도를 향상시키면 그만큼 매니저로서 진보한다.

매니저의 자질

매니저는 사람이라고 하는 특수한 자원과 함께 일한다. 사람과 함께 일하는 자에게는 특별한 자질이 요구된다.

먼저 사람을 관리하는 능력을 배워야만 한다. 관리 체제, 승진 제도, 보수와 장려 제도를 통해 인재 개발에 유효한 방책을 강구할 수도 있다. 그러나 그것만으로는 충분치 않다. 근본적인 자질이 필요하다. 바로 성실함이다.

최근에는 접대를 잘하고 다른 사람을 잘 도와주며 교제에 능한 사람이 매니저의 자질을 갖춘 것으로 인정받고 있다. 하지만 그것이 전부는 아니다.

활발하게 돌아가는 조직을 운영하는 매니저 중에는 어느 누구에게도 잘 도움을 주지 못하고 다른 이들과의 교제에 서툰 인물도 많다. 이런 이들은 대개 첫인상이 좋지 않고 까다로우며 제멋대로인 경우가 많다. 그럼에도 누구보다 많은 사람을 육성하고 인기 있는 사람보다 더 존경받는다. 조직원들에게 업무 처리를 일류로 해 낼 것을 요구하며 똑같이 엄격한 기준을 스스로에게도 적용한다. 기준을 높이 설정하고 그것을 지킬 것이라 기대한다. '무엇'이 옳은지만 생각할 뿐 '누가' 옳은지는 생각하지 않는다. 성실함보다 지적 능력을 평가하는 일도 없다.

이러한 자질이 부족한 사람은 아무리 붙임성이 있고 사람을 잘 사귀더라도 그리고 아무리 유능하고 총명하더라도 위험하다. 그러한 사람은 매니저로서도 신사로서도 실격이다.

매니저의 일은 체계적인 분석의 대상이다. 매니저가 할 수 있어야 하는 일은 그 대부분이 가르쳐 주지 않아도 배울 수 있는 것이다. 그러나 배울 수 없는 자질, 후천적으로 획득할 수 없는 자질, 처음부터 갖추고 있지 않으면 안 되는 자질이 한 가지 있다. 다시 말하지만 재능이 아니라 성실함이다.

최대의 공헌

영국이 200년에 걸쳐 인도를 지배할 수 있었던 것은 인도 총독부의 뛰어난 행정 능력 때문이었다. 인도 총독부의 요원들은 최고 번성기였던 19세기 후반에도 1,000명을 넘지 않았다. 더구나 이들은 대부분 20대의 평범한 젊은이들이었다. 그런데도 특별한 훈련이나 경험 없이 광대한 지역을 통치했던 것이다.

200년에 걸친 톱매니지먼트의 실정失政 또는 부재不在를 채우고 있던 것은 이들 중간 관리자였다. 그들의 위업이 가능했던 이유는 아주 간단했다. 젊은이들에게 매우 광범위하고 도전적인 일이 주어졌기 때문이었다.

매니저의 일은 크고 무게 있는 것이어야 한다. 매니저란 조직의 최종 성과에 직접 책임을 지고 그에 대해 공헌하는 존재이기 때문에 그의 일은 늘 최대의 책임과 도전을 동반해야 하며 최대의 공헌을 가능케 하는 것이어야 한다.

직무 설계의 실책

매니저의 일에 관해 올바른 직무 설계를 보증할 수 있는 공식은 없다. 그러나 과오를 알고 미리 피할 수는 있다.

가장 일반적인 실책은 직무를 좁게 설계함으로써 아무리 뛰어난 사람이라도 성장할 수 없게 만드는 것이다. 얼마 지나지 않아 모든 것을 익힐 수 있을 정도로 직무의 영역이 좁기만 하다면 유능한 사람은 분명 욕구 불만에 빠지게 된다. 매니저는 피고용인이 그 자리에 있는 한 배우고 성장하도록 만들어야 한다. 그렇지 못할 경우 사람과 조직은 아무도 눈치 채지 못하는 사이에 마비되고 만다.

또한 흔히 보조에 머무르는 직무는 더욱 무익하다. 매니저의 업무는 목적, 목표, 기능을 가지고 있어야 한다. 하나의 완결된 직무로서 성과에 직접적으로 공헌할 수 있어야 한다. 직무 없이는 책임 있는 존재가 될 수 없다.

독자적인 목적, 목표, 기능이 없다면 상사가 필요로 하는 것, 상사를 설득할 수 있는 것만을 하는 데 그치게 된다. 이는 사람을 타락시킨다.

보조의 임무가 명확하다면 젊은 매니저에게는 훌륭한 훈련이 될 수 있다. 다만 기간은 한정할 필요가 있다. 일정 기간의 임무를 끝냈다면 매니저의 업무로 돌려보내야 한다.

매니지먼트란 하나의 업무이지만 매니저가 전념하지 않으면 안 될 정도로 시간을 필요로 하는 일은 아니다. 매니저에게 일이 많지 않으면 부하 직원의 일을 빼앗게 마련이다. 부하 직원이 권한을 위임해 주지 않는다고 하는 불평의 대부분은 매니저가 자신의 일을 충분히 갖지 못하는 바람에 부하 직원의 일까지 취하게 되어 발생하는 것이다. 일이 없는 상태는 견디기 어렵다. 특히 일하는 것이 습관화된 사람에게는 더욱 그러하다.

일이 별로 없는 사람은 일하는 감각과 일의 존엄성을 잊게 되므로 가장 큰 피해를 입게 된다. 나아가 일의 존엄성을 잊은 매니저는 조직에 해를 끼친다. 결국 매니저는 단순한 조정자를 넘어 그 자신도 열심히 일하는 '행동하는 매니저playing manager'가 되어야 한다.

매니저의 일은 자신이나 혹은 직속 부하 직원 모두가 충분히 수행할 수 있어야 한다. 회의나 조정이 필요한 직무는 잘못된 것이다. 빈번하게 출장을 가야만 하는 직무도 잘못된 것이다. 일과 회의를 동시에 할 수는 없는 것처럼 일과 여행도 동시에는 할 수 없다.

또한 무조건 자리를 내 주며 부족한 부분을 채우려 해서도 안 된다. 자리로 보답하는 일은 금물이다. 직함은 곧 지위와 책임을 의미한다.

그러나 지위와 책임에 대한 고려 없이 무턱대고 직함부터 건네 준다
면 문제를 일부러 크게 만들 수 있다.

매니지먼트 한계의 법칙

수많은 책에서 한 사람이 감독할 수 있는 부하 직원의 수에는 한계
가 있다는 소위 '매니지먼트 한계의 법칙'을 주장한다. 그러나 이러
한 법칙에 대한 신봉은 매니지먼트를 왜곡시킬 우려가 있다.

부하 직원이 몇 명 있는가는 문제가 되지 않는다. 중요한 것은 사람
의 수가 아니라 관계의 수다. 부하 직원과의 관계는 매니저가 취급하
는 여러 관계 가운데 하나에 불과하다.

직무 설계의 시점

앞의 내용을 바탕으로 매니저의 업무는 네 가지 시점에서 설계되
어야 한다.

- 이미 알려진 매니저 본래의 업무는 기본적으로 수행해야 한다.
- 할당되는 업무가 있다. 각 매니저에게 조직이나 상사가 설정하
  는 책임을 말한다. 이를 통한 공헌이 직무 규정에 표시한 것을
  넘어서게 되면 뛰어난 성과를 올리는 자로 인정받을 수 있다.

- 매니저의 업무는 수평적, 수직적 관계에 따라 규정된다.
- 매니저의 업무는 필요로 하는 정보와 그 정보의 흐름 속에 있는 그의 위치에 따라 규정된다. 업무에 필요한 정보가 무엇이며 어디에서 구할 수 있는지를 늘 살펴야 한다. 정보를 제공받을 사람들에게 그 정보가 무엇이며 왜 필요한지 이해도 구해야 한다. 나아가 누가 어떤 정보를 그에게 의존하고 있는지에 대해서도 생각할 필요가 있다.

자신의 업무를 주체적으로 아는 일은 매니저 개개인의 책임이다. 그에게 기대해야 하는 것은 자신의 직무를 공표하고 그 자신과 그의 부문이 책임을 져야 하는 성과와 공헌에 관해 제안하는 것이다. 또한 다른 이들과의 관계를 열거하여 필요로 하는 정보와 다른 이에게 공헌할 수 있는 정보를 명확히 해야 한다.

이러한 것에 관해 생각하는 일이 매니저에게는 최대의 책임이다. 매니저는 이러한 책임으로부터 벗어날 수 없다.

21
매니지먼트 개발

체계적인 육성

미래를 예측하는 것은 불가능하다. 그러므로 결정한 내용을 실행에 옮기고 때때로 수정해 줄 사람, 나아가 미래의 매니지먼트를 이끌어 갈 사람을 미리미리 시험하고 선택하여 체계적으로 육성하는 일이 무엇보다 중요하다.

매니저는 육성되는 것이지 선천적인 자질을 가진, 타고난 부류가 아니다. 따라서 미래의 매니저를 육성하고 확보하기 위해 끊임없는 노력을 기울일 필요가 있다. 운이나 우연에 맡기는 것은 용납되지 않는다.

매니지먼트 개발과 관계없는 것

우선 매니지먼트 개발에 해당되지 않는 것이 무엇인지부터 분명히 짚고 넘어가야 한다.

매니지먼트 개발은 단순히 세미나에 참가하는 것이 아니다

세미나는 여러 가지 도구 가운데 하나일 뿐이다. 그것 자체가 매니지먼트는 아니다.

세미나는 특정 주제에 관한 3일간의 세미나건 2년 혹은 매주 3회씩 저녁 시간에 열리는 상급 세미나건 조직 전체와 각 매니저의 니즈에 맞는 것이어야 한다. 특히 실제 업무, 상사, 조직 내 프로그램, 개인별 자기계발 프로그램에 관련된 세미나는 큰 의미를 지닌다.

매니지먼트 개발은 인사 계획이나 엘리트 탐색이 아니다

인사 계획이나 엘리트 탐색은 모두 쓸데없는 데다 해롭기까지 하다.

조직이 저지를 수 있는 최악의 일은 엘리트를 육성하려다 나머지 사람들마저 방치하는 것이다. 10년 후 업무의 8할은 그 방치했던 사람들이 하지 않으면 안 된다는 사실을 간과해서는 안 된다. 더구나 그들은 자신이 가볍게 취급 받았던 기억을 간직하고 있다.

결국 조직이 방치했던 8할은 성과도 오르지 않고 생산성은 계속 낮을뿐더러 새로운 것에 대한 의욕마저 잃어버리게 된다. 한편 선택받은 소수의 엘리트들 가운데 절반은 40대가 되면 말만 번지르르했다는 것이 밝혀지곤 한다.

매니지먼트 개발은 사람의 성격을 바꾸기 위한 것이 아니다

매니지먼트 개발은 성과를 올리기 위한 것이다. 강점을 마음껏 발휘하고 다른 사람의 생각이 아니라 자신의 방식으로 자유롭게 활동할 수 있도록 하기 위한 것이다.

고용주인 조직에게는 사람의 성격에 대해 이러쿵저러쿵 말할 자격이 없다. 고용 관계는 특정 성과를 요구하는 계약에 지나지 않는다. 다른 것은 아무것도 요구할 수 없다. 다른 것을 요구하는 것은 인권과 프라이버시에 대한 부당하고도 불법적인 침해이며, 권력의 남용이다.

피고용자는 충성, 애정, 행동양식에 관해 아무것도 요구받을 필요가 없다. 요구받아야 하는 것은 오로지 성과뿐이다.

22

자기 관리와 목표에 의한 매니지먼트

네 가지 저해 요인

조직에는 사람을 잘못된 방향으로 끌고 가는 네 가지 요인이 있다. 그 요인들은 다음과 같다.

기능의 분화

세 명의 석공에게 무엇을 하고 있느냐고 질문하자 각각 "생계를 꾸리고 있다", "최고로 훌륭하게 일을 하고 있다", "교회를 짓고 있다"고 대답했다는 이야기가 있다. 이 가운데 세 번째 대답을 한 사람이야 말로 진정한 매니저다.

첫 번째 석공은 일을 통해 무엇을 얻는지 알고 있으며 실제로 그것을 얻고 있는 사람이다. 그는 일당에 대한 하루치의 일을 한다. 그러나 이러한 단순한 사고방식을 가지고 있는 사람은 매니저 감이 아니다. 그는 아마 미래에도 매니저가 될 수 없을 것이다.

문제는 두 번째다. 일에서 숙련된 기능은 불가결한 요소다. 조직은 최고의 기능을 요구하지 않으면 금세 2류가 되고 만다. 그러나 단순히 돌을 연마하면서도 대단한 일을 하고 있는 것으로 착각하는 전문가가 간혹 존재한다. 기능의 중요성을 강조하는 것도 좋지만 그것은 반드시 조직 전체의 니즈와 관련된 것이어야 한다.

이런 종류의 위험은 오늘날 진행 중인 사회와 기술 변화 때문에 점점 커지고 있다. 고등 교육을 받은 전문가가 급증하면서 기능도 고도화되고 있다. 그들 대부분은 각각의 전문 지식을 가지고 조직에 공헌한다. 그 때문에 기능 자체가 목적이 되어버릴 위험성이 점점 커지는 것이다.

조직의 계급화

조직의 계급 구조는 앞서 설명한 위험을 더욱 증폭시킨다. 상사의 언동, 하찮은 말꼬리 하나, 버릇이나 습관까지 모두 계산되고 의도된, 의미 있는 것으로 받아들이게 되는 것이다. "인간관계가 중요하다고 한다. 그러나 불러서 하는 이야기는 늘 잔업에 관한 것이다. 승진하는 사람은 실제적인 성과를 올리는 자가 아니라 회계 처리에만 능한 자다"라는 불평이 끊어질 날이 없다.

이 문제를 해결하기 위해서는 모두의 시각을 업무가 요구하는 것으로 돌리는 조직 구조가 필요하다.

계층의 분리

계층에 따라 일이나 관심사에 차이가 있기 때문에 조직의 방향 설정이 잘못되는 경우가 있다. 이 문제도 좋은 의도나 태도만 가지고는 해결할 수 없다. 커뮤니케이션을 개선시킨다고 해결할 수 있는 것도 아니다. 커뮤니케이션의 성립에는 공통의 언어와 공통의 이해가 전제된다. 결여된 것은 바로 그 전제들이다.

계층별로 사물을 보는 방법이 다른 것은 당연하지만 그로 인해 같은 것을 이야기하더라도 알아차리지 못하거나, 반대되는 것을 말하면서도 같은 것을 이야기하고 있다고 착각하는 일이 너무나 많다.

보수에 대한 의미 부여

보수는 조직에게는 비용이며 개인에게는 수입이다. 그것은 조직이나 사회에서의 위치, 성과에 대한 평가뿐 아니라 인간에 대한 평가까지 나타낸다. 이는 정의, 공정, 공평의 관념과도 정서적으로 결부되어 있다.

조직 내의 인간에게 보수만큼 강력한 신호는 없다. 보수는 금전적인 의미를 가지고 있을 뿐 아니라 톱매니지먼트의 평가관을 보여 준다. 자신에게 어느 정도의 가치가 있으며 자신이 어떤 위치에 있고 얼마나 인정받고 있는지도 아울러 알려준다.

보수에 관한 공식을 굳이 구하려 할 필요는 없다. 모든 보수는 보수 시스템이 지닌 다양한 의미의 타협에 불과하다. 최고의 시스템이라 해도 한편으로는 조직을 강화하지만 다른 한편으로는 약화시키게 마련이다. 때로는 바른 행동만이 아니라 잘못된 행동도 장려한다.

과학적인 보수 시스템은 물론이거니와 썩 괜찮다고 하는 보수 시스템조차 만들어 내기가 하늘의 별따기다. 공통의 이익에 반하는 잘못된 방향으로 설정되지 않도록 감시하는 것 정도가 할 수 있는 행동의 전부다.

목표 관리

위로는 사장으로부터 아래로는 주임에 이르기까지 매니저라면 명확한 목표를 가지고 있어야 한다. 목표가 없다면 혼란이 가중된다. 목표는 그가 이끄는 부문이 올려야 할 성과를 분명히 보여 주어야 한다. 특히 타 부문이 목표를 달성하는 데 기여해야 할 공헌을 명확히 하고 반대로 타 부문에서 기대할 수 있는 공헌이 무엇인지 밝혀야만 한다.

목표는 팀의 성과를 반영해야 하며 항상 조직 전체의 목표로부터 끌어낸 것이어야 한다. 이를테면 조립 라인에서는 기업 전체의 목표와 제조 부문의 목표를 바탕으로 목표를 세워야 한다.

그 목표들은 유형의 목표, 즉 경제적인 부분뿐 아니라 무형의 목표, 즉 매니저의 육성과 조직화, 부하 직원의 행동과 태도, 사회에 대한 책임 등을 포함해야 한다.

적절한 매니지먼트를 행하려면 톱매니지먼트는 특히 목표 간의 균형을 꾀할 필요가 있다. 그런 점에서 최근 자주 볼 수 있는 캠페인 방식의 매니지먼트는 반드시 피해야만 하는 악습이라 하겠다. 예를 들어 절약 캠페인에 대해 살펴보자. 이 캠페인으로 인해 주급을 받는 타이피스트typist가 해고되고 비싼 급여를 받는 간부가 서투른 타이핑을 하는 것으로 결론이 났다. 하지만 효과는 어떠한가? 이는 분명 잘못된 방향이다. 한 쪽 면만을 강조하다보니 다른 측면이 크게 희생되고 만 것이다.

목표는 조직에 대한 공헌에 따라 규정되어야 한다. 프로젝트 엔지니어의 목표는 기술 부문에 대해 수행해야 할 공헌이 어떠한지에 따라, 사업부장의 목표는 조직 전체에 대해 수행해야 할 공헌에 따라 각각 규정된다.

물론 상위 매니지먼트에게는 목표를 부인할 수 있는 권한이 있다. 그러나 각각의 목표를 규정하는 것은 한 사람 한 사람의 책임이다. 자신이 속한 조직의 목표 설정에 참가하는 것도 결국은 개인이다.

자기 관리

목표 관리의 최대 장점은 자신의 일하는 태도를 매니지먼트할 수 있도록 하는 데 있다. 이는 강한 동기부여를 불러온다. 적당히 처리하는 것이 아니라 최선을 다하고자 하는 동기를 불러 일으키는 것이다. 따라서 목표 관리는 매니지먼트 전체의 방향을 설정하고 활동의 통일성을 실현하는 데 필요하지는 않지만 자기 관리를 하는 데는 꼭 필요하다.

자신의 일하는 태도를 관리하려면 자신의 목표를 알고 있는 것만으로는 충분치 않다. 목표에 비추어 자신의 일하는 태도와 성과를 평가할 수 있어야 한다. 이를 위해서는 정보가 필요하다. 필요한 조치를 취할 수 있도록 적절한 정보들을 조기에 입수해야만 한다.

그 정보들은 상사에게 전달될 필요가 없다. 정보는 자기 관리를 위한 도구이지, 상사가 부하 직원을 관리하기 위한 도구가 아니다.

이렇게 자기 관리를 통한 목표 관리에서는 인간을 책임, 공헌, 성과를 바라는 존재라고 전제한다. 대담한 전제다. 그러나 우리는 인간이 대부분 예상대로 행동한다는 것을 안다.

필자가 처음 '목표 관리'를 제창한 이래 이 말은 일종의 슬로건이 되었다. 오늘날에는 이에 관한 문헌도 많다. 강좌, 세미나, 영화도 있다. 목표 관리를 채용한 조직도 많다. 그러나 진정한 자기 관리를 동반하는 목표 관리를 실현하는 곳은 극히 적다. 자기 관리를 통한 목표 관리는 슬로건이나 방침에서 끝나서는 안 된다. 원칙이 되어야 한다.

철학이라는 말은 과장된 느낌을 주어서 되도록 쓰고 싶지 않지만 자기 관리를 통한 목표 관리의 경우, 그야말로 매니지먼트의 철학이어야 한다는 생각이다.

23
중간 관리

인원 과잉의 문제

50년대 초반 자동화와 컴퓨터가 신문 제목을 장식하던 무렵 중간 관리자의 멸망은 시간문제라는 예측이 대두되었다. 그러나 이것만큼 빨리, 또 완전하게 빗나간 예측도 드물다. 이 예측이 퍼질 때쯤 중간 관리 붐이 불기 시작했다. 모든 선진국에서 중간 관리자 이상으로 급속히 증가한 노동력은 없었다.

급속한 증가가 동반하는 것은 지나침이요, 초래되는 것은 혼란과 낭비였다. 중간 관리에 있어 과잉만큼 크나큰 해는 없었다. 사실 중간 관리 붐과 그에 동반된 과잉 인원은 특히 대조직의 사기와 동기부여에 악영향을 끼쳤다. 일찍이 기업, 정부 기관, 학교, 병원에 대거 취직한 사람들의 불만이나 좌절감의 주된 원인은 인원 과잉이었다. 급여도 대우도 좋다. 그러나 일과 도전, 기회가 없었다.

　오늘날에는 고학력의 유능한 청년, 특히 유명 비즈니스 스쿨을 우수한 성적으로 졸업한 젊은이들 중에서 취직 대상으로 중소기업이나 중간 크기의 도시에 위치한 시청을 선택하는 이들이 늘고 있다. 그들은 "일이 있으니까"라고 대답한다.

　무엇보다도 우선 중간 관리자들부터 지방분을 제거해야 한다. '진정 하지 않으면 안 되는 것은 무엇인가'를 검토하고 '필요 없는 것, 삭감하거나 폐지해야 할 것은 무엇인가'를 생각해야 한다.

　앞으로도 중간 관리자들은 증가할 것이다. 그 증가의 방향을 설정하고 관리하며 매니지먼트할 필요가 있다.

신新 중간 관리자

　과거의 중간 관리자도 없어지지는 않았다. 도리어 증가했다. 공장장, 영업 사원, 은행의 지점장 등이 그들이다. 그러나 두드러지게 증가한 것은 제품, 제조, 재무, 시장 조사, 마케팅, 광고의 전문가이다. 예전에는 알려지지도 않았던 업무를 담당했던 사람들이다. 이 새로운 중간 관리자들은 지식 전문가다.

　전통적인 중간 관리자는 명령하는 사람이었다. 이에 반해 새로운 중간 관리자는 지식을 공급한다. 전통적인 중간 관리자는 아랫사람, 즉 자기에게 보고하는 사람들에 대한 '권한'을 갖는다. 새로운 중간 관리자는 사람이나 자신이 명령할 수 없는 사람들에 대해 '책임'을 진다. 이들은 전문가이며 이들의 결정과 행동은 조직의 방향과 능력에 직접적인 영향을 끼친다.

P&G 사에서 세제, 유니레버Unilever 사에서 식품, 필립스Philips 사에서 TV를 담당하는 제품 담당 매니저는 지위와 보수 면에서 보면 중간 관리자 가운데 한 명에 지나지 않는다. 그들에게는 이렇다 할 권한이 없다.

그러나 그들은 제품 개발, 시장 전개, 성과에 대해 책임을 진다. 신제품 개발을 결정하는 것은 주로 그들이다. 신제품의 명세나 가격을 결정하는 것도 그들이다. 테스트 마케팅Test Marketing의 방법이나 지역을 결정하고 판매 목표를 결정하는 것도 그들이다.

직접적인 권한을 갖고 있지 않으므로 명령을 할 수는 없다. 그러나 이들은 신제품의 성공을 좌우하는 광고비나 판촉비 지출을 관리한다.

P&G 사의 제품 담당 매니저, 품질 관리 담당 기술자, 세무 담당 전문가는 모두 간접 부문에 있다고 할 수 없다. 그들의 일은 조언하거나 가르치는 일이 아닌 현업現業이다. 그러나 지위, 보수, 직무로 보면 톱매니지먼트가 아님에도 불구하고 P&G 사에 끼치는 영향 측면에서 톱매니지먼트와 똑같은 책임을 지고 있다.

이들이 '우리의 사업은 무엇인가, 무엇이어야만 하는가', '목표는 무엇인가', 우선순위가 높은 것은 무엇인가, 무엇이어야만 하는가', '자금이나 인재 등의 기본적인 자원을 어떻게 배분할 것인가' 하는 의사결정을 할 수는 없다. 그러나 그들은 이러한 의사결정을 행하는 데 필요한 지식을 공급함으로써 조직에 공헌한다. 그 의사결정은 새로운 중간 관리자가 그들의 책임과 권한에 바탕을 두고 실행에 옮기지 않는 한 진정한 효과가 있을 수 없다.

중간 관리자는 사라지지 않았다. 전통적인 중간 관리자도 마찬가지다. 그러나 어제의 중간 관리자는 지식 전문가로 변모되어 새로운 형태의 지식 조직을 이끌고 있다.

지식 전문가란 지식을 업무에 적용하고, 동시에 지식을 기초로 조직 전체의 능력, 성과, 방향에 영향을 끼치는 의사결정을 행하는 이들이다. 지식 전문가들을 효과적인 존재로 만들고 성과를 올리도록 하는 것이 오늘날의 새로운 과제다. 이는 매니지먼트의 중심 과제이기도 하다.

24
성과 중심의 정신

천재에 의존하지 말라

조직의 목적은 평범한 사람으로 하여금 비범한 일을 하도록 만드는 데 있다.

천재는 드물기 때문에 이들에게 전적으로 의존할 수는 없는 일이다. 결국 보통 사람이 자신의 강점을 살려 다른 이에게 도움이 되도록 만들 수 있느냐 없느냐에 따라 좋은 조직인지 나쁜 조직인지가 가려진다.

나아가 조직은 사람의 약점을 무의미하게 만들 수 있어야 한다. 결론적으로 조직의 좋고 나쁨은 그곳에 성과 중심의 정신이 있는지 없는지에 따라 결정된다.

- 조직의 초점은 성과에 맞추어져야 한다.
- 조직의 초점은 문제가 아니라 기회에 맞추어져야 한다.
- 배치, 승급, 승진, 감봉, 해고 등 인사에 관한 의사 결정은 조직의 신조와 가치관에 따라 이루어져야 한다. 이러한 결정이야말로 진정한 관리 수단이다.
- 인사에 관한 결정들은 성실함이야말로 유일하며 절대적인 조건이며 미리 익혀두어야만 하는 자질이라는 사실을 명확히 하는 것이라야 한다.

성과 중심의 사고방식

모든 조직이 무사안일주의의 유혹에 노출되어 있다. 그러나 조직이 건전함을 유지하기 위해서는 무엇보다 성과상의 높은 요구가 관철되어야 한다. 목표 관리가 필요한 것도 고도의 기준이 필요하기 때문이다.

먼저 성과란 무엇인지 이해해야 한다. 성과란 항상 백발백중이 아니다. 성과란 장기적인 것이다. 때문에 실패하거나 잘못을 저지르지 않은 자는 신용할 수 없다. 이들은 겉치레에 가까운 일, 무난한 일, 하찮은 일 외에는 손을 대지 않았을 것이다.

약점이 없다고 높은 평가를 받는 것이 아니다. 단지 약점 때문에 좋지 못한 평가를 내린다면 사람들의 의욕은 사라지고 사기도 떨어질 것이다.

뛰어난 사람일수록 많은 잘못을 저지르게 마련이다. 뛰어난 사람은 항상 새로운 것을 시험하려 들기 때문이다.

조직에서 가장 중요하고도 곤란한 문제 가운데 하나는 오랫동안 일해 왔지만 더 이상 공헌할 수 없는 이들에 대한 처우다.

예를 들어 장부 담당으로 일했던 사람이 50세가 되자 경리 담당 중역으로 승진했다고 가정해 보자. 그는 더 이상 업무를 수행할 수가 없다. 사람은 그대로지만 업무가 변해버렸기 때문에 새로운 일에 적응할 수 없다.

물론 그는 줄곧 성실하게 일해 왔다. 그러한 성실함에 대해서는 반드시 보상해 주어야 한다. 그렇다고 해서 그를 중역 자리에 그대로 두어서는 안 된다. 그의 능력은 조직을 위험하게 만드는 데 그치지 않는다. 부하 직원들의 사기를 저하시키고 매니지먼트에 대한 불신을 낳을 수 있다.

기회에 집중하라

앞서 이야기했듯이 조직은 문제가 아니라 기회에 눈을 돌림으로써 그 정신을 유지한다. 기회에 에너지가 집중될 때 조직에는 흥분, 도전 정신, 만족감이 충만해진다.

문제를 무시할 수는 없다. 그러나 문제 중심의 조직은 방어적인 성향의 조직이다. 이러한 조직은 성과가 그런대로 나쁘지 않으면 제 할 일을 다했다고 여기는 조직이다.

인사에 관한 의사결정

성과 중심의 정신을 유지하려면 배치, 승급, 승진, 감봉, 해고 등 인사에 관한 의사결정이야말로 종업원에 대한 가장 효과적인 관리 수단이라는 점을 인식할 필요가 있다.

이 결정들은 인간 행동에 숫자나 보고보다 훨씬 큰 영향을 끼친다. 조직 속 인간에 대해 매니지먼트가 정말 원하고 중시하는 것이 무엇이며, 그들에게 보답하고자 하는 것이 어떤 것인지 이 결정들은 확실히 알려 준다.

성실함 없이는 조직도 없다

성실함을 절대시해야만 비로소 제대로 된 조직이라고 할 수 있다. 성실함이란 강제로 불어 넣을 수 없으므로 몸에 익혀 놓아야만 한다. 속이는 일은 소용없다.

함께 일하는 노동자, 특히 부하 직원에게 성실한지 어떤지는 2, 3주만 지나면 알 수 있다. 무지나 무능, 불량한 태도나 못 미더운 부분에는 관대할 수 있지만 성실함의 결여만큼은 용서받을 수 없다. 그러한 자를 매니저로 선택하는 일은 있을 수 없다.

'성실함'을 정의하기는 어렵다. 그러나 매니저로서 실격 기준인 '성실함의 결여'를 정의하는 것은 어렵지 않다.

강점보다도 약점에 눈이 가는 사람

할 수 있는 일이 무엇인지 보려고 하지 않는 사람은 조직의 정신을 해친다.

무엇이 바른가보다 누가 바른가에 관심을 갖는 사람

일보다도 사람을 중시하는 것은 일종의 타락이다. 이는 결국 조직 전체를 위험하게 한다.

성실함보다 영리함을 중시하는 사람

이런 사람은 미숙한 인간이라 할 수 있는데 그러한 미숙함은 보통 고쳐지지 않는다.

부하 직원에게 위협을 느끼는 사람

이런 사람은 매우 나약한 인간이어서 리더의 자격이 전혀 없다.

자신의 일에 높은 기준을 설정하지 않는 사람

이런 사람을 매니저로 삼게 되면 매니지먼트와 일에 대한 모멸감이 팽배해질 것이다.

지식도 별로 없고 일하는 태도도 시원찮으며 판단력이나 행동력이 결여되어 있더라도 매니저로서 부족하지 않은 사람이 있다. 그런가 하면 아무리 지식이 풍부하고 총명하며 일을 잘 처리하더라도 성실함이 부족하여 조직을 파괴시키는 사람도 있다.

이러한 이들은 특히 조직의 가장 중요한 자원인 인적 자원에 해를 끼친다. 조직의 정신을 손상시키고 업적을 저하시키는 이런 자들을 특히 경계해야 한다.

6장 매니지먼트의 기능

매니지먼트란 하나의 업무다. 따라서 그것에는 특유의 기능이 필요하다.
어느 누구도 그러한 기능을 모두 완벽하게 습득할 수는 없다.
그러나 매니저는 그 기능들이 무엇이며 어떤 점에서 쓸모가 있고
무엇이 필요한지 이해하고 있어야 한다. 특히 기본적인 기능에 관한
기초 지식은 반드시 습득해야 한다.

25

의사결정

의사결정의 역점을 어디에 둘 것인가

유럽과 미국에서는 의사결정의 역점을 해답에 둔다. 의사결정에 관한 문헌도 마찬가지다. 해답을 얻기 위한 접근에 중점을 둔다.

그러나 일본에서 중요한 것은 문제를 분명히 밝히는 것이다. 애초부터 의사결정이 꼭 필요한지, 무엇에 관한 의사결정인지 밝히려 하면서 이 단계에서 합의를 형성하는 데 노력을 아끼지 않는다. 그들은 이 단계에 의사결정의 핵심이 있다고 여긴다. 결국 일본에서는 문제가 명확해진 다음에야 해답이 나오게 된다.

미국에서는 라이센스 계약의 일본 측 교섭 상대가 몇 개월마다 팀을 보내 처음부터 교섭을 다시 하는 이유를 이해하지 못한다. 일본 측은 한 팀을 보내어 회의 내용을 주의 깊게 기록해 간 후 얼마 지나지 않아 다른 부서가 처음 이야기를 듣는다는 태도로 다시 세심하게 노트를 작성해 간다. 믿기 어렵지만 이는 일본 측이 진지하게 사안을 검토한다는 증거다.

일본에서는 계약의 필요성을 검토하는 단계에서부터 계약 체결 후를 맡을 사람들을 개입시킨다. 관계자 전원이 의사결정의 필요성을 인정해야만 비로소 결정이 이루어진다. 그제서야 겨우 교섭이 시작되는데 그 다음부터는 매우 신속하게 일을 진행한다.

우리가 '결정'이라 부르는 단계에 도달했을 때를 일본에서는 '행동'의 단계에 도달했다고 말한다. 일본에서는 이 단계에서 의사결정의 책임을 적임자에게 맡겨버린다.

적임자를 결정하는 것은 톱매니지먼트다. 이를 누구에게 맡기느냐에 따라 해답이 정해진다.

이러한 일본식 의사결정 과정의 요점은 크게 다섯 가지다.

• 무엇에 관한 의사결정인지 결정하는 데 중점을 둔다. 해답이 아닌 문제를 명확히 한다.
• 반대 의견이 쉽게 나오도록 한다. 합의를 얻을 때까지는 해답에 관한 논의를 하지 않는다. 모든 견해와 접근법을 검토 대상으로 삼는다.
• 당연한 해결책보다 복수의 해결안을 문제로 삼는다.
• 어떤 지위의 누가 결정을 해야 하는지를 문제로 삼는다.
• 결정 후에는 관계자를 설득하지 않는다.

일본식 의사결정 방법은 독자적이다. 일본 사회 특유의 구조나 조직의 성격을 바탕으로 하기 때문에 아무 데서나 사용할 수는 없다. 그러나 기본적인 부분은 어디에서나 충분히 통한다.

문제의 명확화

무엇에 관한 의사결정인지를 분명히 하려면 문제에 대한 견해에서 시작해야 한다. 문제에 대한 해답은 사람마다 다르다. 그 차이는 상당 부분 '무엇에 관한 의사결정인가'에 대한 인식 차에 기인한다. 문제 인식의 차이가 해답의 차이를 만드는 것이다.

따라서 어떠한 인식 방법이 있는지를 명확히 하는 것이 효과적인 의사결정의 첫걸음이다. 잘못된 문제에 대한 바른 해답만큼 보람 없는, 나아가 해를 끼치는 일도 없기 때문이다.

의견 대립의 촉진

매니지먼트가 행하는 의사결정은 전원일치로 이루어지지 않는다. 대립하는 견해가 충돌하고 서로 다른 견해가 소통하며 몇 가지 판단 가운데 선택되는 것이다. 따라서 의사결정의 제1원칙은 의견 대립이 없을 때에는 의사결정을 하지 말라는 것이다.

GM 사의 알프레드 슬론 주니어는 회의석상에서 "결정에 관해 전

원의 의견이 일치하는가?"라고 묻고는 전원이 수긍하면 "그러면 의
견 대립을 만들어 내고 문제의 의미에 관해 깊이 이해할 시간이 필요
하므로 다음에 다시 검토하는 것으로 한다"고 말하곤 했다.

이렇게 의견 대립을 촉발하는 데는 이유가 있다. 첫째, 의견 대립을
요구함으로써 불완전하거나 잘못된 의견에 속는 것을 방지한다. 둘
째, 대안을 얻을 수 있다. 이미 내린 의사결정이 실행 단계에서 잘못
되었거나 불완전하다는 것이 밝혀졌을 때 어찌할 바를 몰라 우왕좌
왕하지 않아도 된다. 셋째, 자기 자신이나 타인의 상상력을 끌어낼
수 있다.

의견의 차이를 인정하라

어떤 의견만이 옳고 다른 것들은 모두 잘못되었다고 생각해서는
안 된다. 자신은 옳고 타인은 잘못되었다는 생각은 어리석은 것이다.

왜 다른 생각을 가지고 있는지 밝혀야 한다. 누가 봐도 잘못된 결론
에 도달할 것이 뻔한 의견이라도 나와는 다른 현실, 다른 문제에 집중
하고 있음을 인정해야 한다.

행동에 대한 판단

의사결정이 필요한지를 늘 검토해야 한다. 아무것도 하지 않는 것

을 결정하는 것도 하나의 의사결정이다.

아무것도 하지 않으면 사태가 악화될 경우에는 반드시 의사결정을 해야 한다.

이것은 기회에 관해서도 그렇다. 신속하게 행동하지 않으면 기회를 잃어버리게 될 것이라는 판단이 들 경우 곧바로 행동해야 한다. 그래야만 비로소 변혁도 가능해진다.

반대로 낙관적이어서가 아니라 자연히 잘 될 것이라 기대할 수 있는 경우가 있다. "아무것도 하지 않으면 어떻게 될 것인가?"라는 질문에 "잘 될 것이다"라는 대답이 나올 때에는 절대 상황에 손대지 않는다. 다소 골칫거리이기는 하지만 대단한 문제가 아닐 경우에도 개입하지 않는다.

그러나 많은 문제가 그 중간에 놓여 있다. 자연히 잘 될 것은 아니지만 위험에 빠지는 것도 아니며, 큰 기회지만 변혁보다 개선을 위한 기회에 지나지 않는 경우도 있다. 그러한 때에는 행동했을 때와 행동하지 않을 때의 비용을 비교한다. 공식은 존재하지 않는다.

단 구체적인 문제에 있어 행동할 것인지 말 것인지 결정하는 문제가 어려운 경우는 극히 드물다. 이때 활용할 수 있는 지침은 다음과 같다.

- 행동에 의해 얻을 수 있는 것이 비용이나 위험보다 클 때는 곧바로 행동한다.
- 행동할지 않을지 하나만 선택한다. 양다리를 걸치거나 타협하는 것은 어리석은 결정이다.

의사결정의 실행

여기까지 오면 누구나 효과적인 의사결정을 할 수 있다고 생각한다. 그러나 아직 중요한 단계가 하나 남아 있다. 효과적인 의사결정이란 행동과 성과에 대한 주체적인 참여다. 행동이 없으며 이로 인한 성과도 없다면 의사결정 자체가 없는 것이나 다름없다.

따라서 의사결정 과정이 효과적으로 이루어지기 위해서는 의사결정의 실행에 어떠한 행동으로든 관여할 수 있는 사람, 의사결정 실행을 방해할 수 있는 사람 모두가 의사결정 과정에 대한 책임을 부여받고 이에 참가해야 한다.

의사결정 과정에는 실행 수순이나 책임을 명확히 하는 일도 필요하다. 구체적인 실행 수순이 업무로서 할당되고 책임이 주어지지 않는다면 결정은 없는 것과 같다.

결정을 실행에 옮기려면 다음 질문에 대답할 수 있어야 한다. '이 결정을 반드시 알아야만 하는 사람은 누구인가', '취해야 할 행동은 무엇인가', '왜 그러한가', '실행되어야만 하는 행동은 어떤 것인가'.

'이 결정을 반드시 알아야만 하는 사람은 누구인가'라는 질문이 얼마나 중요한지에 대해 이야기할 때 자주 인용되는 예가 있다.

한 대형 제조업체가 공작 기계의 생산을 중단했다. 소모용 기기는 향후 3년동안만 생산 판매를 계속하기로 했다. 공작 기계의 생산 중단을 발표한 날, 준비해둔 소모용 기기의 주문이 상당히 많이 들어왔다. 하지만 이들은 불행히도 '이 결정을 반드시 알아야만 하는 사람은 누구인가'라는 질문을 던지지 않았다. 즉 부품 구입 담당자에게는 아무것도 알리지 않았던 것이다. 마침내 생산이 중단되던 날, 창고에는 10년치 부품이 쌓여 있었다. 이것은 상당한 손실을 내고 처분되었다.

피드백의 구조

마지막으로 의사결정의 전제가 된 예측을 현실에 비춰 검증하는 데 필요한 피드백의 구조를 생각해 보아야 한다. 결정하고 나서 생각하던 대로 상황이 진전되는 일은 많지 않다. 최선의 의사결정이라 해도 예상치 못했던 장애에 부딪치며, 상상하기 힘든 의외의 사태에 직면할 수 있다. 피드백이 없는 한 기대하는 성과를 지속적으로 얻어낼 수 없다.

따라서 첫째, 의사결정의 전제가 된 예측을 서면書面으로 분명히 해 두어야 한다. 둘째, 결정의 결과에 대해 체계적으로 피드백해야 한다. 셋째, 결정을 실행하기 전에 이 피드백의 구조를 이미 만들어 두어야 한다.

의사결정은 기계적인 업무가 아니다. 위험을 동반하며 판단력에 도전을 던지는 일이다. 중요한 것은 문제에 대한 해답이 아니라 문제에 관한 이해다. 나아가 효과적인 행동을 결정하기 위해 비전, 에너지, 자원을 총동원하는 것이다.

26
커뮤니케이션

커뮤니케이션의 네 가지 원리

조직 내 커뮤니케이션은 기업, 군, 정부, 병원, 대학, 연구소를 불문하고 오늘날 모든 조직에서 최대의 관심사가 되고 있다. 그럼에도 불구하고 밝혀진 것은 커뮤니케이션이 여전히 미지의 영역이라는 사실뿐이다. 커뮤니케이션에 관한 논의는 상당히 많은 편이지만 실질적인 것은 턱없이 부족한 형편이다.

다음은 커뮤니케이션에 관한 네 가지 기본 사항이다.

커뮤니케이션은 지각知覺이다

불교의 선승, 이슬람교의 수피Sufi교도, 유대교의 랍비와 같은 신비

주의자들의 수수께끼 가운데 "아무도 없는 산 속에서 나무가 쓰러지면 소리가 날까?"라는 질문이 있다. 대답은 "나지 않는다"는 쪽이 많다. 음파는 발생하지만 음을 느끼는 사람이 없다면 소리는 나지 않은 것과 마찬가지다. 음파는 지각됨으로써 소리가 되는 것이다.

예로부터 알려진 이 대답이 오늘날 중요한 의미를 갖는다. 이 이야기에서 말하는 소리야말로 커뮤니케이션이다. 커뮤니케이션을 성립시키는 것은 수신하는 쪽이다. 커뮤니케이션의 내용을 발신하는 커뮤니케이터가 아니다. 듣는 자가 없다면 커뮤니케이션은 성립되지 않으며 소리는 의미 없는 음파에 머문다.

현존하는 가장 오래된 수사론修辭論인 플라톤의 『파이돈Phaidon』에 따르면 소크라테스는 '목수와 대화할 때는 목수의 말을 사용하라'고 가르쳤다.

커뮤니케이션은 수신하는 쪽의 말을 사용하지 않으면 성립하지 않는다. 즉 수신하는 쪽의 경험에 바탕을 둔 언어를 사용해야 한다. 그렇지 않으면 아무리 말을 걸어도 상대가 이해할 수 없다. 이는 지각 능력의 범위 밖에 있는 것이다.

커뮤니케이션을 행하려면 '수신하는 쪽의 지각 능력 범위 안인가, 수신하는 쪽이 받아들일 수 있는가'를 생각할 필요가 있다.

모든 사물에 다양한 측면이 있다는 사실을 인식하기는 매우 어려운 일이다. 경험적으로 인식한 것들도 다른 측면, 예를 들어 안쪽이나 다른 면이 있다는 것, 측면의 모양이 자신이 보고 있는 부분과는 다르며 따라서 자신과는 다른 이해가 존재할 수밖에 없다는 사실을 인식하기는 극히 어렵다. 그러나 커뮤니케이션을 성립시키려면 수신

측이 무엇을 보고 있는지 알아야만 한다.

커뮤니케이션은 기대다

우리들은 기대하는 것만을 지각한다. 기대하고 있어야 보고 듣는다. 커뮤니케이션에 관한 많은 책에서도 기대되지 않은 것들은 반발을 사며 커뮤니케이션의 장애가 된다고 이야기한다.

그러나 반발은 실상 그렇게 중요하지 않다. 중요한 것은 기대되지 않은 것은 받아들여지지도, 보이지도, 들리지도 않는다는 사실이다. 이들은 무시되거나 잘못 지각되며 혹은 기대하던 것과 같은 것이라 여겨질 수도 있다.

사람의 마음은 기대하지 않은 것을 지각하는 데 저항하고, 기대하는 것을 지각할 수 없는 것에 대해서도 저항한다. 기대에 어긋난 것임을 미리 경고해 둘 수는 있다. 그러나 경고를 해 두려면 우선 기대하는 것이 무엇인지 알아야 한다. 나아가 기대에 어긋난 것임을 알려주는 방법, 즉 기대를 단절시키는 충격이 필요하다.

수신하는 쪽이 기대하고 있는 것이 무엇인지 알지 못한 채 커뮤니케이션을 할 수는 없다. 기대하는 것을 알아야 그 기대를 이용할 수 있다. 혹은 받는 쪽의 기대를 파괴하고 예기치 못한 일을 발생시켜 상황을 억지로 인정하도록 하기 위한 충격이 필요할 수도 있다.

커뮤니케이션은 요구다

신문에서는 여백을 메우기 위해 뉴스거리가 안 되는 사소한 것들을 2, 3행씩 묶어서 게재하는데, 이 부분이 오히려 잘 읽히고 오래 기억되곤 한다.

어떤 귀족의 성에서 좌우 색깔이 다른 양말이 유행하기 시작했다 든지, 처음 파우더가 사용된 것은 언제 어디였는지 하는 등의 기사는 구태여 읽고 싶다거나 기억하고 싶은 것들이 아님에도 불구하고 눈에 쏙쏙 들어온다. 왜냐하면 그 기사가 독자에게 아무것도 요구하지 않기 때문이다.

커뮤니케이션은 수신자 측에 무엇인가를 요구한다. 수신하는 쪽에게 무엇이 될 것을, 무엇을 할 것을, 무엇인가 믿을 것을 요구하며 늘 그들의 마음에 호소하려고 한다. 커뮤니케이션은 받는 쪽의 가치관, 욕구, 목적에 합치할 때 강력해지지만, 반대의 경우 전혀 받아들여지지 않거나 저항을 받는다.

물론 그러한 것들과 합치되지 않더라도 커뮤니케이션이 힘을 발휘하게 되면 받는 쪽의 마음을 움직일 수 있다. 그리하여 그들의 신념, 가치관, 성격, 욕구까지도 바꿀 수 있다. 그러나 사람의 마음은 변화에 언제나 격렬히 저항하게 마련이므로 이는 드물게 발생하는 일이다.

그리스도조차 박해자인 사울을 사도 바울로 만들기 위해 그의 눈을 멀게 만들었다. 이렇게 받는 사람의 마음을 움직일 것을 목적으로 하는 커뮤니케이션은 그들에게 전면적인 항복을 요구한다.

커뮤니케이션은 정보가 아니다

커뮤니케이션과 정보는 별개의 것이지만 서로 의존 관계에 놓여 있다.

커뮤니케이션은 지각의 대상이지만 정보는 논리의 대상이다. 정보는 사실일 뿐 그 자체에 의미는 없다. 정보는 감정, 가치, 기대, 지각과 같은 인간적 속성을 제거할수록 유효해지며 신뢰도도 높아진다.

그러나 정보는 커뮤니케이션을 전제로 한다. 정보는 기호이기 때문에 받는 쪽이 기호의 의미를 알아채지 못한다면 사용되는 것은 고사하고 받아들여질 수도 없다. 정보를 보내는 쪽과 받는 쪽 사이에는 우선적인 합의가 존재하고 있어야 한다.

그렇다고 커뮤니케이션이 반드시 정보를 필요로 하는 것은 아니다. 논리적인 뒷받침 없이 경험을 공유함으로써 완전한 커뮤니케이션을 이룰 수도 있다. 결국 커뮤니케이션에 있어서 중요한 것은 지각이지 정보가 아니다.

위에서 아래로, 아래에서 위로

이제까지 얻어진 지식이나 경험은 조직 내의 커뮤니케이션에 관해 무엇을 가르쳐 주고 있는가? 과거 실패의 원인이나 장래 성공의 전제에 관해 알려 주는 것은 무엇인가?

수백 년에 걸쳐 현재까지 커뮤니케이션은 주로 위에서 아래로 시도되어 왔다. 그러나 아무리 열심히 하더라도 위에서 아래로의 커뮤니케이션은 성립하지 않는다. 커뮤니케이션을 성립시키는 것은 발신자이며, '무엇을 말하고 싶은가'에 초점을 맞출 것을 전제하고 있기 때문이다.

그렇다고 해서 어떤 것을 말하거나 쓰는 노력이 필요 없는 것은 아니다. 오히려 그 반대다.

'어떻게 말할 것인가'의 문제는 '무엇을 말할 것인가'라는 문제가 해결되어야지만 의미를 가진다. 아무리 요령 있게 말하더라도 일방적이라면 말이 통하지 않는다. 마찬가지로 아랫사람의 말을 들었다고 해서 문제가 해결되는 것은 아니다.

20세기 초 엘튼 메이어는 그때까지의 커뮤니케이션에 대한 접근 방식에 결함이 있음을 알아차렸다. 그는 윗사람은 아랫사람이 말하려는 것에 귀 기울여야만 하고, 나아가 부하 직원이 알고 싶어 하는 것, 흥미를 갖고 있는 것, 즉 지각할 용의가 있는 것을 우선시해야 한다고 지적했다. 오늘날 이러한 방식은 실제 응용되고 있지는 않으나 인간관계의 고전적 처방전으로 널리 알려져 있다.

경청은 커뮤니케이션의 전제다. 그러나 그것만으로는 효과적인 커뮤니케이션이 실현되지 않는다. 커뮤니케이션은 윗사람이 아랫사람의 말을 이해함으로써 유효하게 되는데 이는 아랫사람에게도 커뮤니케이션 능력이 있어야만 함을 의미한다. 경청을 강조하는 생각의 근본에는 커뮤니케이션이 아래에서 위로 향한다는, 즉 수신하는 쪽에서 시작한다는 인식이 있다. 이는 경청이 전부가 아니며 단지 시작일 뿐이라는 중요한 의미를 내포한다.

정보가 많아지거나 질적으로 나아지더라도 커뮤니케이션 문제는 해결되지 않는다. 특히 정보가 많아질수록 커뮤니케이션 갭은 축소되지 않고 더욱 확대된다. 결국 더욱 효과적이고 기능적인 커뮤니케이션이 필요하게 된다.

커뮤니케이션의 전제

그렇다면 커뮤니케이션에 관해 이야기할 수 있는 건설적인 사실은 무엇인가?

목표 관리야말로 커뮤니케이션의 전제다. 부하 직원은 상사에게 기업 또는 자기가 속한 부문에 대해 어떤 공헌을 해야만 한다고 생각하는지를 분명히 밝혀야 한다. 이렇게 밝혀지는 부하 직원의 생각이 상사의 기대와 일치하는 경우는 드물다. 사실 목표 관리의 최대 목적은 상사와 부하 직원의 지각 방식 차이를 분명히 하는 데 있다. 물론 상사와 부하 직원이 지각하는 바가 다르다 해도 그들에게는 그것이 현실이다.

이렇게 하나의 사실을 다르게 보고 있음을 서로 아는 것 자체가 커뮤니케이션이다. 커뮤니케이션의 수신자인 부하 직원은 목표 관리에 의해 다른 방법이었다면 경험하지 못했을 상황을 체험하게 되고, 이를 통해 상사를 이해하게 된다. 부하 직원은 목표 관리를 위한 커뮤니케이션을 통해 의사결정의 실체, 우선순위의 문제, 이루고 싶은 것과 이루어야 하는 것 사이의 선택, 의사결정의 책임 등 상사가 갖고 있는 문제를 접할 수 있다.

그렇다 할지라도 상사와 같은 시각에서 문제를 볼 수는 없으며 사실 그렇게 해야만 하는 것도 아니다. 그러나 상사의 입장이 얼마나 복잡한지 이해할 수 있다. 그리고 그러한 복잡성이 매니저 직위에 늘 따라오는 것이지 그가 좋아서 만들어내는 것은 아님을 알게 된다.

이러한 것들은 그 자체로 별 의미 없는 것이라 생각될지도 모른다.

그러나 커뮤니케이션에 관한 수많은 경험이나 학습, 기억, 지각, 동기에 관한 연구는 커뮤니케이션이 성립되기 위해 경험의 공유가 불가결하다는 것을 가르쳐준다.

조직에서 커뮤니케이션은 단순한 수단이 아니다. 그것은 조직의 바람직한 모습을 나타낸다. 이러한 개념은 우리가 과거의 실패로부터 배워온 것이며 커뮤니케이션을 생각할 때 가장 중요한 기본으로 삼아야 할 결론이다.

27

관리

관리 수단의 특성

오늘날 기업과 조직에서는 관리 수단 설계 능력이 급속히 향상되고 있다. 그런데 관리 수단 설계 능력의 향상은 관리 능력 자체의 향상에 어떤 의미를 갖는가? 이 두 가지를 결부시키려면 무엇이 필요한가?

조직의 관리 수단에는 다음의 세 가지 특성이 있다.

관리 수단은 객관적일 수도 중립적일 수도 없다

암석의 낙하 속도를 측정할 때 우리는 현상의 바깥에 있다. 측정이라는 행위에 따라 현상이 변하거나 측정자가 달라지는 일은 없다. 물리적인 현상의 측정은 객관적이며 중립적이다.

이에 반해 조직에서는 인간 사회, 즉 복잡한 지각의 세계를 측정하는 것이 객관적일 수도 중립적일 수도 없다. 이는 주관적이며 어떤 치우침을 갖는 행위다.

더구나 이는 측정 대상뿐 아니라 측정자조차 변화시킨다. 왜냐하면 측정의 결과물로 새로운 지각을 얻지는 못하더라도 최소한 지각의 경험이 크게 변하기 때문이다.

인간 사회에서는 측정되는 대상도 측정을 위해 선택되고 주목받는다는 사실 때문에 새로운 가치가 더해진다. 관리를 위해 특정 대상을 추출한다고 하는 행위 자체가 특정 대상의 중시를 표명한 것과 똑같은 효과를 갖는 것이다.

관리를 위한 측정은 대상자와 측정자를 모두 변화시킨다. 측정의 대상은 새로운 의미와 가치를 부여받는다. 따라서 관리에 관한 근본적인 문제는 어떻게 관리할 것인가가 아니라 무엇을 측정할 것인가에 달려 있다.

관리 수단은 성과에 초점이 맞춰져야 한다

조직은 사회, 경제, 개인에 대해 어떠한 공헌을 하기 위해 존재한다. 활동의 성과는 조직 외부, 즉 사회, 경제, 고객에 대한 성과로 나타난다. 기업이 올리는 이익도 결국은 고객을 통해 만들어지는 것이다. 기업 내부에 있는 것은 코스트센터에 지나지 않는다. 조직의 성과는 외부에서 얻어지며 기업가적인 활동의 대상이 된다.

애초부터 기업가적인 활동은 그 개념이 확립되어 있지 않았다. 과거에는 관리적인 업무, 즉 조직 내부의 현상, 사상事象, 데이터에 관해서는 철저한 분석과 연구가 이루어져 왔다. 그러나 기업가적인 활동에 관해서는 그것들에 필적할 만한 연구가 거의 이루어지고 있지 않다.

기업 내부의 효율과 노력을 기록하고 이것을 정량적으로 파악하는 것은 쉽다. 그러나 성과와 같이 외부 세계에 나타나는 것을 기록하고 정량적으로 파악하는 수단은 거의 없다.

관리 수단은 측정 불가능한 것에 대해서도 적용해야 한다

조직 내부에는 아주 중요하지만 정량화할 수 없는 사안이 존재한다.

우수한 인재를 매료시키고 붙들어 두지 못한 나머지 사양길에 접어든 기업이나 산업이 있다. 우수한 인재를 확보하는 것이 눈에 보이는 일은 아니지만, 전년도 이익 등 눈에 띄는 수치보다 훨씬 중요한 기업의 생존 지표다.

측정할 수 있는 것은 이미 발생한 사실, 과거의 것이다. 여기에 미래에 관한 것은 없다. 측정할 수 있는 것은 거의 외부가 아닌 내부에 관한 것이다. 외부에서 발생하는 중요한 일들, 예를 들어 마차의 채찍을 만드는 사업이 쇠퇴해 가는 원인이나 IBM이 대기업으로 성장한 이유, 쿠바에 있는 미국계 기업이 몰수된 경위에 대해서는 변화를 측정하기가 사실상 불가능하다.

게다가 측정과 정량화에 성공할수록 결과에만 주목하게 된다. 따라서 잘 관리되고 있는 것처럼 보일수록 그만큼 관리되고 있지 않을 위험이 있다.

관리 수단의 요건

관리 수단은 다음의 일곱 가지 조건을 만족해야 한다.

효율적이어야 한다

필요한 노력이 적을수록 뛰어난 관리다. 수단이 적을수록 관리는 더욱 효과적이다. 관리 수단이 많다고 해서 더 잘 관리할 수 있는 것은 아니다. 오히려 더 혼란스럽다.

관리 수단을 설계하고 이용할 때 우선 검토해야 하는 것은 관리를 위해 필요한 정보가 무엇인가 하는 점이다.

의미 있는 것이어야 한다

관리 대상은 그 중요도에 따라 한정되어야 한다. 시장점유율과 같이 현재 중요한 의미를 갖는 것, 혹은 충원이나 출근 상황 등 장래에 중요한 의미를 지니는 것들에 한해 측정해야 한다.

사소한 일을 측정할 필요는 없다. 성과에 영향을 끼치는 요소만을 대상으로 해야지만 진정한 관리가 가능해진다. 성과에 의미 없는 것을 관리하는 일은 진정한 관리를 방치하는 것이다.

측정 대상에 적합해야 한다

이것은 관리 수단의 요건으로서 중요하면서도 설계에서 가장 지켜지지 않는 부분이다.

종업원의 불평은 1개월간 1,000명 당 5건이라는 숫자로 보고된다.

이 보고는 표면적으로는 유효하다.

그러나 대부분의 부서에서는 한 가지 불평도 터져 나오지 않는다. 오직 몇 안 되는 작은 부서에서 집중적으로 불평이 나온다. 만일 그 부서가 공장의 전제품이 반드시 거치는 최종 조립 부서라면, 그와 같은 불평을 무시할 때 파업이 발생할지도 모른다. 그럴 경우 기업 자체가 무너질 수도 있다.

대략적인 수치에 귀 기울여야 한다

철학과 논리학의 대가 알프레드 노스 화이트헤드Alfred N. Whitehead는 거짓의 정확성을 지적하며 위험을 경고했다.

20퍼센트의 오차 범위 내에서 말할 수밖에 없는 수치라면 아무리 소수점 이하 여섯 자리까지 측정해도 정확할 리가 없다. 이것이야말로 바로 거짓의 정확성을 나타내는 대표적인 예다.

차라리 정확한 측정이 곤란하며 범위로밖에 평가할 수 없는 정보가 더욱 신뢰할 만하다. 예를 들어 시장점유율 26퍼센트라는 숫자는 정확한 것처럼 들린다. 그러나 그러한 표현은 오히려 부정확할 뿐더러 아무런 의미도 없다.

대략적인 숫자가 오히려 사실적이며, 언뜻 보기에 근거가 있는 듯한 자잘한 숫자야말로 부정확할 수 있음을 명심해야 한다.

실시간 평가는 특정한 경우에만 해야 한다

빈번한 보고가 훌륭한 관리를 만드는 것은 아니다. 이는 오히려 관리를 필요 없게 만든다.

최근에는 실시간real time 관리가 유행하고 있다. 발효 탱크 속 항생 물질의 혼합도나 압력에 근소한 이상異狀이 생기는 것을 방지하는 데는 실시간 감시가 필요하다.

그러나 이런 종류의 관리가 생산 프로세스 이외의 분야에서 필요하게 되는 일은 드물다. 대부분의 경우 연구 개발 활동에 쉴 새 없이 평가를 하는 것은 성과에 나쁜 영향을 준다. 씨앗을 뿌린 후 싹이 나자마자 그것을 뽑아서 얼마나 자랐는지를 보고 싶어 하는 것과 마찬가지다.

단순해야 한다

어느 은행 간부는 다음과 같이 말한다.

"집에 스무 살 안팎의 딸이 둘 있는데 모두 은행 업무에 관해 잘 모르며 숫자에도 약하다. 그러나 머리는 좋아서 은행 업무 가운데 새로운 절차를 설명해 주곤 한다. 이야기 후에는 딸들에게 새로운 절차의 목적이나 내용에 관해 설명하라고 시킨다. 마침내 딸들이 제대로 설명할 수 있을 정도가 되면 은행에도 이를 도입한다. 그만큼 절차가 간단해졌다는 의미이기 때문이다."

관리 수단은 복잡할 경우 기능하지 않는다. 도리어 상황을 혼란스럽게 할뿐이다. 즉 관리의 대상에서 방법 쪽으로 관심이 옮겨가게 되는 것이다.

행동에 초점을 맞추어야 한다

관리의 목적은 정보 수집이 아니라 행동이다. 여기서 말하는 행동이 검토나 분석인 경우도 있다. '잘 모르겠지만 무슨 일인가 일어나고 있다. 그것이 무엇인지 반드시 알아야 한다'는 관점에서 행하는 관리도 있다.

그러나 뭔가 재미있는 일이 일어나고 있다는 것만으로 관리를 해서는 안 된다. 제대로 된 관리를 위해서는 조사 결과, 숫자, 보고 등 관리 수단이 되는 것은 모두 관리자에게 제공되어야 한다.

진정한 관리란 무엇인가

인간 사회라는 조직에서 관리 수단은 근원적인 제약을 가지고 있다. 이 제약은 조직이라는 것이 실체인 동시에 인간 사회의 허구 fiction에 지나지 않는다는 점에 기인한다. 실체로서의 조직은 목적을 가지고 활동하며 성과를 올리고, 생존하거나 도태된다.

그러나 동시에 조직은 사람의 집합이다. 개인에게는 각각의 이상, 목적, 욕구, 니즈가 있다. 어떤 조직이든지 구성원의 욕구나 니즈를 만족시킬 수 있어야 한다. 개인의 욕구를 만족시켜 주는지의 여부가 곧 상벌賞罰이요, 장려책이자 억제책이다.

급여와 같이 정량적인 것도 있다. 그러나 개인의 욕구에 응하기 위한 환경 자체를 정량화하는 것은 불가능하다.

이를 통해 조직의 진정한 관리가 이루어질 수 있다. 즉 조직 구성원들의 자세와 행동을 제대로 이끌 수 있다. 인간은 상벌을 통해 조직의 목적, 가치관, 자신들의 위치와 역할을 알 수 있다.

컴퓨터나 시뮬레이션 같은 강력한 관리 수단이 있더라도 인간 조직의 정서적인 관리 수단인 상벌 체계, 가치 및 금기 체계와 비교하면 전부 2차적인 것에 불과함을 깨달아야 한다.

28

경영 과학

경영 과학에 대한 기대

경영 과학management science은 현대에 커다란 공헌을 할 수 있는 도구다. 의사가 혈액학자나 세균학자일 필요가 없는 것과 마찬가지로 매니저 자신이 경영 과학자일 필요는 없다. 그러나 경영 과학에 무엇을 기대할 수 있으며 그것을 어떻게 잘 사용할 수 있을지에 대해서는 분명하게 알아야 한다.

경영 과학이 등장했을 때, 매니저들은 이를 열렬히 환영했고 뒤이어 경영 과학자라는 새로운 직업이 생겨났다. 학회가 생기고 정기 간행물이 등장했으며 대학, 경영 대학원, 전문 학교에 독립된 학부나 학과가 신설되었고 나아가 산업계에는 좋은 직장을 가진 새로운 전문가 집단이 탄생하기에 이르렀다.

그러나 초기의 모습과는 달리 오늘날 경영 과학은 그 약속과 기대를 저버리고 있다. 더이상 매니지먼트에 혁신을 일으키지 못하고 있는 것이다. 게다가 경영 과학에 관심을 갖는 매니저들도 거의 없다. 이렇게 경영 과학이라는 강력한 잠재력을 가진 도구를 제대로 사용하지 못하는 원인은 무엇인가?

경영 과학의 탄생

이 의문에 대한 해답의 열쇠는 경영 과학의 탄생 경위에 있다. 그것은 정말 특이했다. 일반적으로 학문은 대상의 정의에서 출발하여 연구에 필요한 개념과 방법론을 만들게 마련이다.

그런데 경영 과학은 다른 학문이 개발한 개념과 방법론을 빌리는 것에서 출발했다. 경영 과학은 물질을 연구하는 데 쓰이는 수학적 기법 몇 가지가 기업 활동에도 적용될 수 있을지 모른다는 희망적인 구상에서 출발하게 되었다.

그 결과 경영 과학의 업무 대부분이 '기업이란 무엇인가', '매니지먼트란 무엇인가', '기업과 매니지먼트에 필요한 것은 무엇인가'에 대한 관심이 배제된 채 진행되었다. 관심은 오로지 이 대단한 기법을 어디에 적용할 수 있을까 하는 것이었다. 비유하자면 집을 짓는 일도, 하다못해 못을 박는 일도 아니라 그저 도구인 쇠망치에만 관심을 기울였던 것이다.

이것은 오늘날 경영 과학자들이 '과학적인 것이란 무엇인가'라는 물음에 관해 중대한 오해를 하고 있음을 의미한다. 그들 중 많은 사람들은 과학적인 것이 단순히 정량화를 의미한다고 생각한다.

과학적이기 위해서는 대상 영역을 정의하고, 포괄적이며 일관된 공적 기준을 형성해야 한다. 이 작업은 대상 영역에 대해 소위 과학적인 방법론을 적용하기 전에 실시되어야 한다. 그러나 경영 과학은 그들이 대상으로 하는 영역을 정의하는 일에 여전히 소홀하다.

경영 과학이 진정한 성과를 거두려면 그 대상부터 정의해야 한다. 그 정의에는 '기업이란 인간으로 구성되는 시스템'이라는 이해가 포함된다. 따라서 경영 과학에서는 매니지먼트의 전제, 목적, 사고방식 혹은 잘못까지도 기본적인 사실이 되어야 한다. 그런 사실들의 연구와 분석이야말로 경영 과학이 의미 있는 성과를 올리기 위해 우선적으로 달성해야 할 일이다.

경영 과학의 공적 기준

일단 공적인 기준이 확정되어야 한다. 여기에는 다음과 같은 다섯 가지 사실이 포함된다.

- 기업은 아무리 크고 강력하더라도 사회나 경제의 힘에 의해 쉽게 소멸될 수 있다. 한편 작고 미약한 기업도 사회나 경제에 직접적인 영향을 끼칠 수 있다. 기업은 사회나 경제에 순응하기만

하지 않는다. 이렇게 기업은 사회적, 경제적 생태 시스템의 일원
이다.

- 기업은 단순히 물건이나 아이디어를 만드는 존재가 아니다. 인
  간이 가치를 느끼고 인정하는 것을 만든다. 훌륭하게 설계된 기
  계라도 고객에게 쓸모가 없으면 폐기될 수밖에 없다.
- 기업은 측정 수단으로 돈을 사용한다. 이는 추상적이면서 동시
  에 놀랄 만큼 구체적인 척도다.
- 경제 활동이란 현재의 자원을 불확실한 미래, 즉 사실이 아닌 기
  대에 투입하는 것이다. 기업에게 위험이란 원천적인 것이며 위
  험을 무릅쓰는 일이야말로 기본적인 기능이다.
- 기업 안팎에서는 되돌릴 수 없는 변화가 늘 일어나고 있다. 기업
  은 새로운 상황에 적응하도록 진화하는 능력은 물론 주위 상황
  에 변화를 초래하는 혁신 기능을 가지고 있다.

이러한 것들은 경영과학 문헌의 서문에 자주 등장하는 내용이다.
그러나 서문은 서문으로 끝난다. 경영 과학이 공헌하는 바가 있으려
면 이러한 공적 기준을 기반으로 삼아야만 한다. 경영 과학에 필요한
것은 스스로가 독립된 학문이라는 진정한 자각이다.

경영 과학의 자세

경영 과학이 오용되는 이유 가운데 다른 하나는 위험에 대한 태도

다. 현재의 경영 과학은 기업 활동에 있어서 위험을 없애거나 최소화하는 일에 역점을 둔다.

그러나 기업 활동에서 위험을 없애려는 시도는 부질없는 짓이다. 현재의 자원을 미래의 기대에 투입하려면 위험은 필연적이다. 경제적 진보란 위험을 감당하는 능력의 증대라 해도 과언이 아니다. 더구나 위험을 없애려는 시도에는 위험이 비합리적이며 회피해야 할 대상이라는 생각이 깔려 있다. 이러한 생각은 자칫 경직화라는 최대의 위험을 초래할 수 있다.

경영 과학의 주된 목적은 합리적인 위험을 감당해 내도록 하는 데 있다. 매니지먼트에 어떤 위험이 있으며 그것들로 인해 무엇이 일어날 수 있는지 밝혀야 하는 것이다.

그러나 경영 과학 서적에 등장하는 '위험의 최소화'라는 말에는 위험을 무릅쓰고 감내하는 것을 비난하는 뉘앙스가 있다. 이는 기업이라는 존재 자체를 비난하는 것과 같다. 위험의 최소화라는 말은 기업을 기능에 종속시키려는 것이다. 경제 활동이 책임을 동반하는 자유 재량의 세계가 아니라 물리적으로 확정된 세계라고 판단한다는 의미이다.

이것은 잘못된 정도가 아니라 최악이다. 경영 과학이 연구 대상을 가볍게 본다는 뜻이기 때문이다.

연구 대상을 가볍게 간주해버리면 경영 과학을 떠나 어떤 학문도 학자도 존립할 수 없다. 따라서 경영 과학에 가장 요구되는 것은 그 대상을 성실하게 채택하는 자세다.

매니저의 책임

매니저 역시 경영 과학의 잠재력과 현실 사이의 갭에 대해 책임이 있다. 사실 이 부분에 있어서는 매니저들의 책임이 매우 크다. 매니저는 경영 과학이 필요로 하는 것을 줄 수 있는데도 불구하고 주지 않고 있다.

그러나 경영 과학자들이 매니저를 향해 쏟아 내는 전형적인 불만, 즉 매니저는 경영 과학을 모르며 공부하려 하지 않는다는 불평은 극히 잘못된 것이다. 도구 사용자는 그 도구가 잘 만들어져 있다는 사실만 알면 되지 구태여 도구의 구조까지 알 필요는 없기 때문이다.

경영 과학을 생산적으로 만들려면 경영 과학자들에게 다음의 네 가지를 기대하거나 요구해야 한다. 이는 가설의 검증 작업, 필요한 질문이 올바른지 확인하는 작업, 해답이 아닌 대체안을 명확히 하는 작업, 문제에 대한 공식이 아닌 이해에 초점을 맞추는 작업 등이다.

이러한 요구들은 경영 과학이 계산의 도구가 아니라 분석의 도구라는 전제 위에 성립한다. 경영과학은 만병통치약이 아니라 어디까지나 문제에 대한 통찰을 돕는 데 그 목적이 있다.

경영 과학의 잠재력을 끄집어 내는 것은 매니지먼트다. 매니저는 경영 과학이 무엇이며 무엇을 할 수 있는가를 이해해야만 한다.

7장 매니지먼트의 조직

조직 구조는 매니지먼트의 세계에서 가장 오래전부터 가장 깊이
연구되던 주제다. 조직 구조 연구에는 끝이 없다.
더구나 오늘날에는 지금껏 널리 알려지고 사용되어 온
조직 구조가 아니라 새로운 니즈에 맞춰 새로운 구조가 생겨나고 있다.
팀형 조직이나 유사 분권 조직, 시스템형 조직이 그것이다.

29
새로운 니즈

높아지는 기대

조직 구조는 성과를 결정짓는 가장 중요한 요소다.

지금까지 조직에 관한 최종적인 해답을 제시했던 사람은 두 명이 었다. 중소 제조업체의 조직에 관해 이야기했던 앙리 파욜Henri Fayol 과 대규모 제조업체의 조직에 관해 이야기했던 알프레드 슬론 주니 어가 바로 그들이다.

이 둘의 조직 모델에 비길 만한 모델은 아직 찾아볼 수 없다. 파욜 의 직능별 조직은 중소기업, 특히 중소 제조업체에 가장 적합한 모델 이며 슬론의 분권 조직도 다양한 제품을 생산하는 대기업에게는 최 적의 조직이다.

그러나 이제 직능별 조직이나 분권 조직으로는 충족시킬 수 없는 니즈가 나타나고 있다. 파욜이나 슬론이 선구적인 역할을 했던 그때처럼 새로운 접근법이 필요한 시점이다.

파욜과 슬론의 교훈

파욜과 슬론이 조직의 문제를 풀어간 이래 우리는 많은 것들을 배울 수 있었다.

파욜과 슬론이 옳았다. 조직 구조는 스스로 진화해 가는 것이 아니다. 조직 가운데 스스로 진화해 가는 것은 혼란, 마찰 그리고 잘못된 성과뿐이다.

한편 조직 구조의 설계는 가장 마지막으로 손대야 하는 작업이다. 가장 먼저 해야 할 일은 조직의 기본 단위를 명확히 하는 것이다.

구조는 전략에 따른다. 조직 구조는 조직이 목적을 달성하기 위한 수단이므로 조직의 목적과 전략을 기반으로 해야 한다. 소위 이상적인 모델이나 만능 모델을 현 조직에 기계적으로 끼워 맞추는 것이야말로 최악의 선택이다.

전략이란 '우리의 사업은 무엇인가, 무엇이 될 것인가, 무엇이어야 하는가'라는 질문에 대한 대답이다. 이러한 전략은 조직의 구조와 기본 활동을 결정한다. 뛰어난 조직 구조란 그 기본 활동들이 성과를 올리는 구조, 바로 그것이다.

잊어야 하는 몇 가지

잊어야만 하는 것도 몇 가지 있다.

무의미한 논쟁 가운데 대표적인 것이 조직 구조를 과제 중심으로 설계할지, 인간 중심으로 설계할지에 관한 것이다. 조직 구조나 개개의 직무 설계는 과제 중심으로 행해져야 하나 실제 업무의 할당은 사람과 상황에 맞추어야 한다.

과제 중심인가, 인간 중심인가 하는 고전적인 논쟁의 연장선상에서 계층형이어야 하는지 자유형이어야 하는지의 논쟁이 있다.

먼저 짚고 넘어가야 할 사항은 한 쪽이 엄격한 조직을 의미하고 다른 쪽이 자유로운 조직을 의미한다는 생각 자체가 잘못이라는 점이다.

계층형 조직은 윗사람의 권한이 강화된다고 하여 비판받을 이유가 없다. 도리어 윗사람의 자의적인 권한으로 아랫사람을 보호하는 효과가 있다. 윗사람이 간섭할 수 없는 범위를 설정함으로써 아랫사람을 보호할 수 있기 때문이다. 이로써 아랫사람은 그 일이 내게 맡겨진 것이라고 주장할 수 있게 된다.

예를 들어 800년 전에 제정된 가톨릭 교회법은 계층형 조직을 확립시켰다. 교구 내에서는 사제만이 세례, 고해, 혼인의 성사聖事를 할 수 있다. 로마 황제조차 교구에서 성사를 하려면 사제로부터 정식으로 초청을 받아야 했다.

계층형 조직에게는 자유를 부여한다. 할당된 직무 이상의 책임은 없다. 한편 자유형 조직은 애당초 명칭이 잘못되어 있다. 자유형 조직이란 특정 과제를 위한 조직, 특히 소규모 그룹을 칭한다. 이러한 조직에서는 구성원에게 엄격한 자기 규율을 요구한다. 전원이 팀의 사업을 해야 하며 전체의 성과에 책임을 진다.

계층은 모든 조직에 필요하다. 반드시 최종 결정을 내릴 수 있는 계층이 존재해야 하며 그렇지 않으면 조직은 그저 논쟁의 장이 되고 만다. 조직이 위기에 휩쓸릴 때 명확하게 지휘권을 가지고 있는 사람이 없다면 조직 전체가 몰락할 수 있다.

한편 과제 중심인가, 인간 중심인가 또는 계층형인가, 자유형인가 하는 논의의 바탕에는 전통적인 조직론에서 비롯된 한 가지 사고방식이 존재한다. 그것은 모든 상황에서 옳은 해답이 되는, 유일하고도 절대적인 조직 구조가 틀림없이 존재한다는 신념이다. 그러나 실제는 존재 여부도 잘 모르거니와 그것이 무엇인지조차 모른다.

제2차 세계대전 이후 25년 동안 파욜의 직능별 조직이나 슬론의 분권 조직과는 다른 세 가지 구조가 나타나게 되었다. 팀형 조직, 유사 분권형 조직, 시스템형 조직이다.

그러나 이들 중 어느 것도 직능별 조직이나 분권 조직을 대신할 만한 것은 아니었다. 어느 것도 보편적이지 않았으며 중대한 약점을 보인 것과 함께 적용 범위도 한정되어 있었다.

유일하며 절대적인 해답이 있을 것이라는 생각은 버려야 한다. 조직 속의 인간이 성과를 올리고 공헌하게 만드는 조직 구조라면 모두 옳다. 인간의 에너지를 해방시키고 그것을 동원하는 것이 조직의 목적이지, 균형과 조화가 목적은 아니기 때문이다. 성과야말로 조직의 목표이며 판정 기준이다.

30
조직의 기본 단위

네 가지 문제

다음의 네 가지 질문은 조직 연구가 시작된 이래 반드시 답해야 하는 문제들이었다.

- 무엇을 조직의 단위로 할 것인가?
- 무엇을 함께하고 무엇을 분리할 것인가?
- 어떤 크기와 형태로 할 것인가?
- 어떤 위치 설정을 하며 어떤 관계를 부여할 것인가?

활동 분석

조직 구조에 부여되는 모든 활동을 알 필요는 없다. 필수적으로 알아야 할 것은 조직에서 중요한 역할을 담당하는 부분, 즉 조직의 기본 활동이다.

조직 구조의 설계는 '조직의 목적을 달성하려면 어떤 분야가 탁월해야 하는가'라는 질문에서 시작한다.

'어떤 분야에서 성과가 오르지 않을 때 치명적인 손실을 입을 것인가, 어떤 분야에서 최대의 약점이 나타날 것인가'에 대한 대답도 필요하다.

마지막으로 '진정 중요한 가치는 무엇인가'라는 질문에 답해야 한다. 이는 제품이나 공정의 안정성, 아니면 품질, 서비스일 수도 있다. 그것이 무엇이든 필요한 활동에 조직적인 뒷받침을 해 주고 책임 지는 조직을 만드는 요소여야 한다.

조직의 기본 활동을 명확히 하는 것은 이러한 세 가지 질문들이다. 그 기본 활동들이 조직의 중추 역할을 담당하는 부분, 곧 조직의 기본 단위가 된다. 그 외의 활동은 아무리 막대한 자금과 인력이 투입된다 하더라도 모두 2차적인 것이다.

물론 2차적인 활동들에 관해서도 분석, 조직화, 위치 설정이 필요하다. 그러나 우선 관심을 두어야 할 것은 조직의 목표를 달성하고 전략을 성공시키기 위한 필수 활동이다. 이 기본 활동을 먼저 분석하고 규정하여 조직의 중심에 두어야 한다.

목적과 전략에서 시작한 기본 활동을 분석함으로써 조직이 진정 필요로 하는 구조가 무엇인지 찾을 수 있다. 물론 전략을 바꾼다면 조직 구조를 다시 분석해야 한다. 어떤 이유에서라도 전략을 바꾸면 기본 활동에 관한 새로운 분석과 기본 활동에 대응할 조직 구조의 재선정이 불가피하게 된다. 결국 전략의 변경 없이 행하는 조직 개혁은 잘못된 것이다.

공헌 분석

맨 처음 조직 구조에 대한 관심이 생겨났던 무렵부터 '어떤 활동을 함께할 것인가, 아니면 분리할 것인가'의 문제는 끊임없이 논의되었다. 이에 대한 몇 가지 해답이 있다.

첫 번째는 독일 기업에서 연구, 기술, 생산에 관련한 기술적technical 업무와, 판매·재무를 한데 묶은 상업적commercial 업무를 구분한 것이었다. 그 다음 나타난 것이 성과operating 업무와 지원nonoperating advisory 업무의 구분이었으며 마지막이 앙리 파욜이 제시했던 직능에 따른 분류였다. 그는 직능을 관련 기능의 집합으로 좁게 정의했는데 이것은 오늘날 거의 모든 기업의 전형적인 조직 구조의 기초가 되고 있다.

이 분류들에는 각각 장점이 있으나 더 깊은 분석이 필요하다. 이 분류들은 조직 내의 활동을 공헌의 종류에 따라 크게 네 가지로 나눈다.

성과 활동

조직 전체의 성과에 직접 혹은 간접적인 영향을 미치는, 측정 가능한 성과를 만들어 내는 활동이다.

성과 활동에는 크게 세 가지가 있다.

먼저 직접 수입을 가져다주는 활동이 있다. 병원이나 학교 등 공적 기관의 경우에는 치료나 학습이 이에 해당된다. 기업에서는 마케팅, 이노베이션, 자금 조달, 재무 활동이 여기에 속한다.

직접 수입을 올리지는 않지만 기업 전체 또는 주요 부문의 성과에 직접적인 관련을 갖는 성과 공헌 활동도 있다. 전형적인 것이 제조이며 구인 활동과 교육 훈련도 이에 속한다. 또한 구매, 수송, 설계engineering, 노무labor도 이러한 활동이지만 수입 활동은 아니다.

마지막으로 정보 활동이 있다. 이 활동은 조직 내의 모든 사람이 필요로 하는 결과를 낳는다. 이 활동의 성과는 측정될 수 있으며 적어도 평가가 가능하다. 그러나 그것만으로는 어떤 수입도 가져오지 못한다.

지원 활동

성과 활동과 마찬가지로 필수적이긴 하지만 스스로 성과를 창출하지는 못하며, 활동의 결과가 다른 조직에 영향을 줌으로써 성과 달성을 돕는 활동이다.

지원 활동 역시 크게 세 가지가 있다.

먼저 양식良識 활동이 있다. 탁월한 성과가 필수 조건인 분야에 기준을 설정하고 비전을 그리는 활동이다. 모든 조직에는 비전, 가치,

기준, 감사가 필요하다.

이 활동은 소수의 사람들에 의해 이루어져야 하며 되도록 혼자 하는 것이 좋다. 따라서 매니저 가운데 존경받는 사람이 하기에 적합하며, 반드시 특정 분야의 전문가만이 담당해야 하는 일은 아니다.

이 활동은 기업의 성공과 존속에 중심이 되면서 결정적인 영향을 끼치는 분야에서만 한정적으로 행해져야 한다. 어떤 종류의 활동이 필요한지는 조직의 목적과 전략에 따라 규정된다. 그중에서도 인사와 마케팅은 모든 조직에서 이 활동의 대상이 된다.

기업 활동의 환경에 대한 영향, 사회적 책임의 문제, 지역 사회와의 관계도 대상이다. 그리고 이노베이션이라는 이름이 붙는 모든 것들도 이 활동의 대상이 된다.

양식이라는 말은 기묘한 느낌과 동시에 강한 뉘앙스를 갖는다. 그러나 이 말이야말로 적합한 표현이다.

이 활동은 그 조직이 현재 하고 있는 일을 더욱 뛰어난 것으로 만들기 위한 것이 아니다. 조직이 행해야 하는데도 하지 않고 있는 것을 알기 위한 활동이다.

별로 유쾌한 일은 아니다. 매일의 현실에 대해 이상을 가지고 싸우면서 안이한 것을 배제하고, 인기 없는 일을 옹호하는 일이기 때문이다.

다음은 전통적인 간접 활동이다. 조언과 교육이 여기에 속한다. 이는 무엇을 이룰 수 있는가가 아니라 다른 활동에 대해 어떤 공헌을 이룰지에 초점을 둔다.

간접 활동에도 양식 활동과 마찬가지로 엄격한 원칙이 있다. 간접 활동은 기본적인 활동에 한해서 가능한 한 작게 설정되어야 한다. 모든 종류의 활동에 간접 부서를 둔다면 생산성이 저하된다. 효과적인 간접 활동의 비결은 중점주의重點主義다.

이런 종류의 일에 적합한 사람은 극소수다. 간접 활동이 훌륭하게 수행되려면 다른 사람이 공을 세우는 것을 진심으로 바라는 기질이 필요하며 다른 사람이 일을 더 잘 할 수 있도록 도와주려는 마음가짐이 있어야 한다.

자신은 손을 쓰지 않은 채 다른 사람이 배울 때까지 기다려야만 한다. 권력에 가까운 자신의 지위를 남용하여 공작이나 조작을 하는 등 이기적인 일을 해서는 안 된다.

이러한 조건을 다 갖춘 사람은 거의 없다. 그러나 이 조건들이 모두 충족되지 않는다면 간접 업무 담당자는 조직에 해가 될 뿐이다.

간접 활동은 장기 업무가 아닌 성장 과정에서 일시적으로 담당해야 하는 일이다. 장기간에 걸쳐 이 일을 시키면 업무에 전력을 기울이는 것을 가벼이 여기고 옳은 것보다 영악한 것을 추구하게 된다. 그러다 결국은 스스로 욕구 불만에 빠진다. 다른 사람의 손을 빌려 간접적으로 성과를 올릴 뿐 자신만의 성과를 얻지 못하기 때문이다.

그러나 간접 활동의 경험은 성과를 올리는 능력을 향상시키는 뛰어난 훈련이다. 최고경영자가 될 사람이라면 반드시 경험해 보아야 한다. 물론 일정 기간을 넘어서는 안 된다.

끝으로 지원 활동에는 각종 섭외 활동도 포함된다. 법률이나 특허 팀의 활동이 여기에 속한다.

가사 활동

가사 활동에는 건강 관리, 청소, 식당, 연금이나 퇴직 기금 관리, 정부 지정 기록 관리 등이 포함된다. 성과에 직접 공헌하는 것은 아니지만 소홀히 하면 조직에 해를 끼칠 수 있는 활동이다. 법적인 의무, 노동자들의 근로 의욕, 사회적 책임에 관한 활동이기 때문이다. 이런 종류의 활동은 너무나 다양한데 그렇기 때문에 오히려 가볍게 취급되는 경향이 있다.

톱매니지먼트 활동

위의 활동들과는 전혀 성격이 다르다. 이에 관해서는 다른 장에서 설명할 것이다.

이러한 분류가 왜 필요한가? 수행해야 할 공헌이 서로 다른 활동은 따로따로 취급해야만 하기 때문이다. 각 활동의 위치를 설정해 주는 것은 공헌의 종류인 셈이다.

동일한 공헌을 달성하는 활동은 기술적인 전문 분야가 어떠한지에 상관없이 동일 부문으로 묶어 동일한 매니저 아래 두어야 한다. 동일한 공헌을 달성하지 않는 활동들을 함께 두어서는 안 된다.

결정 분석

'성과를 올리려면 어떤 종류의 의사결정이 필요한가', '그 의사결

정들을 어떤 수준으로 행할 것인가', '어떤 활동이 그 의사결정들로
부터 영향을 받을까', '따라서 어떤 부문의 매니저가 어떤 의사결정
에 참가하여 상담을 받거나 의사결정의 결과를 알아야 하는가' 등의
질문에 대한 해답이 조직의 업무를 결정한다.

　의사결정에 권한이나 책임을 부여하려면 의사결정 자체를 분류해
야 한다. 그러나 정책적인 의사결정과 실시 상의 의사결정이라는 통
상적인 분류는 실제로는 무의미하며 쓸데없이 논의를 일으킬 뿐이
다. 금액에 따른 분류도 마찬가지다.

　조직 내의 의사결정은 네 가지 관점에서 분류할 필요가 있다.

영향을 끼치는 시간의 길이에 따라 분류한다

　그 의사결정은 앞으로 얼마나 오랫동안 행동을 제한하는가? 이를
얼마나 신속하게 수정할 수 있는가?

　시어스의 구매 담당자는 취급하는 금액에 제한이 없다. 그러나 어
떠한 상품의 취급을 개시하거나 중지하기 위해서는 구매 부문 총 책
임자의 승인이 필요하다. 이때 총책임자는 시어스 전체에서 사장급
으로 매우 높은 지위에 있는 사람이다.

다른 부문이나 다른 분야 조직 전체에 끼치는 영향의 정도에 따라 분류한다

　그 영향이 부문 내에 그치는 의사결정은 낮은 수준에서 행해져야
한다. 다른 부문에 영향을 끼치는 의사결정은 영향을 받는 부문과 어
떠한 수준에서 의사결정을 해야 할지에 대해 협의를 통해 행한다.

　하나의 직능 혹은 하나의 분야에서의 최적화를, 다른 직능이나 분야의 희생이라는 반대급부를 통해 달성하려 해서는 안 된다. 이는 그야말로 바람직하지 않은 부분 최적이다.

　창립한 지 얼마 되지 않던 듀폰은 그저 폭발물 제조업체에 지나지 않았다. 판매량도 시원치 않았다. 그러나 이 회사의 원료 구매 부서는 초산염 구입에 완전한 자유 재량권을 부여받아 뛰어난 실적을 올리고 있었다. 시장 가격이 낮을 때 구매하여 경쟁 상대보다 싼 값에 원료를 입수했던 것이다. 이것이 바로 부분 최적이다.

　듀폰은 원료의 비용 경쟁력은 갖추고 있었지만 대량의 재고를 껴안게 되었다. 그 때문에 원료의 비용 경쟁력은 원료의 재고 관리를 위한 비용으로 상쇄되고 말았다. 설상가상으로 보유 자금의 만성적인 부족을 초래했다. 그리하여 듀폰은 원료 비용과 자금 비용, 유동 자금 이 셋의 균형을 꾀하는 일을 톱매니지먼트의 의사결정으로 삼게 되었다.

정성定性적인 요소의 수에 따라 분류한다

　정성적인 요소란 기업의 행동 원칙, 가치관, 사회적·정치적 신조를 가리킨다. 가치관과 관련한 문제에 대해서는 의사결정을 어느 수준에서 행할지에 대해 높은 수준에서 확인해야 한다. 정성적 요소 가운데 가장 중요한 요소는 사람이다.

문제가 반복적으로 나오는지 드물게 나오는지에 따라 분류한다

　반복해서 나오는 문제에 대해서는 원칙을 정해둔다. 정직停職 처분은 사람에 관한 것이므로 원칙에 관한 결정을 높은 수준에서 행해야 한다. 그러나 실제 적용은 낮은 수준에 위임해도 좋다. 한편 처음 발생한 문제의 경우 문제 자체를 하나의 독립된 사건으로 취급할 필요가 있다.

의사결정의 원칙

의사결정은 늘 가능한 낮은 수준, 행동에 가까운 곳에서 이루어져야 한다. 이것이 첫 번째 원칙이다.

동시에 의사결정은 그것에 영향을 받는 활동 전체를 한눈에 볼 수 있는 높은 수준에서 행할 필요가 있다. 이것이 두 번째 원칙이다.

첫 번째 원칙은 어느 정도 낮은 수준에서 의사결정해야 하는지에 관한 것이고, 두 번째 원칙은 어느 정도 높은 수준에서 의사결정해야 하는지에 관한 것이다.

두 번째 원칙에서는 의사결정에 참가해야 할 사람이나 그 결과를 알게 될 사람의 범위가 명확해진다. 의사결정 수준에 관한 이 두 원칙으로부터 각 활동을 조직의 어디에 위치시킬 것인지가 명확해진다.

관계 분석

조직 구조 설계의 최종 단계는 활동 상호 간의 관계 분석이다. 이를 통해 비로소 조직 단위의 위치를 결정할 수 있다.

'어느 곳의 누구와 협력해서 일해야 하는가', '어느 곳의 누구에 대해 어떤 종류의 공헌을 해야 하는가', 반대로 '어느 곳의 누구로부터 어떤 종류의 공헌을 받을 수 있는가'를 질문해 보아야 한다.

활동 사이의 관계를 최소한으로 좁히는 것이 위치 설정의 원칙이다. 또한 활동 간의 관계는 중요한 의미가 있는 것들로만 한정하여 이들이 원활하고 밀접한 사이가 될 수 있도록 해야 한다. 이 원칙에서 볼 때 전통적인 조직론이 직능을 유사 기능의 집합으로 취급하는 것에는 큰 무리가 있다.

생산에 관한 기획 활동은 전통적인 조직론에서처럼 다른 종류의 기획 활동과 함께 기획 부문에 들어가서는 안 된다. 물론 생산에 관한 기획에서 필요한 기능은 다른 모든 종류의 기획에 필요한 기능과 밀접한 관계를 갖고 있다.

그러나 그것은 생산 부문에 두어야만 한다. 그렇게 해야만 기획 담당자를 공장 매니저나 현장의 감독들로부터 가까운 장소에 둘 수 있다. 생산에 관한 기획 담당자는 생산 부문에 소속되어야만 한다.

물론 결정 분석에 따른 활동의 위치 설정과 관계 분석에 따른 활동의 위치 설정 사이에는 모순이 생기는 경우가 있다. 그 경우에는 관계 분석의 결과에 따라야 한다.

이러한 활동 분석, 공헌 분석, 결정 분석, 관계 분석의 네 가지 분석에는 그리 많은 시간이 들지 않는다. 작은 기업이라면 몇 시간 안에 가능하다. 물론 복잡한 대기업에서는 수개월의 시간과 고도의 분석, 종합적인 기법이 필요하다.

어떤 경우에도 이러한 분석들을 소홀히 해서는 안 된다. 이는 모든 기업에서 반드시 필요한 작업인 동시에 제대로 하지 않으면 안 되는 작업이다.

나쁜 조직

완벽한 조직 구조란 있을 수 없다. 할 수 있는 일은 문제를 일으키지 않는 조직을 만드는 것이다. 조직의 기본 단위를 설계하고 조립할 때 어떤 오류가 보이는가? 조직에 중대한 결함이 있을 때 가장 자주 나타나는 증상은 무엇인가?

맨 처음 보이는 것은 매니지먼트 계층이 증가하는 현상이다. 조직의 원칙은 계층 수를 적게 하고 지휘 계통을 짧게 하는 것이다. 계층 증가는 조직 내의 상호 이해와 협동의 보폭을 맞추는 데 어려움을 주며 목표를 혼란하게 하여 잘못된 방향으로 주의를 끌게 만든다.

특히 대기업에서는 계층 증가가 미래를 담당할 매니저를 양성하는 데 결정적인 장애가 된다. 첫째 최하층에서 최상층에 도달하기 위해 필요한 시간이 증가하고, 둘째 그 사이에 매니저보다 전문가를 양성시키기 쉽다.

오늘날 대기업 중에는 현장 감독에서 사장에 이르기까지 12~15개의 계층을 갖고 있는 곳이 있다. 이래서는 25세에 현장 감독이 되어 운 좋게 5년에 한 번씩 진급을 한다 해도 차기 사장이 되려면 80세에서 90세가 되어 버린다.

이러한 사태를 방지하기 위해 유망주나 후계자를 더욱 일찍 발견하기 위한 노력이 진행되지만 이것은 아주 나쁜 방법이다.

계층의 수에 관해서는 서구 사회에서 가장 오래되고 성공한 대조직인 가톨릭 교회가 참고가 된다. 교황과 최하층의 교회 사제 사이에는 권한과 책임에 관한 계층이 단 하나, 바로 주교主教만 존재한다.

다음으로 보이는 것은 조직 구조에 관한 문제가 빈번히 발생하는 모습이다. 조직에 관한 문제를 해결하자마자 같은 문제가 새로운 모습으로 등장한다. 특히 직능별 부문이나 간접 부문과 라인에 관한 전통적인 조직론에 따라 조직을 설계했을 때 조직 구조에 관한 문제가 지속적으로 등장한다.

해결법은 바른 분석뿐이다. 그것은 활동 분석, 공헌 분석, 결정 분석, 관계 분석이다. 반복적으로 나오는 조직 구조의 문제를 서류상의 조정만으로 해결하려 해서는 안 된다. 현상을 이해하고 사고하는 데 명철함이 필요하다.

또 보이는 것은 중요한 사람의 주의를 중요하지 않은 문제나 목표가 빗나간 문제로 향하게 하는 것이다. 조직 구조는 중요한 문제, 기본 활동, 성과, 업적에 관심을 기울이도록 만들어야 한다. 근무 태도, 예의범절, 절차에 신경 쓰게 만들어야 한다. 권력에 관심이 가도록 해서는 안 된다. 이는 사람을 잘못된 방향으로 인도하며 이러한 조직 구조는 성과에 대한 장애 이외에 아무것도 아니다.

그러한 사태는 조직을 유기적이 아닌 기계적으로 만들 때에도 발생한다. 전략이 요구하는 조직 구조에 관해 충분히 생각하지 않고 소위 조직론을 기계적으로 따를 때 발생한다. 성과가 아니라 조직 구조

그 자체에 초점을 맞추기 때문이다.

미술관에 걸어둘 조직도組織圖 따위는 있을 수 없다. 문제는 어디까지나 조직도가 아니라 조직 그 자체다. 조직도는 조직 구조에 관해서 논의할 때 같은 언어로 이야기할 수 있도록 하기 위한 도구다. 그것도 현실의 모습을 지극히 단순화한 것에 지나지 않는다. 조직도를 위해 조직 구조 개혁에 손을 대서는 안 된다. 잘못된 조직을 구축할 수도 있다.

나쁜 조직 대부분은 전달이 잘 이루어지지 않는 증상을 가지고 있다. 다수가 동원되는 회의를 빈번하게 열어야만 하는 식이다. 회의를 통해서만 그 사명을 달성할 수 있는 이사회 등의 심의 기관을 제외하면 그 외 모든 회의는 조직 구조상의 부족함을 채우기 위한 것이라고 봐도 좋다. 이상적인 조직이란 회의 없이 움직이는 조직이다.

나쁜 조직은 사람의 감정에 신경을 많이 쓴다. 인간관계가 변변치 못한 조직이기 때문이다. 인간관계란 예의범절처럼 자연스럽게 생겨나는 것이며 신경 쓰지 않아야 하는 것이다. 사람의 기분에 신경 써야만 하는 것은 최악의 상황이다.

이러한 증상을 지닌 조직은 대부분 인원 과잉 상태인 경우가 많다. 버스 안에서 다른 사람의 발을 밟게 되는 이유는 그 안이 북적거리기 때문이다. 충분한 공간이 있으면 부딪치지 않는다. 인원 과잉 상태인 조직에서는 성과 없이 일만 늘어난다. 마찰, 신경과민, 초조함이 심해진다. 그리하여 사람의 기분에 과도하게 신경 쓰게 되는 것이다.

그런가 하면 조정자나 보조처럼 실제 업무를 하지 않는 사람들을 필요로 하는 일도 생긴다. 이것은 활동이나 업무가 세분화되어 있거나 혹은 성과에 초점을 맞추는 일 없이 너무나 여러 가지 일을 하고 있다는 증거다.

조직의 활동 단위가 달성해야 할 공헌의 종류나 일 전체의 흐름, 직능의 종류에 따라 분류되고 있을 때에도 같은 증상이 보인다. 어떤 직능도 직접 성과에 공헌하지 못한다. 그저 부분적으로 공헌할 뿐이다. 따라서 원래 하나여야 하는 것을 합치기 위해 그 자신은 아무것도 하지 않는 조정자를 필요로 하게 된다.

마지막으로 오늘날 많은 조직, 특히 대기업은 조직병組織病에 걸려 있다. 조직 전체가 조직 구조를 염려하고 이로 인해 늘 어딘가에서 조직 개혁이 이루어지고 있다.

조직병은 조직 구조의 기본을 소홀히 할 때 발병한다. 조직병에 걸린 조직은 나쁜 조직의 전형이다.

재료의 명세를 둘러싼 구매 부문과 설계 부문의 작은 대립이 기업 내의 전문가나 외부 컨설턴트와 같은 조직의 의사에게 전달된다. 그러나 어떤 치료법도 오랫동안 적용되는 일이 없다. 계속적으로 조직 개혁이 이루어질 뿐이다.

조직 개혁을 가볍게 행해서는 안 된다. 이것은 말하자면 수술이다. 작은 것이라도 수술에는 위험이 동반된다. 그러므로 안이한 조직 개혁은 차라리 피하는 것이 좋다.

31
조직의 조건

조직 구조의 종류

　매니지먼트의 업무를 기준으로 두 가지 조직 구조를 분류해 볼 수 있다. 바로 직능별 조직과 팀형 조직이다. 매니지먼트의 성과를 기준으로 삼게 되면 분권 조직과 유사 분권 조직으로 분류해 볼 수 있다. 수많은 관계 또한 매니지먼트의 한 부분인데 다섯 번째 조직 구조인 시스템형 조직이 바로 이 관계 중심 조직이다.

　여섯 번째 구조가 개발될지도 모른다. 매니지먼트에서는 일, 성과, 관계 이외에도 의사결정이라는 요소가 중요한데 아직 의사결정 중심의 조직 구조는 개발되지 않았다. 만일 이것이 실용적인 형태로 개발된다면 그 영향력은 아주 클 것이다.

조직의 조건

어떠한 형태의 조직이라도 조직으로서 최소한 갖추지 않으면 안 되는 다음의 조건이 있다.

명쾌함

명쾌함과 단순함은 같지 않다. 단순하게 보여도 명쾌하지 않은 것이 있다. 복잡하게 보여도 명쾌한 것이 있다.

고딕 건축 교회는 아주 명쾌하다. 고딕 교회에서는 자신이 어디에 있으며 어디를 향하고 있는지 금세 알 수 있다. 기독교에 대해 잘 알지 못하더라도 건물의 목적, 건물과 목적의 관계를 어렵지 않게 알아차릴 수 있다.

그러나 고딕 교회는 신학이나 심미학이라는 고도로 추상적인 원리와 개념에 따르고 있어서 사실상 아주 복잡하다.

현대의 빌딩들은 매우 단순하다. 입방체를 쌓은 것에 불과할 뿐 건물에 특별한 의미가 존재하지는 않기 때문이다. 그러나 안내도나 표식이 없으면 빌딩 밖으로 나가기가 힘들다. 때로는 표식대로 걷더라도 헤맨다.

조직 매뉴얼의 도움 없이는 자신의 소속이나 가야할 곳 혹은 위치를 알 수 없다. 어떤 조직 구조는 쓸데없는 마찰, 시간 낭비, 논쟁이나 불만, 의사결정의 지연을 초래하기도 한다. 그럴 경우 조직은 성과를 올리는 데 도움을 주기는커녕 도리어 장애가 된다.

경제성

조직 구조의 경제성은 명쾌함과 밀접한 관계에 있다. 사람은 성과를 향해 움직일 때 필요한 것이 적으면 적을수록 좋다. 훌륭한 조직이란 자신을 매니지먼트하고 스스로에게 동기를 부여하는 데 적합한 조직이다. 즉 매니지먼트, 조직, 관리, 커뮤니케이션, 인사 등 조직을 움직이는 일에 사용되는 시간이 적으면 적을수록 좋다. 특히 높은 업적을 올릴 수 있는 능력을 지닌 사람은 그러한 일들로 고민하는 시간이 적어야 한다.

방향 설정의 용이함

조직 속 인간이나 조직 단위의 관심이 성과가 아닌 노력으로 향하게 만드는 조직 구조는 용납될 수 없다. 성과야말로 모든 활동의 목적이다. 전문가나 유능한 관리가 아닌 매니저로서 행동하는 사람과 관리 기능, 전문적인 능력이 아닌 성과나 업적에 의해 평가되는 사람의 수를 가능한 늘려야 한다.

성과보다 노력이 중요하며 장인 정신 그 자체가 목적인양 착각해서는 안 된다. 일을 위해서가 아니라 성과를 위해 일하고, 군살이 아니라 힘을 길러야 하며, 과거가 아니라 미래를 위해 일해야 한다. 이를 위해서는 능력을 키우고 의욕에 넘쳐야 한다.

이해의 용이함

조직 구조는 모든 인간이 자신에게 주어진 일을 쉽게 할 수 있도록 설계되어야 한다. 일은 늘 구체적이며 개별적이어야 한다. 누구나 이해할 수 있도록 명확히 정의할 수 있는 일, 무엇을 이루어야 하는가가 저절로 밝혀지는 일이어야 한다.

동시에 조직 구조는 공동의 일, 즉 조직 전체의 일을 이해할 수 있도록 설계되어야 한다. 자신의 일이 조직 전체에서 어디쯤 위치하며 반대로 전체의 일이 자신의 공헌, 노력에 대해 무엇을 의미하는지 이해할 수 있도록 설계되어야 한다.

조직 구조가 조직 내에서 이루어지는 커뮤니케이션에 장애가 되어서는 안 된다. 도움이 되어야 한다.

의사결정의 용이함

다섯 가지 조직 구조는 어느 것도 의사결정의 관점에서 설계된 것이 아니다. 그러나 어떤 조직 구조든지 간에 그곳에서 의사결정이 이루어진다는 것은 공통의 사실이다. 올바른 의사결정을 행하고 실제 업무로 이행하여 성과로 연결시켜야 한다. 결국은 조직 구조가 의사결정 프로세스를 강화시켜가야 한다.

늘 높은 수준에서 의사결정을 해야만 하는 조직 구조는 의사결정에 장애만 된다. 결정적인 문제의 발생을 알지 못하는 조직 구조나 권력 다툼 같은 잘못된 문제에 관심을 기울이게 만드는 조직 구조도 의사결정을 어렵게 한다.

의사결정은 실행에 옮겨지고 성과를 가져다 주지 않는 한 좋은 의도에 그치고 만다. 물론 의사결정의 실행을 보증하는 조직 구조는 없다. 그러나 조직 구조에 따라 의사결정을 조직 활동이나 개인의 업무로 이행하는 것이 용이하거나 혹은 곤란해질 수 있다.

안정성과 적응성

조직은 모두 안정을 필요로 한다. 한편 조직은 주위 세계가 혼란 가운데 있더라도 계속 활동을 해야 한다. 미래를 위해 또 존속을 위해 계획을 세우지 않으면 안 된다.

조직 내의 모든 사람들에게는 집이 필요하다. 대합실에서 일을 할 수는 없다. 단기간 머무는 손님 신분으로는 대단한 일을 할 수 없다.

또한 사람에게는 커뮤니케이션이 필요하다. 그가 알고 있는 사람, 그를 알고 있는 사람이 있어야 하며 지속적이고 안정적인 대인 관계를 향유하는 공동체가 필요하다.

안정성을 추구하는 조직 구조는 고도의 적응성을 가지고 있어야 한다. 경직적인 조직 구조는 안정된 구조가 아니라 부서지기 쉬운 조직이다. 새로운 상황, 조건, 성격에 적응할 수 없는 조직 구조는 영속할 수 없다. 안정성과 함께 적응성은 조직 구조의 중요한 조건이다.

영속성과 신진대사

마지막으로 조직은 영속해야 한다. 동시에 신진대사가 가능해야 한다. 이 두 가지 조건에서 많은 요구가 파생되어 나온다.

조직은 미래의 리더를 내부에서 조달할 수 있어야 한다. 유능한 인재가 마음껏 일할 수 있는 젊은 시절에 이미 톱매니지먼트에 가까운 자리까지 올라가야 한다는 말이다.

계층 수보다 중요한 것은 조직 구조가 부여하는 경험의 종류다. 조직 구조는 조직 내의 인재가 일을 통해 배우고 성장하는 것을 도와주어야 한다.

트레이드오프와 균형

　이러한 조직 구조들에 관한 조건은 조직의 크고 작음이나 복잡성의 정도를 불문하고 모든 조직에 적용된다. 기업 이외의 조직, 즉 공적 기관에도 적용된다. 오늘의 일을 행하고 성과에 책임을 지는 활동, 내일에 책임을 지는 혁신적인 활동, 오늘과 내일의 활동에 방향 설정을 하며 비전을 부여하는 톱매니지먼트의 활동 등 기업 내 세 가지 활동에도 모두 적용된다.

　물론 이들 조직 구조들이 만족시켜야 할 조건 중에는 서로 수용할 수 없는 것도 있다. 모든 조건을 늘 완전하게 만족시키는 조직 구조란 없다. 그러나 어떤 조직이라도 성과를 올리고 영속하기를 원한다면 이러한 조건을 모두 상당 부분 만족시켜야 한다.

　다시 말해 트레이드오프와 균형이 필요하다. 가령 단순한 조직이라도 몇 가지 조직 구조를 동시에 적용해 보아야 한다. 한 가지 조직 구조만 채택했다가 조건들 가운데 한 가지라도 만족시킬 수 없다면 성과를 올릴 수 없기 때문이다. 따라서 조직 구조를 설계하려면 다섯 가지 조직 구조 모두의 내용, 요구, 한계를 이해해야 한다.

32
다섯 가지 조직 구조

일을 조직하는 방법

육체노동이든 지식노동이든 모든 일은 세 가지 방법으로 조직할
수 있다.

첫째, 단계별로 조직할 수 있다.

집 짓는 과정을 예로 들면 우선 기초를 닦은 후 골조와 지붕을 만들
고 내부 마무리를 하는 식이다.

둘째, 일은 기능별로 조직할 수 있다.

금속 가공 공장에서는 선반이나 리머reamer를 일렬로 세우고 옆에
는 압단기를, 반대쪽에는 열처리 장치를 배치한다. 가공해야 할 금속
조각은 기계와 숙련공 사이를 움직인다.

셋째, 일 자체는 움직이지 않으며 다른 기능이나 도구를 지닌 사람들이 하나의 팀으로서 움직일 수 있다.

한편 직능별 조직은 기능별 조직으로 정의되어 왔는데 이는 단계별 조직이기도 하다. 여기에는 생산이나 마케팅 등 소위 고전적인 직능과는 관계없는 각종 기능이 들어가 있다.

생산이나 마케팅은 단계를 나타내는 개념이다. 이와는 달리 경리나 인사는 독립된 하나의 직능이다.

직능별 조직에서는 일의 단계나 기능 사이를 사람이 아닌 일이 움직인다. 이에 비해 팀형 조직에서는 일이 고정된다. 각종 기능과 도구를 지닌 사람은 하나의 팀으로서 건물 설계나 연구 개발 등 과제를 수행한다.

일은 각 조직 구조의 설계 원리에 따라 늘 어떤 형태로든 조직된다. 직능별 조직과 팀형 조직 모두를 필요로 하는 경우도 있다. 따라서 모든 조직은 이 두 가지 조직 구조를 이해하고 있어야 한다.

직능별 조직

직능별 조직은 명쾌함과 안정성 면에서 모두 뛰어나다.

그러나 조직 전체의 목적을 이해하고 각 사람의 일을 그것에 결부시키기가 어렵다. 경직적이고 적응성이 부족하기 때문이다. 인재를 육성하고 훈련시키기에도 적합치 않으며 새로운 아이디어나 방법을 자원해서 잘 받아들이지도 못한다. 그저 현재 하고 있는 것을 조금 향상시키는 데 역점을 둘 뿐이다.

이러한 장점과 한계 때문에 직능별 조직은 특수하다. 잘 나갈 때는 고도의 경제성을 발휘한다. 그러나 반대의 경우에는 매우 비경제적이다. 어느 정도의 규모나 복잡도에 달하자마자 여기저기서 마찰이 발생한다. 급속한 오해와 반목을 낳고 마침내 몇 개의 조직으로 쪼개져 제각기 움직이게 된다.

이리하여 직능별 조직은 조정자, 위원회, 회의, 문제 해결 전문가, 특명을 받은 사람 등 복잡하고 돈이 들며 더구나 취급하기 어려운 매니지먼트를 위한 도구를 강구해야 할 필요성이 생겨난다. 그러한 도구의 준비는 대개 문제 해결에 쓸모가 없을 뿐더러 관계자의 시간만 낭비한다.

직능별 조직의 각 부문 매니저는 자신의 직능이 가장 중요하다고 여긴다. 이들은 장인 정신이나 전문가적인 능력을 중시한다. 자신의 직능을 위해 조직 전체를 희생시키지는 않는다 하더라도 다른 직능은 희생시키려 한다.

이것을 시정할 방법은 없다. 누구나 자신의 직능 강화를 꾀하며 뛰어난 일을 하려고 하는 한 어쩔 수 없는 일이다.

직능별 조직은 의사결정에 있어서도 빈약한 구조다. 진정한 의사결정을 행할 수 있는 사람은 최고경영자뿐이다. 전체를 살필 수 있는 것도 최고경영자뿐이다. 최고경영자가 바른 의사결정을 했다손 치더라도 그 내용은 모든 곳에서 잘못 해석된다. 결국 의사결정이 만족스럽게 실시되는 일은 없다.

게다가 직능별 조직은 매니지먼트에 적합하지 않은 인간을 만든다. 성과보다 기능에 중점을 두기 때문이다. 뛰어난 기능을 지닐수록 매니지먼트의 의미를 가볍게 보게 된다. 그만큼 미래의 매니저를 육성하는 일은 어려워진다.

직능별 조직의 적용 범위

직능별 조직의 적용은 현업에 한정된다. 최고경영자의 일은 사실 직능별 업무는 아니다. 최고경영자의 업무를 직능별로 조직한다면 최고경영자는 미약한 존재가 될 것이다.

이노베이션 업무에 관해서는 더욱 무력하다.

이노베이션이란 지금까지 아무도 한 적이 없는 미지의 일을 하는 것이다. 이노베이션 업무도 각종 전문 능력을 필요로 한다. 그러나 그 능력이 언제 어디서 얼마나 필요한지는 아무도 모른다. 이노베이션과 직능별 조직은 양립할 수 없으며 따라서 이노베이션 업무를 직능별로 조직하는 것은 불가능하다.

팀형 조직

팀이란 서로 다른 기능, 지식, 배경을 지닌 사람, 본래 서로 다른 분야에 속하지만 특정 업무를 수행하기 위해 함께 노동자들이 모인 소수의 조직이다.

팀형 조직에는 리더가 있다. 리더는 대개 교체되지 않는다. 그러나 실제로 팀을 지휘하는 사람은 업무 단계나 요구에 따라 변하곤 한다.

팀에는 상사도 부하 직원도 없다. 선배와 후배가 있을 뿐이다.

자동차 메이커를 비롯한 각종 대형 메이커들의 거래처로서 플라스틱 부품 설계, 제조, 서비스 엔지니어링을 주요 업무로 하는 유럽의 한 업체가 있다.

이 업체는 팀이 고객별로 편성된다. 팀 리더는 설계 부서의 사람인 경우도 있고 판매나 서비스 부서의 사람인 경우도 있다. 성과는 팀 전체의 책임이다. 리더는 필요한 인적 자원이나 물적 자원을 사내의 어디에서나 조달할 수 있어서 업무 진척도에 따라 설계 기사, 영업 사원, 서비스 담당자를 영입한다.

어느 팀 리더는 이렇게 말한다. 그는 설계 기사다.

"어떤 서비스가 필요할지 결정하고, 고객에게 추천할 수 있는 서비스 엔지니어를 팀에 불러들이는 것은 내 일이다. 그러나 그 후 어떤 엔지니어링이 필요할지 정하는 것은 엔지니어다. 그가 설계를 다시 하라고 하면 그에 맞게 다시 설계한다. 그때는 그가 상사다. 내 팀에서는 일 년 내내 발생하는 설계상의 문제가 다른 팀에게는 처음인 경우가 있다. 그러면 내가 호출된다. 이때 나는 그 팀의 새 멤버가 되어 그들의 요구에 따라 일한다."

팀형 조직의 장점과 한계

팀형 조직에는 몇 가지 장점이 있다. 멤버라면 팀 전체의 업무와 자신의 책임에 대해 모두 알고 있다. 새로운 방법이나 아이디어를 쉽게 받아들이며 사태 변화에도 쉽게 적응한다. 직능 간의 세력 다툼은 없다. 전문가들은 반드시 몇 번이라도 다른 팀에 들어가 일한다.

그러나 팀형 조직에는 몇 가지 큰 결함이 있다. 명쾌함과 안정성이 부족하다. 경제성도 나쁘다. 인간관계, 업무 할당, 설명회, 회의, 커뮤니케이션 등 팀의 내부 관리에 끊임없이 신경을 써야만 한다. 에너지의 상당 부분이 단순히 일을 진척시키는 데 소모된다. 전원이 공통의 과제를 이해하고 있어도 전원이 자신의 책임을 이해하고 있는 것은 아니다. 다른 멤버의 일에만 관심을 갖고 자신의 일에는 주의하지 않는 일조차 발생한다.

팀형 조직의 최대 한계는 규모다. 멤버의 수가 적을 때는 효과적으로 일한다. 원시 시대의 수렵 팀도 7~8명이었다. 너무 커지면 유연성이나 멤버들의 책임감이 급속히 감소하고 성과를 올리지 못한다. 동시에 본래 팀의 결함이던 조직 구조의 명쾌함 결여, 커뮤니케이션 부족, 내부 관리나 인간관계에 대한 과도한 관심이 치명적인 것이 된다.

규모의 한계에서 팀형 조직의 적용 범위도 정해진다. 팀은 최고경영자의 업무를 생각할 때 최고의 조직 구조다. 최고경영자를 위한 유일한 조직 구조라 해도 좋다. 이노베이션을 위한 업무에도 최적이다.

그러나 팀형 조직은 대부분의 현업 활동에서 단독으로 적용할 만한 설계 원리는 아니다. 필요불가결하지만 어디까지나 보완적이다. 팀형 조직은 직능별 조직을 효과적으로 움직이게 하는 보완적인 조직 구조다.

팀형 조직이 최대의 공헌을 달성하는 영역은 지식노동의 영역이다. 지식노동에 있어서는 직능별 조직과 팀형 조직 쌍방을 구별하여 사용할 필요가 있다.

앞으로는 지식노동자 대부분이 각각 직능별 본거지를 갖고 있으면서 다른 직능이나 전문 분야의 지식노동자와 함께 하나의 팀을 만들어 일하게 된다. 지식노동자의 지식이 진척되는 속도에 따라 업무를 통해 조직에 공헌하는 기회는 그가 속한 직능별 조직 내부에서보다는 다수의 직능이 모인 팀에서 발견될 것이다.

지식이 진척된다는 것은 그만큼 전문화한다는 의미다. 전문화한 지식은 그것만으로는 아무런 쓸모가 없다. 전문 지식은 다른 사람의 지식과 결합할 때 비로소 생산성을 지닌다. 이처럼 고도의 지식이 성과에 연결되는 것은 팀형 조직에서다.

팀형 조직은 자기 규율을 필요로 하는 어려운 조직이다. 그곳에는 한계도, 결함도 있다. 그러나 팀형 조직은 특수한 문제에만 적용하는 조직도, 일시적이며 편의적인 조직도 아니다. 하나의 완결된, 아주 훌륭한 조직 구조다.

연방 분권 조직

연방 분권 조직에 따라 조직은 여러 개의 자립된 부문으로 분할될 수 있다. 자립된 부문은 업적과 조직 전체에 대한 공헌에 책임을 지며 독립된 매니지먼트를 갖는다.

연방 분권 조직도 각 사업 부문의 내부는 직능별로 조직된다. 물론 팀형 조직도 직능별 조직을 보완하는 선에서 적용된다.

연방 분권 조직은 직능별 조직이나 팀형 조직과는 다르다. 후자는 업무에서 시작한다. 성과는 활동의 총합이라 가정되며 활동만 바르다면 바른 성과가 자연스레 주어진다고 여겨진다.

이에 반해 연방 분권 조직은 성과에서 출발한다. 무엇보다 사업의 적절성에 중점을 두어 시장에서 성과를 올리기 위한 최적의 사업 부문을 만든다. 그 후 그 사업 부문 내부에 어떤 일, 과제, 활동이 필요한가를 생각한다.

연방 분권 조직의 장점

오늘날 연방 분권 조직보다 뛰어난 조직은 없다. 이 조직은 아주 명쾌하며 경제적이다. 각 사업 부문의 사람들은 자신과 그가 속한 사업 부문의 과제를 쉽게 이해한다.

안정성과 적응력도 충분하다. 매니저의 역량이 사업의 업적과 성과에 직접적으로 영향을 미친다. 이익이 올라가는 사업 뒤에서 이익이 오르지 않는 사업을 계속하는 일이 없어진다. 간접비로 현실의 모습을 애매하게 하거나 매출 성과로 현실의 모습을 숨기는 일도 없어진다.

최대의 장점은 미래를 담당하는 매니저의 육성에 있다. 연방 분권 조직만이 마침내 톱매니지먼트의 책임을 담당해야 할 사람을 육성하고 시험할 수 있다. 이 한 가지만 보더라도 연방 분권 조직은 다른 모든 조직 구조보다 뛰어나다.

톱매니지먼트의 역할

사업 부문은 본사의 톱매니지먼트로부터 독립한 자치적인 존재여야 한다. 사업 부문이 아무리 크고 중요하더라도 톱매니지먼트가 사업 부문의 매니지먼트에 간섭해서는 안 된다.

반대로 본사의 톱매니지먼트가 본래의 업무를 할 수 있도록 하는 것이 자립된 사업 부문의 매니지먼트가 갖는 책임이다. 시장, 제품, 잠재력, 기회, 문제에 관해 톱매니지먼트에게 무엇을 알릴 것인가를 철저하게 생각하는 것이 사업 부문을 통솔하는 자의 책무다.

연방 분권 조직도 전체가 공통의 비전을 지닐 필요가 있다. 자치는 전체의 업적을 높이는 수단에 불과하다. 사업 부문의 매니저는 폭 넓은 자치권을 부여받기 때문에 자신이 전체의 일원이라는 것을 수시로 자각해야 한다.

유사 분권 조직

사업 단위로 조직을 편성할 수 있다면 연방 분권 조직보다 뛰어난 조직 구조는 없다. 그러나 대조직 대부분은 사업별로 분할하는 것이 불가능하다. 직능별 조직이나 팀형 조직으로 하기에도 너무 크다. 이런 경우 유사 분권 조직을 채택해야 한다.

유사 분권 조직은 사업이 아닌 것을 사업인 것처럼 조직한다. 분권화한 조직 단위에 가능한 자치권을 부여함으로써 독자적인 매니지먼트를 갖추게 하고, 적어도 유사한 손익에 관해 책임을 지도록 한다.

유사 분권 조직의 대표적인 예는 화학 산업이나 재료 산업에서 흔히 볼 수 있다. 이들은 복잡한 대조직인데도 제품이나 서비스가 한 종류인 조직에 적용된다.

유사 분권 조직의 문제점

유사 분권 조직은 많은 면에서 부족한 조직 구조다. 처음부터 성과에 초점을 맞추기가 곤란하다. 조직 속의 인간이 각자 자신 업무의 의미와 조직 전체의 업무를 이해하는 것도 곤란하다.

유사 분권 조직은 경제성, 커뮤니케이션, 의사결정에 있어서도 바람직하지 않다. 그러나 그러한 약점들은 유사 분권 조직의 구조상 어쩔 수 없는 것이다. 유사 분권 조직에서의 분권화된 조직 단위는 진정한 의미의 사업이 아니며 그 성과도 시장에서의 실적에 따라 평가될 수 없다.

성과는 시장에 의해서가 아니라 조직 내부의 의사결정에 따라 좌우된다. 즉 장부에 적힌 가격이나 비용 배분의 방법에 따라 커지기도 하고 작아지기도 한다.

유사 분권 조직 적용의 원칙

중요한 것은 유사 분권 조직이 마지막 수단임을 인식하는 것이다. 조직이 작고 직능별 조직과 팀형 조직의 조합만으로 충분할 때는 유사 분권 조직을 채택해서는 안 된다. 직능별 조직을 기본으로 삼아야 한다. 반대로 조직이 큰 경우에는 연방 분권 조직의 적용을 원칙으로 삼아야 한다.

그러나 각 부문 간의 연계가 필요하고 분리해서 책임을 지워야만 할 때, 특히 시장의 논리가 기술이나 생산의 논리와 일치하지 않을 때 유사 분권 조직은 그 제약과 약점, 위험에도 불구하고 가장 효과적인 조직 구조일 수 있다.

시스템형 조직의 등장

우리가 갖고 있는 조직 구조 중에서 이론적인 분석을 통해 생겨난 것은 파욜의 직능별 조직뿐이다. 팀형 조직, 연방 분권 조직, 유사 분권 조직은 모두 특정 문제에 대처하기 위해 혹은 그때그때의 니즈를 충족시키기 위해 만들어졌다. 시스템형 조직도 마찬가지다. 시스템형 조직은 특수한 문제, 즉 60년대 미국의 우주 개발을 위한 조직 구조로서 발전했다.

시스템형 조직은 팀형 조직을 발전시킨 것이다. 팀형 조직에서는 구성 단위가 개인이지만, 시스템형 조직은 다종다양한 조직과 개인으로 구성된다. 정부 기관, 기업, 대학, 개인 등이다. 중앙 조직의 일부인 조직이나, 계약 관계는 있지만 어떤 지배도 받지 않는 조직, 본래 지배될 가능성이 전혀 없는 조직도 있다.

체이스맨하탄 은행Chase–Manhattan Bank이 전 세계에 만들어 놓은 네크워크가 좋은 예다. 체이스는 지점 중심의 영업 방식을 중단했다. 대신 중간 규모의 확실한 현지 은행에 약간의 출자를 함으로써 전 세계에서 사업을 전개하고 있다.

체이스는 그 은행들을 소유하는 것도 아니고 지배하는 것도 아니다. 중역조차 보내지 않는다. 그 은행들은 현지 사회에 뿌리를 내린 채 체이스의 세계적 업무 시스템에 참가하는 것이다.

시스템형 조직의 문제점

시스템형 조직만큼 조건이 까다로운 조직 구조는 없다. 이 조직은 목적이 자주 변하긴 하지만 늘 명확해야 한다.

조직의 구성 단위 각각의 목표는 조직 전체의 목적과 직접적인 관계가 있어야 한다. '우리의 사업은 무엇인가, 무엇이어야만 하는가'를 충분히 검토했을 때에 한해서 시스템형 조직은 유효하다.

또한 이 조직에서는 커뮤니케이션에 관해 조직의 구성 단위 모두가 책임을 져야 한다.

시스템 전체의 기본적인 목적, 목표, 전략이 전원에게 이해되도록 세심한 주의를 기울이지 않으면 안 된다. 동시에 모든 종류의 의문과 아이디어가 받아들여지고, 신중히 청취되고, 검토되고, 이해되었을 때 결론을 내려야 한다.

마지막으로 조직의 구성 단위 모두가 자신의 목표 이외의 것에도 책임을 져야 한다.

전 구성 단위가 매니지먼트의 책임을 다해야 하는 것이다. 책임을 동반하는 고도의 재량권, 이노베이션을 행하는 기회, 계획을 변경할 권한을 가지고 있어야 한다. 시스템 전체에서 무엇이 행해지고 있는지 알기 위해 부단한 노력을 기울일 필요가 있다.

시스템형 조직이 늘 성공하는 것은 아니다. NASA는 거의 무제한에 가까운 예산을 써서 달에 사람을 보냈지만 그 동안 셀 수 없을 정도의 무참한 실패가 있었다. 그 성공은 민간 기업에서는 결코 가능하지 않을 예산 초과가 있었기에 가능했다.

시스템형 조직은 조직 구조로서 바람직한 것이라고는 할 수 없다. 통상적인 적용은 곤란하지만 나름대로 중요한 의미를 가진 조직 구조다.

33

조직 구조에 관한 결론

조직 구조의 설계는 이상에서 출발해야 하는가, 현실에서 시작해야 하는가. 아니면 원리에서, 혹은 각 조직 고유의 전통, 관행, 사정, 니즈에서 출발해야 하는가. 이는 오랫동안 논의된 문제다. 그러나 결론적으로 말하면 여기에는 어떤 어프로치도 가능하다.

모든 조직 구조는 적용이 어렵고 문제도 쉽게 일으킨다. 그러나 그렇지 않은 조직 구조란 없다. 조직 구조는 도구다. 도구 자체에 좋고 나쁨은 없다. 적절하게 사용할 수 있는지, 없는지가 중요할 뿐이다.

단순하면서 현실에 맞는 조직 구조가 무엇인지 알려면 중요한 성과를 낳기 위해 필요한 기본 활동에 초점을 맞추어야 한다. 그 후 그기본 활동을 가능한 한 단순하게 조립해야 한다. 중요한 것은 조직의 목적을 늘 염두에 두는 것이다.

조직 구조는 목적 달성을 위한 수단이지 그 자체가 목적이 아니다. 구조의 건전성은 조직 건강의 전제다.

　　그러나 그것이 그대로 조직 건강을 의미하는 것은 아니다. 조직의 건강을 판정하는 기준은 구조의 아름다움, 명쾌함, 완전함이 아니라 성과다.

MANAGEMENT

3부
매니지먼트의 전략

톱매니지먼트란 방향을 설정하고 비전을 밝히며 기준을 세우는 기관이다.

독일 은행 이야기

톱매니지먼트의 일과 조직

톱매니지먼트는 권력인가? 보스의 별명인가? 그들에게 특유의 업무라는 것이 있는가? 있다면 그것은 무엇인가? 어떤 구조를 지니고 있는가?

톱매니지먼트를 확립시킨 사람은 게오르그 지멘스다. 지멘스는 1870년부터 80년에 걸쳐 독일 은행을 유럽 최강의 금융 기관으로 만들었다.

그는 독일 은행의 활동을 분석하여 각각의 활동에 관해 톱매니지먼트 멤버들에게 책임을 부여했다. 섭외 관계, 즉 거래처나 정부 기관과의 관계까지 분석하여 각각에 대한 책임을 지웠다. 물론 톱매니지먼트에는 우두머리가 있었으며 지멘스가 그 역할을 담당했다. 그러나 특정 활동(예를 들어 채권 발행의 인수)이나 관계(예를 들어 투자 고객과의 관계)에 관해서는 그것을 담당하는 사람이 최고의 책임을 갖고 직접 의사결정을 하도록 했다.

독일 은행은 전국에 걸쳐 톱매니지먼트 네트워크를 만들었다. 각지의 지점장은 법적으로는 아니었지만 실질적으로는 톱매니지먼트의 일원이었다. 그들은 거래처와의 관계에 대해 의사결정할 수 있는 권한과 함께 전적인 의무를 지니고 있었다.

독일에서는 대기업 대부분이 베를린 이외의 지역에 있었다. 그 때문에 각지의 지점장들이 독일 은행의 중심적인 투자나 관계에 관해 직접 책임을 졌다.

이와 같은 구조에서 은행이 독립적인 소국으로 해체되는 것을 어떻게 방지했을까? 답은 중역실의 창설이었다.

독일 은행은 소수의 전문 스태프로 구성되는 중역실을 갖춘 후 톱매니지먼트 멤버 전원에게 다른 멤버가 행한 의사결정과 활동을 철저히 주지시키고, 은행 전체의 비전을 구상케 했으며, 주요 투자에 전부 대응토록 했다.

교훈

독일 은행의 사례는 톱매니지먼트의 바람직한 모습에 대해 많은 것을 알려 준다.

조직에는 톱매니지먼트의 과제가 수없이 존재한다. 그러나 그것들이 톱매니지먼트의 과제인 것은 톱매니지먼트가 가진 최고의 위상 때문이 아니다. 법적인 권력이나 권한을 갖고 있기 때문도 아니다. 그것은 그 과제들이 사업 전체를 바라보며 의사결정을 내릴 수 있는 자만이 수행할 수 있는 것들이기 때문이다.

또한 독일 은행은 톱매니지먼트에게 독자적인 구조가 필요하다는 사실을 가르쳐 준다. 톱매니지먼트에는 다른 어떤 조직과도 다르며 독특한 구조가 필요하다.

마지막으로 톱매니지먼트에게는 독자적인 입력 기관, 즉 자극과 정보, 사고를 공급해 주는 기관이 필요하다는 것을, 독일 은행은 분명히 알려 준다.

톱매니지먼트를 위한 정보

전 세계 모든 조직에서 정보가 범람하고 있다. 보고나 설명, 회의가 끝이 없다. 대부분은 현업의 매니저를 위한 정보다. 조직 내 간접 부문조차 현업을 위한 것이다.

그러면 도대체 누가 조직의 두뇌에 영양을 공급할까? 누가 톱매니지먼트에게 서비스를 제공할 것인가?

톱매니지먼트가 오늘날 손에 쥐고 있는 정보는 현업의 매니지먼트가 입수하는 것과 거의 같다. 그러나 톱매니지먼트에는 독자적인 과제와 니즈가 있다.

톱매니지먼트의 니즈는 현업에 있는 매니저의 그것과는 다르다. 톱매니지먼트는 주로 현재가 아닌 장래에, 부분이 아닌 전체에 관련을 갖는 존재이기 때문이다.

지멘스의 발안으로 만들어진 중역실은 모든 기업, 모든 조직에 그대로 들어맞지는 않는다. 조직 내의 모든 업무 가운데 가장 조직화하기 어려운 것이 톱매니지먼트의 일이다. 그러나 그것은 조직화가 가장 필요한 일임에 틀림없다.

8장 톱매니지먼트

톱매니지먼트의 업무는 다른 매니지먼트의 업무와 근본적으로 다르다.
그것은 다원적multidimensional이고 되풀이recurrent되며 단속적intermittent이다.
서로 상반되는 성격을 동시에 필요로 한다.

34
톱매니지먼트의 과제

다원적인 역할

톱매니지먼트의 역할은 다원적이다. 다원적인 역할에 걸맞게 주어진 과제도 다양하다. 톱매니지먼트의 과제로는 다음의 것들이 있다.

사업의 목적을 생각해야 하는 과제

'우리들의 사업은 무엇인가, 무엇이어야 하는가'를 생각해야 한다. 이 과제로부터 목표 설정, 전략 계획 결정, 내일을 위한 의사 결정이라는 과제가 파생된다.

조직 전체의 규범과 기준을 설정하는 과제

목표와 실적의 차이에 대처해야 한다. 또한 주요 활동 분야에서 비전과 가치 기준을 설정해야 한다.

조직을 만들고 그것을 유지하는 과제

내일을 위한 인재, 특히 미래의 톱매니지먼트를 육성하고 조직의 정신을 창안해야 한다. 톱매니지먼트의 행동, 가치관, 신조는 조직의 기준이 되고 조직 전체의 정신을 결정한다. 이와 함께 톱매니지먼트는 조직을 설계해야 하는 과제를 가지고 있다.

관계 유지의 과제

고객, 거래처, 금융 기관, 노동조합, 정부 기관과의 관계 유지에 신경을 써야 한다. 그 관계들로부터 환경 문제, 사회적 책임, 고용, 입법에 대한 조직의 자세와 행동이 영향을 받는다.

의례적인 과제

행사나 저녁 만찬에 출석하는 등의 일이다. 대기업보다 지방의 중소기업 톱매니지먼트에게 피할 수 없는, 시간이 드는 업무다.

중대한 위기 때 직접 나서서 악화된 문제에 대처하는 과제

유사시에는 가장 현명하고 경험 많은 자가 팔을 걷어붙일 필요가 있다.

모든 조직에서 톱매니지먼트의 기능은 필수적이다. 물론 톱매니지먼트가 행하는 구체적인 업무는 조직의 특성에 따라 다르다. 그러나 무엇보다 중요한 것은 '조직의 성공과 존속에 결정적인 의미를 지닌, 톱매니지먼트만이 행할 수 있는 일은 무엇인가'라는 물음이다.

톱매니지먼트에게 주어진 과제의 특징

톱매니지먼트에 부과되는 과제는 각종 능력, 나아가 다양한 성격을 필요로 한다. 적어도 네 종류의 성격이 필요하다. '생각하는 사람', '행동하는 사람', '인간적인 사람'이다. 이 네 가지 성격을 모두 갖춘 자는 거의 없다.

톱매니지먼트에게는 각각의 독특한 방식이 있으므로 나름대로 역할을 정하면 된다는 생각은 잘못이다. 톱매니지먼트란 무엇이며, 무엇이 되어야 하는지는 객관적으로 규정되어야 한다. 물리학자가 먹은 아침 식사와 인력의 법칙은 관계가 없는 것처럼 톱매니지먼트의 과제는 그 자리에 앉은 사람의 방식과는 관계가 없다.

톱매니지먼트의 과제는 늘 존재하나 업무는 그렇지 않다는 사실 그리고 다양한 능력과 성격을 요구한다는 사실은 과제 전부를 복수의 사람들에게 할당하는 것이 필수적임을 증명한다.

35
톱매니지먼트의 구조

팀 단위로 해야 할 일

톱매니지먼트란 한 사람이 아닌 팀의 일이다. 톱매니지먼트의 과제가 요구하는 다양한 성격을 한 사람이 모두 갖추는 것은 불가능하다. 더구나 일의 양 역시 한 사람으로는 감당할 수 없는 수준이다. 그래서인지 건전한 기업에서는 톱매니지먼트의 과제가 대개 팀에 의해 수행된다.

헨리 포드는 톱매니지먼트를 팀으로 구성해야 할 필요를 느끼지 못했다. 그의 만년에 포드 사가 쇠퇴하고 도산 위기에 빠진 것은 그 때문이었다. 최근의 연구에서 밝혀진 바에 의하면 포드 사의 업적이 뛰어났던 1907~1920년대 초반까지는 이 회사에 톱매니지먼트 팀이 존재했다고 한다. 제임스 쿠젠스가 최고경영자로서 포드와 어깨를 나란히 하며 여러 분야에서 최종 권한을 갖고 있었다는 것이다. 그러나 그가 떠나자마자 포드는 완전한 일인자가 되었고 회사는 내리막길을 걷기 시작했다.

역할 분담

조직도 상으로는 최고경영자가 한 명인 경우라도 건전한 조직이라면 톱매니지먼트 책임을 담당하는 사람이 분명 더 있을 것이다. 반대로 조직도상으로는 톱매니지먼트가 팀으로 존재하더라도 실제로는 존재하지 않는 경우가 있다. 팀을 가장한 독재의 위험을 방지하기 위한 대책이 필요한 이유가 이 때문이다.

유일한 방법은 톱매니지먼트의 역할 하나하나를 구성원들에게 직접, 우선적으로 할당하는 것이다. 대기업에서는 톱매니지먼트의 책임을 담당하는 사람이 최고경영자의 과제 이외에, 따로 특정한 분야의 책임을 지는 일이 없도록 한다.

최근 대기업에는 사업부 그룹의 수장으로 있으면서 일정 시간만을 톱매니지먼트 업무에 사용하는 구성원이 생겨났다. 그럴듯해 보여도 잘 될 리가 없다. 톱매니지먼트의 역할을 수행할 때 일상적인 일이 너무 바쁘게 되면 결국 톱매니지먼트로서 조직에 공헌하는 것이 힘들어진다.

톱매니지먼트를 위한 조직의 조건

톱매니지먼트의 조직 구조는 업무 분석에서 출발해야 하며 그 업무는 특정인들에게 할당되어야 한다. 이들은 자신에게 맡겨진 업무에 대해 전면적으로 책임을 져야 한다.

이렇게 톱매니지먼트는 다수로 이루어진 팀에 의해 이루어진다. 책임은 팀의 구성원 각자의 자질과 성격에 맞게 책정된다. 책임을 할당받은 사람은 직함에 상관없이 톱매니지먼트 팀의 일원이 된다. 소기업을 제외하고 톱매니지먼트의 책임을 가진 자는 본연의 업무만을 수행해야 한다.

팀워크

팀은 단순하지 않아서 팀원 간의 관계가 좋은 것만으로는 제대로 기능하지 않는다. 톱매니지먼트가 팀으로 기능하기 위해서는 다음의 엄격한 조건들이 만족되어야 한다.

- 톱매니지먼트 구성원들이 자신의 분야에 대한 최종 결정권을 가지고 있어야 한다.
- 톱매니지먼트 구성원은 자신의 담당 부분 이외의 분야에 대해 의사결정을 내려서는 안 된다.
- 톱매니지먼트 구성원은 사이좋게 지내거나 상대를 존경할 필요

는 없지만 서로 공격해서는 안 된다. 회의실 밖에서 서로에 관해서 이러쿵저러쿵 하는 것은 금물이다. 비난이나 비판뿐 아니라 칭찬도 좋지 않다.

• 톱매니지먼트 팀에도 수장이 있다. 그는 상사가 아니라 리더다. 수장은 꼭 필요한 존재다. 위기에 빠졌을 때 다른 구성원의 책임을 한 손에 거머쥘 의욕, 능력, 권한을 갖고 있어야 한다. 전체에 위기가 닥치면 일관된 명령 계통이 작동해야 한다.

• 톱매니지먼트 구성원은 자신이 담당하는 분야에 있어서만큼은 반드시 의사결정을 해야 한다. 그러나 어떤 종류의 의사결정은 보류해야 한다. 어떤 문제는 팀 전체가 판단할 필요가 있기 때문에 그런 문제에 대한 의사결정은 팀 차원에서 검토해야 한다. 이러한 결정이 필요한 주제로는 '우리들의 사업은 무엇인가, 무엇이어야 하는가'라는 질문, 기존 제품 라인의 폐쇄, 새로운 제품 라인으로의 진출, 거액의 자본 지출을 동반한 결정, 주요 인사 등이 있다.

• 톱매니지먼트 업무는 체계적이고 철저한 의사소통이 필수적이다. 각 구성원은 자신이 담당하는 분야에서 최대한의 자립성을 가지고 의사소통해야 한다.

36

성과를 낳는 이사회

이사회 기능의 마비

톱매니지먼트를 감독, 조언하며 의사결정을 심사하고 나아가 톱매니지먼트 구성원을 임명하는 기관은 국가에 따라 다르다. 구성원에 관한 규정 또한 천차만별이다.

그러나 법적 지위가 어떠한지에 상관없이 모든 국가의 이사회에는 한 가지 공통점이 존재한다. 그것은 제대로 기능을 수행하지 못하고 있다는 점이다.

이사회의 쇠퇴는 모든 국가에서 보이는 현상이다. 이 사실은 기업의 통치 기관인 이사회가 기업의 파국에 즈음하여 문제 발생을 늘 마지막에 알게 되는 집단이라는 점에서 분명하게 알 수 있다.

1931년 세계적인 통화 위기와 파운드화의 폭락을 불러온 오스트리아 굴지의 은행 크레디트 안슈탈트Credit Anstalt가 도산할 때가 그러했다. 독일 은행 시스템을 붕괴시키고 히틀러의 등장을 불러온 1930년대 초 독일의 기업 도산 사태와 제2차 세계대전 후 영국의 롤스로이스Rolls-Royce, 미국의 펜 센트럴 철도회사Penn-Central Railroad, 이탈리아의 몬테카티니Monticatini가 파산했을 때도 마찬가지였다. 해당 기업의 이사회에는 마지막 순간까지 사태의 심각성이 보고되지 않았다.

불상사가 일어나면 이사회가 우둔했다거나 태만했다거나 정보를 갖고 있지 않았다는 말이 나온다. 그러나 같은 일이 반복적으로 일어난다면 문제는 이사회가 아니라 이사회라는 제도 자체에 있다고 밖에 볼 수 없다. 이사회는 명칭이나 법적 지위는 있지만 하나의 허구로 변하고 있다.

오늘날 선진국의 대기업 소유권은 소수의 부자가 아닌 대중의 손에 있다. 이사회는 더 이상 소유주를 대표하지 않는다. 그 결과 이사회의 구성원을 선출하는 방식은 정통성을 잃어버렸다.

유명하다거나 거래 은행 사람이라거나 고문 변호사라는 이유로, 또 다른 기업의 최고경영자라는 이유로 이사회 구성원에 선출된다. A사가 B사의 사장을 이사로 받아들이는 대신, B사도 A사의 사장을 이사로 받아들인다.

이사회 임원들은 기업에 별다른 이해관계도, 많은 시간을 할애할 이유도 없다. 거래 관계가 있다면 하나에서 열까지 꼬치꼬치 캐물을 뿐 불리한 질문은 하지 않는다. 비판적인 태도는 취하지 않으며 필요에 의해 때때로 그런 척만 한다.

오늘날 이사회는 통치 기관의 역할을 수행하지 못하고 있다. 통치란 상근 직무다. 비상근으로는 대충 살펴보는 것만으로도 벅차며 철저한 검토가 불가능하다.

사실 톱매니지먼트는 처음부터 의미 있는 이사회를 바라지 않는다. 의미 있는 이사회는 톱매니지먼트에 성과와 업적을 요구하고 이를 충족시키지 못하는 그룹을 배제하려고 한다. 성과와 업무를 알기 위하여 난처한 질문을 하며 사전에 보고할 것을 요구하는 것이 이사회의 법적인 책임이다. 따라서 그들은 톱매니지먼트의 법안을 모두 받아들이지 않으며 인사를 간단히 승인하려 하지 않는 등 제약을 가한다.

성과를 올리는 이사회는 스스로 효과적이어야 한다고 주장하지만 이것은 대부분의 매니지먼트에게 속박, 제약, 침해, 위협으로 받아들여지는 것이다.

톱매니지먼트 대부분은 이사회의 쇠퇴에 문제가 없다고 반론한다. 그들은 이사회가 허상이 된 것에 만족해 하면서 완전한 소멸을 바라기도 한다. 사실 이사회는 이미 소멸했다 해도 과언이 아니다.

사회의 요구

톱매니지먼트가 의미 있는 이사회를 육성하지 않는다면 사회로부터 부적절한 이사회를 강요받을 수 있다. 강요된 이사회는 톱매니지먼트를 지배하고 그 방향과 결정을 좌우하려 들며 스스로 톱매니지먼트와 대립하려 한다. 기업을 위해 행동하지 않으며 실제로 행동할 수 없다.

미국에서는 이사회의 기능을 정상화하라는 요구, 즉 이사회에 모든 종류의 이해집단, 흑인, 여성, 빈곤자 등을 대표로 임명하라는 강력한 압박이 존재한다. 그러나 아무리 뛰어난 인간이 임명되더라도 이사회의 구성원으로서는 기능할 수 없다.

이들의 역할은 각 집단의 이해를 대표하여 특별한 프로젝트와 니즈, 정책을 추진하라고 톱매니지먼트에 요구하는 것이다. 이들이 기업 자체에 관심을 기울이고 책임을 질 수는 없는 일이다. 이사회에서 들은 것을 비밀로 할 것이라는 보장도 없다. 그들의 충성은 기업이 아닌 그들이 속한 집단이나 계층을 향한 것이기 때문이다.

100년이 넘는 역사를 가진 이사회는 유용성을 잃었다. 이사회의 쇠퇴는 기업을 진공 상태로 만들었다. 이에 따라 톱매니지먼트는 어떤 종류의 이사회가 필요한지에 대해 검토해야 할 시점에 다다랐다.

이사회에 필요한 세 가지 조건

심사를 위한 기관

톱매니지먼트에게는 조언해 주고 상담 상대가 되어 주는 기관이 있어야 한다. 이 기관은 조직에 위기가 닥치면 결단을 내리고 행동해야 한다.

기업은 사회에 중요한 존재다. 따라서 기업에는 관리를 위한 도구가 포함되어야 한다. 누군가가 톱매니지먼트로 하여금 '사업은 무엇인가, 무엇이어야 하는가'를 주지시키고 목표와 전략을 확인시켜야 한다. 계획, 투자, 예산을 비판적으로 검토하며 인사와 조직에 관해 최고 재판소 역할을 수행해야 한다.

성과를 올리지 못하는 톱매니지먼트를 교체시키는 기관

무능한 톱매니지먼트를 교체시키는 힘은 일종의 권력이다. 사회는 대기업의 톱매니지먼트가 무능할 경우 결코 관용을 베풀지 않는다. 그리고 톱매니지먼트를 교체할 수 있는 이사회가 만들어지지 않는 이상 정부가 그 역할을 담당하게 된다.

대외 관계를 위한 기관

기업은 오늘날 여러 종류의 이해 관계자와 직접 접촉하고 있다. 전통적인 법이론이 가르쳐 주는 것처럼 주주나 종업원만이 이해 당사자가 아니라 지역 사회, 소비자, 거래처, 유통 채널 모두가 이해 당사자다. 이들이 기업의 현상, 문제, 방침, 계획을 몰라서는 안 된다.

독일의 노동조합이나 미국의 소비자 운동은 기업의 이해 당사자로서 이사회에 직접 참여하겠다고 나선다. 일리 있는 요구다. 하지만 그들은 자신들만이 유일한 이해 당사자라고 믿고 있는 오류를 범하고 있다. 그들은 수많은 당사자 가운데 하나에 지나지 않는데도 그렇다.

9장 매니지먼트의 기술

조직 구조에 관한 전략에 관해서는 이제까지 거의 관심이 기울여지지 않았다.
그러나 이는 재무, 제품, 마케팅에 관한 전략보다 훨씬 더 중요하다.

37

규모의 매니지먼트

규모의 복잡성

물체의 표면적은 직경의 제곱, 부피는 세제곱 비율로 증가한다. 조직의 경우도 부피는 표면적보다 훨씬 빠르게 증가한다. 중량 역시 그것을 지탱하는 구조를 상회하여 증가한다.

이 표면적과 부피에 관한 법칙은 조직의 규모와 복잡성 사이에 밀접한 관계가 있음을 비유적으로 설명해 준다. 조직이 커지면 그 속에 있는 것들 대부분이 외부 환경으로부터 멀어진다. 때문에 조직의 생명에 필수적인 영양소를 공급해야 할 내부 기관이 복잡해진다. 이처럼 규모는 복잡성을 좌우하며 복잡성 또한 규모를 좌우한다.

규모와 전략

규모는 전략에 영향을 끼친다. 역으로 전략도 규모에 영향을 끼친다. 작은 조직은 큰 조직에서 불가능한 일들을 할 수 있다. 이들은 작을 뿐만 아니라 단순하며 반응이 빠르다. 따라서 자원을 중점적으로 투입할 수 있다.

조직에는 그 이하로는 존속할 수 없는 최소 규모의 한계가 산업별, 시장별로 존재한다. 반대로 아무리 매니지먼트하려 해도 그것을 넘으면 번영할 수 없는 최대 규모의 한도도 있다.

규모란 무엇인가

적절한 규모를 아는 것만큼 간단한 일은 없는 것처럼 여겨진다. 야채 가게는 작고 GE는 크다. 그러나 규모를 아는 것은 실제로 그리 단순하지 않다.

일례로 1966년 미국의 중소기업국은 아메리칸모터스American Motors 사가 소기업에 해당하므로 특별 융자를 받을 자격이 있다고 인정했다. 당시 이 회사는 매출 10억 달러, 종업원 수 3만 명으로 미국 내 제조 회사로는 63위, 세계에서는 100위 안에 드는 제조 기업이었다. 당연히 작은 회사가 아니었다.

종업원 수, 매출, 부가가치, 제품, 시장, 기술, 산업 구조 등은 기업의 적절한 규모를 알 수 있는 척도가 된다. 그러나 그 어느 것도 단독으로는 결정 요인이 될 수 없다.

규모의 적절함을 정확하게 나타내는 한 가지 기준이 있다.

소기업에서는 사장이 서류를 보거나 다른 사람에게 듣지 않아도 중심적인 성과에 책임을 지는 사람이 누구인지 금세 안다. 즉 기업의 중역重役이 소수다. 12~15명을 넘는 경우는 없다. 한 사람이 잘 알 수 있는 사람의 수는 12~15명이므로 소기업의 사장은 이들을 모두 잘 알 수 있다.

중기업만 돼도 사장은 이미 조직 내에서 정말 중요한 인물을 전부 식별할 수가 없다. 다 알려면 3~4명이 필요하다. 중기업의 사장은 중심 인물의 이름을 질문받으면 톱매니지먼트 동료를 불러 상담한 후 대답한다. 이러한 기업에서 성과를 좌우하는 존재로 알려진 인물은 대략 40~50명이다.

대기업의 경우에는 조직도나 기록을 조사하지 않으면 중요한 사람이 누구이며 어디에 있으며 전에 무엇을 했고 현재 무엇을 하는지, 또 어떤 길을 걷게 될 지 전혀 알지 못한다.

소기업의 매니지먼트

여러 권위자들로부터 소기업은 거인에게 삼켜져 소멸 직전이라는 말을 들어왔다. 그러나 소기업과 대기업은 양자택일이 아니라 보완적인 존재다. 소기업이 완전히 사라질 수는 없다.

소기업은 매니지먼트에 관심을 가질 필요가 없다고 여겨지지만 그것 또한 오해다. 소기업은 대기업 이상으로 조직적이며 체계적인 매니지먼트를 필요로 한다. 물론 스태프들이나 자세한 절차, 방법을 필요로 하지는 않으며 이를 갖출 여유도 없다. 그러나 고도의 매니지먼트는 필요하다.

소기업에는 전략이 중요하다. 소기업은 한계가 뚜렷한 존재가 아니다. 상존하는 위험을 무릅쓰고 틈새를 발견하기 위한 전략을 갖고 있어야 한다.

대부분의 소기업들은 전략이 없다. 이는 사안을 논의할 때 기회 중심이 아닌 문제 중심의 접근이 주로 이루어지는데다, 늘 문제에 쫓기는 일과를 보내기 때문이다. 이렇게 되면 대다수의 소기업은 성공할 수 없다.

소기업의 매니지먼트에 필요한 것은 '우리의 사업은 무엇인가, 무엇이어야 하는가'를 묻고 대답하는 것 그리고 톱매니지먼트의 역할을 조직화하는 것이다.

중기업의 매니지먼트

중기업은 많은 점에서 이상적인 규모다. 대기업과 소기업 양쪽의 이점을 두루 가지고 있다. 구성원들이 서로를 알고 있으며 쉽게 협력할 수 있다. 특별히 노력하지 않더라도 팀워크는 저절로 생긴다. 자신의 일이 무엇인지, 기대되는 공헌이 무엇인지 누구나 알고 있다.

자원은 충분하다. 따라서 기본적인 활동을 지속하는 것도, 탁월함이 필요한 분야에서 활약하는 것도 가능하다. 규모의 경제를 이룰 만큼의 크기도 있다. 매니지먼트하기 가장 용이한 규모다.

탁월함이 필요한 분야에서는 대기업인양 행동할 수 있다. 그러나 그렇지 않은 분야에서는 최소한의 것 이상을 해야 한다. 중기업이란 특정 분야에서 리더의 지위에 있는 기업이다. 이 지위를 유지하는 것이야말로 중기업 성공의 열쇠다.

다시 말해 중기업은 획득할 수 있는 모든 자원을 동원하여 성공의 기반이 되는 분야를 확보하여야 한다. 그렇지 않은 분야에서는 억제와 긴축이 필요하다.

대기업의 매니지먼트

톱매니지먼트가 자사의 중심 인물을 개인적으로 알 수 없을 정도로 규모가 큰 기업은 적어도 규모에 관한 한 최종 단계에 도달했다고 할 수 있다.

대기업은 공식적인 조직 구조를 명확하게 구축해야 한다. 전원이 목표, 우선순위, 전략을 알고 있어야 하며 조직 내에서 자신이 차지하는 위치와 다른 사람과의 관계를 알아야 한다. 그렇지 않으면 조직 구조가 관료화되어 성과를 올리기보다 관례를 지키는 데 급급하게 된다.

대기업의 구조는 고도화된 대신 복잡하며 기동성이 떨어진다. 따라서 작은 사업, 성공하더라도 중간 정도의 사업으로 키우기 힘든 분야에는 손을 대지 말아야 한다.

대기업의 매니지먼트에는 작은 사업에 필요한 감각이 없다. 작은 사업을 이해하지 못하기 때문에 잘못된 결정을 내리기 쉽다.

그러나 대기업이라고 해서 혁신을 단행하는 데 무조건 모험적인 사업부터 시도해서는 안 된다. 새로운 것은 늘 작은 것에서 시작되게 마련이다.

기업 규모의 파악

대부분의 기업은 자신의 적절한 규모를 잘 알지 못한다. 규모에 적합한 전략이나 구조에 대해서는 더더욱 모른다. 사실 성과나 업적과 관계없는 분야에 스태프를 거느리느라 비용 지출이 지나친 기업이 너무나 많다. 별로 의미 없는 활동, 제품, 시장에 자원을 투입하는 중기업도 많다. 회사를 행복한 가족이라고 착각하는 대기업도 부지기수다.

기업은 자신의 실제 규모를 알고 동시에 그 규모가 적절한지 그렇지 않은지를 인식해야 한다.

부적절한 규모

부적절한 규모는 조직의 체력을 소모시키는 원인이다. 흔한 병이기에 치료는 가능하지만 그 과정이 그리 간단하거나 즐겁지는 않다.

규모가 부적절해지는 원인은 여러 가지다. 어떤 산업에서는 존속에 필요한 기업의 최소 규모가 본래 상당히 크다. 작은 철강 회사란 작은 군대와 마찬가지로 불가능한 것이다.

반대로 대규모로는 유지될 수 없는 산업이 있다. 출판업이 대표적이다.

한편 대기업과 소기업으로는 번영할 수 있지만 그 중간인 중기업 규모로는 부적절한 산업도 있다. 미국의 국내 항공이 그 예다. 중간 규모의 국내 항공사는 간선 항공사의 수입을 올리기에는 너무 작고 지방 항공사의 경제성을 발휘하기에는 너무 크다.

기업의 부적절한 규모를 판단하기 위한 진단 방법은 용이하다. 징후는 늘 같다. 부적절한 규모의 조직 내부에는 비대한 분야와 활동, 기능이 반드시 존재한다. 두드러진 노력과 거액의 비용을 투입하면서도 성과를 올리지 못하는 분야가 존재한다. 다른 분야에서 아무리 이익을 올리더라도 문제의 분야에서는 그 이상을 집어 삼킨다.

부적절한 규모에 대한 대책

보통 부적절한 규모를 가진 조직의 매니지먼트는 비대한 분야, 활동, 기능을 지탱하기 위해 매출을 늘리려고 한다. 균형을 꾀하기 위해 성장을 추구하는 것이다. 그러나 이는 이것 아니면 저것이라는 식의 전략이므로 최후의 수단이어야 한다.

부적절한 규모에 대응하는 데는 세 가지 전략이 있다.

첫 번째 전략은 열매는 크지만 실행하기가 다소 곤란하다. 부적절한 규모의 조직은 존속과 번영에 필요한 생태학적 영역을 갖고 있지 못한 기업이다. 따라서 우선 검토해야 할 것은 사업 성격을 바꾸어 어떤 특징을 익히는 일이다. 그러나 이는 실패할 위험뿐만 아니라 성공하더라도 아무것도 바뀌지 않을 위험이 있다.

이렇게 사업의 질적인 변화를 검토하는 데 필요한 물음은 '성공의 가능성이 어느 정도인가' 그리고 '성공의 해답이 될 것인가, 사태를 악화시킬 것인가, 영속적인 특징을 부여해 줄 것인가'이다.

두 번째 전략은 그다지 위험하지 않다. 바로 M&A(Merger&Acquisition, 인수합병)다.

인수합병으로 양적인 증대를 노려서는 안 된다. 부적절한 기반 위에 규모를 키우는 것은 조직을 악화시키는 것이다. 이 방법의 목적은, 필요하지만 빠진 부분을 찾아 기존의 것과 합침으로써 본래의 결과를 얻고자 하는 데 있다. 또한 부적절한 규모로 고민하는 기업을 발견하는 데도 그 목적이 있다.

따라서 인수합병은 부적절한 규모의 원인을 아는 것을 전제로 한다. 원인을 알고 적절하게 조합을 실현한다면 문제는 신속하고 완벽하게 해결된다.

세 번째 전략은 매각과 축소다. 매니지먼트로서는 바람직하지 않은 전략이자 보통 검토되지 않는 방법이다. 그러나 이것은 모든 점에서 가장 성공하기 쉬우므로 가능할 때는 언제든 채택해야 한다. 리더의 지위라고 하는 견고하고 안정된 기반에서 여러 분야로 진출한 결과 부적절한 부분이 발견된다면 즉시 이 전략을 선택하도록 한다.

규모의 크기는 성공이나 성과의 지표가 아니다. 매니지먼트 능력의 지표도 아니다. 크기가 아니라 적절함이야말로 진정한 목표다.

최대 규모와 최적 규모

규모가 너무 큰지 그렇지 않은지는 오래된 논의 주제다. 오늘날 복합 기업conglomerate 중에는 이미 매니지먼트의 한계에 가까운 것도 있다.

다만 규모 자체에 관해서는 아직 한계를 넘어서지 않은 듯하다. 다행스럽게도 매니지먼트의 능력 향상이 규모의 증대에 보조를 맞추고 있기 때문이다. 이는 매니지먼트를 할 수 없는 한계 지점이 존재하지 않는다는 의미는 아니다. 제조업이든 서비스업이든 기업들이 아직 한계에 다다르지 않았을 뿐이다.

조직에는 어떤 한계 이상 커지면 성과 효율이 떨어지는 최적 규모가 있다. 거대 기업 중에는 이를 이미 넘어선 곳도 있다. 최적 규모는 최대 규모보다 훨씬 아래에 있다. 그러한 기업은 분할되어야 한다.

규모와 지역 사회

규모에 관한 최대의 문제가 실제로는 조직 내부에 있는 것은 아니다. 매니지먼트의 한계에 있지도 않다. 그것은 지역 사회와 비교하여 기업이 너무 크다는 점에 있다. 지역 사회와의 관계에 있어 행동의 자유가 제약되기 때문에 사업 상 혹은 매니지먼트 상 필요한 의사결정을 할 수 없게 되었을 때에는 이미 규모가 적정 이상이라고 보아야 한다.

문제는 상대적인 크기다. 이러한 고민을 가진 기업은 그 지역에서 더 이상 사업을 확대하지 말고 사태를 악화시키지 말아야 한다. 이것은 사회적인 책임이 아닌 사업적인 책임business responsibility이다.

부적절한 규모는 톱매니지먼트가 직면하는 문제 가운데 가장 곤란한 것들 중 하나다. 저절로 해결되는 문제가 아니기 때문이다. 이는 용기, 성실함, 심사숙고, 행동을 필요로 하는 것이다.

38
다각화의 매니지먼트

다각화는 만병통치약이 아니다

조직은 다각화되지 않은 상태일수록 매니지먼트하기가 쉽다. 단순 명쾌하기 때문이다. 전원이 자신의 일과 전체 업적과의 관계를 이해할 수 있다. 활동에도 집중할 수 있다.

그런데도 지금까지 오랜 기간 동안 다각화가 업적을 올릴 수 있는 방법으로 믿어져 왔다. 그러나 실제로는 전혀 그렇지 않다.

다각화에 대한 핑크빛 전망으로 가득 찼던 1950년대와 60년대 당시 성공 스토리는 다각화 기업의 것이 아니었다. 복합 기업의 것은 더더욱 아니었다. 오히려 사업의 복잡성이 경쟁상의 불리를 초래한다는 사실이 극명하게 입증된 시기였다.

조직에는 더 이상 매니지먼트할 수 없는 복잡도의 한계가 있다. 톱 매니지먼트가 사업과 현실, 노동자, 경영 환경, 고객, 기술을 직접 파악하지 못하고 보고나 숫자, 데이터 등 추상적인 것에 의존하게 되면 매니지먼트하기에 조직이 너무 복잡해졌다고 생각해도 좋다.

그렇다면 다각화와 복잡성에 대한 환상을 어떻게 설명할 수 있을까? 실마리를 던져 주는 과거의 사실이 하나 있다. 최고의 업적을 올린 기업이 고도로 집중화된 단일 시장 내지는 단일 기술의 기업이었으며 동시에 최악의 업적을 올린 기업도 그러한 기업이었다는 사실이다.

다각화의 내적인 요인

심리적인 부분

동일한 작업을 반복하면 싫증이 난다. 일이 따분해지고 다른 것을 하고 싶어진다. 이러한 욕구는 불성실해서가 아니다. 어떤 조직이라도 유연성을 유지하고 새로운 것을 계속 시도해야 한다. 그렇지 않으면 변화를 일으키는 능력이 위축되고 작은 변화조차 불가능해진다.

집중에는 과도한 전문화라는 위험이 동반된다. 모든 제품, 프로세스, 기술, 시장이 결국 진부한 형태가 되며 매출이 줄지는 않으나 수익은 오르지 않는 현상이 나타난다. 그리하여 어제의 전문화된 조직이 오늘 소멸 위기에 이르게 된다.

규모의 부적절함

이에 대처하기 위해서는 경제 사슬economic chain의 후방인 원재료나 혹은 전방인 시장 방향으로 일관화하는 형태의 다각화가 필요하다. 사실 모든 일관화는 규모의 부적절함에 대한 대책으로 행할 때에만 그 효과가 있다.

그러나 일관화도 복잡성이 증가하는 것에는 변함이 없다. 동일 산업에 머물러 있어도 경험 없는 분야로 진출한다는 점에서는 매한가지이기 때문이다. 활동도 다각화해야 하며 새로운 기술도 필요하고 새로운 위험을 무릅써야 한다. 이러한 일들은 수입과 비용의 불균형을 시정함으로써 비로소 정당화된다.

코스트센터의 수익화

영국의 J. 리용J. Lyons&Company 사는 직영 호텔, 레스토랑, 커피숍의 세탁 서비스를 외부에서 확보하는 것이 양적으로나 질적으로 무리였기에 세탁소 부문과 운송 부문을 사내에 보유할 수밖에 없었다. 오늘날 이 회사는 다양한 고객에게 세탁과 운송 서비스를 제공하여 수익을 올리고 있다.

다각화의 외적인 요인

국가의 경제 규모

국가가 작으면 기업도 소규모로 머물 수밖에 없다. 이때 외국 자본이 현지 기업과 손을 잡고 다각화를 이루게 된다. 이런 종류의 다각화는 일시적인 것으로 경제가 발전하면 자취를 감춘다. 그렇지 않으면 국가 경제와 기업 모두의 성장을 저해하게 된다.

시장 논리

전형적인 것이 글로벌 기업이다.

기술

기술은 본질상 갈라져서 확장하는 경향이 있다. 단일 제품, 제품 라인, 시장을 향해 출발한 기술이 마침내 다양한 제품을 만들어 내는 기술군으로 성장한다. 이 다각화는 계획된 것이 아니다. 실험실의 시험관 속에서나 설계 기술자의 제도판 위에서 발생한다. 기술이 기술을 낳고 사업의 다각화가 뒤따르는 것이다.

세제tax legislation

대부분의 선진국에서 세제는 투자가에게 자본이 환원되는 것보다 사업에 재투자되는 것을 우대한다. 자본 환원은 빚을 갚는 것이 아니라 이익의 분배로 여겨져 과세된다. 따라서 투자가나 기업에게는 남은 자본을 환원하지 않고 그것을 사용하여 다각화하는 것이 득이 된다.

새로운 시장의 출현

대중 시장으로서의 자본 시장과 인재 시장은 다각화를 높이 평가하는 경향이 있다.

다각화의 조화

다각화에는 적절한 것과 부적절한 것이 있다. 적절한 다각화는 단일 시장이나 단일 기술 기업에 뒤지지 않는 업적을 가져다 주지만 부적절한 다각화는 비슷한 수준의 업적밖에는 불러오지 못한다. 이 사실은 다각화 그 자체가 좋지도 나쁘지도 않음을 의미한다.

단순함과 복잡함은 동시에 필요하다. 이들은 사업을 서로 반대 방향으로 인도한다. 이 두 가지가 대립이 아닌 조화를 이루며 공통의 축을 만들어 다각화를 일체화하도록 하는 것이 톱매니지먼트의 업무다. 이 사실은 소기업, 중기업, 대기업 모두에게 똑같이 중요하다.

다각화를 조화시키고 일체성을 유지하기 위한 방법은 두 가지뿐이다. 하나는 공통의 시장을 바탕으로 사업, 기술, 제품, 제품 계열, 활동을 통합하고 고도로 다각화하면서 일체성을 유지하는 것이다. 다른 하나는 공통의 기술을 바탕으로 다각화와 일체성을 이루는 것이다. 둘 중에서는 전자인 시장에 의한 통합이 성공하기 쉽다.

공통의 시장과 공통의 기술은 일체성의 요건이다. 이 두 가지는 조직의 공통 언어가 된다. 조직 내의 상호 이해도 이 공통 언어를 통해 가능해진다.

공통의 시장

시장이 무엇인가를 정하는 것은 생산자가 아니라 고객이다. 다각화가 잘 알고 있는 시장에 대한 새로운 접근 방식을 의미하는 것만으로는 불충분하다.

고객 또한 새로이 다각화된 것을 동일 시장의 일부로 여기지 않으면 안 된다. 그렇지 않으면 다각화는 실패로 끝난다.

예전에 RCA는 라디오나 레코드 플레이어의 일류 브랜드였다. 그들은 급성장하고 있던 렌지나 냉장고 시장으로 진출하려 했는데, 이미 이를 위한 기술과 유통 채널도 가지고 있었다.

그러나 이 회사는 높은 품질로 유명했음에도 불구하고 주방 기구로는 성공하지 못했다. 고객인 주부에게 주방과 거실은 다른 세계였기 때문이다.

한편 다각화의 성공은 그것이 유효한 경우일 때로만 한정된다. 자신의 사업에 포함시킬 것을 밝히는 것이 전략이다. 전략은 기업 전체에서 각 사업이 수행해야 하는 역할을 분명히 한다.

공통의 기술

다각화가 성공하기 위한 또 다른 축은 기술이다. 이질적인 시장에서 다각화를 꾀하려면 공통의 기술이 필요하다. 이런 종류의 다각화는 공통의 시장을 축으로 하는 것보다 더 어렵다. 심리적으로 보더라도 다각화에 대한 기술로부터의 요구는 합리적이라며 존중과 관심을 받는다. 그러나 제공되는 제품이나 서비스에 관한 시장, 즉 고객으로부터의 요구는 비합리적이라며 저항받기 쉽다.

공통의 기술은 공통의 언어이며 경쟁의 무기이자 시장 우위를 가져다 주고 통합된 다각화를 가능하게 하는 도구다. 그러나 기술을 축으로 하는 다각화에서는 다음의 다섯 가지 원칙을 지켜야만 한다.

- 기술이 현실적이어야 한다. 이론적이 아니라 기능적이어야 한다.
- 기술이 탁월해야 한다. 시장에서 리더의 지위를 차지할 수 있는 것이어야 한다.
- 기술이 부수적인 것이 아니라 중심적인 것이어야 한다.
- 전략이 있어야 한다.

  새롭게 개발한 기술의 활용 방법은 여러 가지가 있지만 자사에서 이용하는 것은 그 가운데 하나에 불과하다. 따라서 최선의 활용 방법은 무엇인지 검토해야 한다. 다음으로 제품, 서비스, 시장에 적용하는 데 필요한 부수적인 기술은 무엇인지 밝혀야 한다.

- 마케팅에 관한 지식과 전략이 있어야 한다.

  공통의 기술에 의한 다각화의 최대 문제는 다시 말해 기술 고유의 다이내믹스dynamics에 의해 다각화를 한 기업이 가진 문제다. 최근까지 기술을 중심으로 한 자연 발생적인 복합 기업은 분명한 성공 사례로 여겨졌다.

  오늘날 기술을 중심으로 다각화한 기업은 산업계의 중심에 위치하고는 있지만 이전에 획득했던 경쟁상의 유리한 위치를 모두 잃어가고 있다. 그러한 기업의 주변에는 중심적인 그 기술 하나에만 집중함으로써 업적을 올리고 시장점유율을 높이는 기업들이 얼마든지 존재한다. 공통의 기술을 중심으로 다각화하려는 전략은 이미 시대에 뒤떨어진 것이며 한계에 도달했다고 보아도 무방하다. 이러한 기업들의 해체를 방지하는 것은 공통의 사명이 아니라 공통의 역사일 뿐이다.

효과 없는 다각화

공통의 시장이나 공통의 기술을 축으로 삼지 않는 다각화는 실패한다. 그 결과는 매니지먼트 불능이다.

공통의 시장에 의한 다각화와 공통의 기술에 의한 다각화를 동시에 행하는 것은 정말 어려운 일이다. 서로 다른 사고, 자세, 전략이 필요하다.

그곳에서 발생하는 문제도 아주 다양하다. 따라서 그러한 다각화가 성공하려면 톱매니지먼트를 둘로 나누든가 한 쪽 축을 경시하는 등의 방식이 필요하다.

사업이 서로 다른 주기를 가지고 있으면 서로 보완이 될 것이라는 생각 또한 잘못된 것이다. 서로 다른 사업은 극히 미미한 주기 변동, 즉 소폭의 경기 하강이라는 경기 변동론의 고전적인 국면에서만 다른 반응을 나타낸다.

자금 수요가 큰 사업을 자금 여유가 있는 사업과 조합시키기 위한 다각화도 잘못된 것이다. 성장하는 사업이 장기간에 걸쳐 자금 여유를 갖는 일은 좀처럼 존재하지 않는다.

업적이나 성장을 위해서가 아니라 다각화를 위한 다각화는 당연한 실책이다.

새로운 사업에 진출함으로써 기존 사업의 약점을 보완하려는 다각화 역시 실패한다. 처음부터 '현재의 사업을 매니지먼트할 능력이 없으므로 미지의 다른 사업으로 진출하자'는 생각을 하는 것은 결코 건전하다고 볼 수 없다.

체질의 일치

더욱 중요한 것은 체질의 일치다. 공통의 시장이나 기술을 축으로 하더라도 사업, 제품, 시장, 기술이 가치 면에서 조화를 이루지 못하면 제대로 될 수가 없다. 그곳에는 공통의 자세와 체질의 일치라 일컬어지는 것들이 있어야 한다.

수많은 대형 제약 회사가 화장품이나 향수 사업으로 다각화했지만 그 어느 것도 성공하지 못했다. 제약 회사라는 것이 화장품이나 향수를 진정 중요한 품목으로 여기지 않았기 때문이다.

사업이 일관된 가치를 지녀야 한다는 신념은 복합 기업이 성공할 수 없게 만드는 원인이다. 복합 기업의 문제는 다양한 시장, 기술, 제품을 매니지먼트하고자 하는 데만 있는 것이 아니다. 기본적인 문제는 다양한 가치의 사업을 매니지먼트하려고 한다는 점이다. 이것이 복합 기업이 중요한 의사결정에 직면했을 때 잘못된 길을 택하게 되는 원인이다.

다각화의 매니지먼트

다각화의 매니지먼트 수단에는 자력 개발, 인수 그리고 불건전한 다각화를 바로 잡기 위한 수단으로 분리, 공동 기업joint venture이 있다.

자력 개발과 인수는 전혀 이질적인 것이다. 두 가지 모두를 제대로 수행하는 조직은 별로 없다. 인수에 성공한 적이 없는 기업은 그 분야를 고려해서는 안 된다. 이는 운이 없어서가 아니라 그런 체질이 아니기 때문이다. 이런 종류의 기업은 인수에 동반되는 사소한 문제들에 대처하지 못한다. 한편 자력 개발을 제대로 하지 못하는 기업도 운이 없어서가 아니다. 그에 동반되는 문제를 이해할 수 없는 것이다.

전형적인 예가 GM과 GE다. GM은 수십 년의 역사 속에서 자력으로는 거의 아무것도 개발하지 않았다. 그러나 성공하고 있는 기업을 인수하여 보다 성공적인 사업으로 키우는 훌륭한 실적을 거뒀다. 반면 GE는 창립 이래 인수로는 별다른 성과를 올리지 못했다. 그러나 자력으로 새로운 사업을 성공시키는 것에 있어서는 뛰어난 역사를 가지고 있다.

세 번째 수단은 분리다. 성공하지 못하는 사업은 가능한 한 조속히 분리시킬 필요가 있다. 그대로 두면 자원을 소모시키며 매니지먼트를 망가뜨리기 때문이다.

분리란 매각이 아니라 마케팅이다. 분리 시에 검토해야 할 문제는 '얼마에 팔 것인가'가 아니다. '누구에게 가치가 있는가'이다. '딸의 상대를 찾을 때 누가 좋은 남편이 될 것인가를 생각하지 말라. 누구의 좋은 처가 될 것인가를 생각하라'는 속담과 마찬가지다.

네 번째 수단인 공동 기업 또는 합작 회사는 가장 유연한 수단이다. 향후 더욱 중요하게 인식될 수단이지만 가장 실행과 이해가 어려운 것이기도 하다.

설립 목적이 무엇인지에 상관없이 이러한 기업이 지켜야 할 원칙은 다음과 같다.

- 세 조직, 즉 두 모회사와 공동 기업의 목표를 미리 밝혀 놓는다.
- 두 모회사의 목표를 미리 밝혀 두더라도 대립은 발생한다. 성공하고 있을 때, 양자가 대등하고 완고할 때에는 문제를 해결할 수가 없다. 문제가 발생했을 때를 위한 대처 방안을 미리 정해 두어야 한다.
- 공동 기업에 자립성을 부여해야 한다. 합작을 하는 이유는 사업, 제품, 시장, 활동이 어느 모회사의 구조에도 적합하지 않기 때문이다. 따라서 공동 기업은 독립성을 유지하고 독자적인 사명, 사업, 목표, 전략, 방침을 발전시켜야 한다.
- 합작이 성공했을 때, 특히 크게 발전했을 때에도 모회사들로부터 독립성을 유지해야 한다. 더 이상 공동 기업인 채로 두어서는 안 된다. 자금을 스스로 조달할 수 있는 체제를 갖추게 해야 한다. 그렇지 않으면 사업 자체의 성장이 힘들어진다.

39

매니지먼트의 글로벌화

경제와 국가 주권의 분리

글로벌 기업이 폭발적으로 증가한 원인은 국경, 문화, 이데올로기를 초월한 글로벌 시장의 출현에 있다. 국경은 더 이상 기업의 규모와 성장의 결정 요인이 아니다. 그것은 제약과 저해 요인, 복잡화의 요인일 뿐이다.

오늘날의 결정 요인은 탈국가적인 글로벌 시장이다. 글로벌 시장의 발전에는 정치 체제의 발전이 동반되지 않았다. 경제의 글로벌화가 진전된 시기는 오히려 정치 체제가 분열을 지속한 시기였다. 정치체제는 여전히 국가 주권이라는 개념 위에 성립한다.

글로벌 기업의 출현은 오늘날 자명해진 가르침, 즉 국가가 인간 조직의 자연 단위라는 가르침과 양립한다. 이는 모든 조직이 궁극적으로는 국가의 통치 기관인 정부로부터 그 존재의 법적 기반과 합법성을 얻어야만 한다는 주장에 모순된다.

글로벌 기업이 오늘날 중요한 존재로 부각되고 있는 까닭은 이러한 가르침에 도전하기 때문이다. 글로벌 기업이란 국경을 제약의 하나로 보는 최초의 탈 국가적인 현대 조직이다.

글로벌 기업과 국가

글로벌 기업에 대한 오늘날의 비판은 대부분 잘못된 것이다. 그것을 입증하기는 간단하지만 이를 통해 글로벌 기업에 대한 비판이나 적의에 대응할 수는 없다. 비판이나 적의는 잘못된 것일지도 모른다. 그러나 그들의 관심은 현실을 향하고 있다. 문제를 잘못 해석하고 있을지라도 문제 자체는 확실히 존재한다.

글로벌 기업은 사회, 경제, 재정에 관한 국가의 모든 정책을 무시하는, 국가 주권에 해를 끼치는 존재라며 비판받는다. 정치적 권위를 뒤엎는 것까지는 아니지만 그것을 회피하려 하며 경제 정책이나 직장을 지배하고 경제 이외의 분야조차 좌우하는 강력한 권력으로 여겨지고 있다.

이에 대한 글로벌 기업의 반론이 있다. 아무리 규모와 영향력이 크더라도 기업이 일국의 정부에 대항할 힘은 없다. 글로벌 기업의 의사결정은 경제적 합리성에 바탕을 두고 있으며 정치적인 주권으로부터도 단절되어 있다.

그러나 글로벌 기업의 행동은 무엇을 하더라도 혹은 하지 않더라도 정치적 문제로 부각된다. 정치적 주권과 경제적 현실이 이미 양립하지 않기 때문에 글로벌 기업은 비판의 대상이 되기 일쑤다. 사업을 하고 있는 국가에서 자신이 선량한 시민이라고 주장해 봤자 소용이 없다. 그저 사업하고 있는 국가의 법률을 지키고 있을 뿐이다.

그러나 선량한 시민이라는 말이 사업을 하고 있는 국가에서 그 국가의 경제나 시장을 중심으로 생각하며 행동한다는 것을 의미한다면 이는 자원의 최적화라는 글로벌 기업 논리의 토대를 부정하는 것이 되므로 모순이다.

국제적인 약속

이 긴장 관계를 해결하려면 국제적인 약속이 필요하다. 글로벌 기업을 받아들이는 조건, 소유권의 제한, 이익의 송금이나 자본의 환원, 사람, 자원, 자금 이동의 자유에 대한 제한에 관해 약속이 필요하다. 나아가 글로벌 기업을 비정치화해야 한다.

1970년의 칠레 총선거에서 좌익이 승리를 거둔 후 ITT의 톱매니지먼트는 자사가 국유화될 것을 우려하여 마르크스주의자인 대통령의 취임을 저지하려 했다. 그러나 이런 종류의 행위는 모두 금지해야 한다.

국제적인 약속을 행동 규범으로 하여 이러한 문제들을 해결하는 것만이 글로벌 기업을 경제와 정치의 조화를 실현하는 수단으로 만드는 유일한 길이다. 이는 정치적이고 법률적인 문제다. 이러한 문제들을 다루는 것이야말로 글로벌 기업의 톱매니지먼트가 갖는 책임이며 기회다. 이것을 태만히 하면 글로벌 기업과 경제에 해가 되는 정치적 해결이 강요된다.

개발도상국에게 글로벌 기업은 매우 중요한 역할을 하는 존재다. 글로벌 기업의 공헌보다 더 고마운 것도 없다. 이들은 개발도상국이 필요로 하는 자본과 기술, 개발도상국의 과잉 자원인 육체노동이 생산하는 제품을 팔고 사는 시장 그리고 무엇보다 생산과 매니지먼트, 사업을 위한 기능을 제공한다.

오늘날 글로벌 기업의 어떤 조직도 이러한 기능들을 이전시킬 능력을 갖고 있지 못하다. 개발도상국의 경제적, 사회적 발전 가능성은 이 기능의 확보에 달려 있다. 글로벌 기업과 개발도상국의 건전한 관계는 기업 톱매니지먼트의 책임이다.

글로벌 기업은 글로벌 경제라고 하는 새로운 현실을 반영하며 자원의 최적화에 가장 유효한 기관이기에, 그 중요성은 더욱 부각될 것이다.

40

성장의 매니지먼트

성장에는 전략이 필요하다

성장은 자동적으로 이루어지지 않는다. 사업 성공에 의해 자동적으로 초래되는 것도 아니다. 성장은 불연속적이므로 이를 위해서는 어떤 단계에서 스스로를 바꾸지 않으면 안 된다.

토마스 왓슨은 제1차 세계대전 시기에 펀치 카드와 타임 레코더의 특허를 매입했다. 이것들을 제대로 사업화하기는 쉽지 않았다. 제2차 세계대전 때도 여전히 사업은 영세하여 사무기기업계에서 보잘 것 없는 지위를 점하는 데 그치고 있었다. 그러나 그는 이전부터 거대 기업으로의 성장을 준비하고 있었다.

그는 대기업을 매니지먼트할 수 있는 조직을 만들고 인재를 육성하기 시작했다. 그는 데이터 처리data processing 산업에 미래가 있을 것이라고 내다봤다. 대량의 데이터를 신속하고 확실하게 비용을 들이지 않고 처리할 수 있는 날이 올 것이라 확신했던 것이다.

그러나 그는 기회를 제대로 보지 못했다. 컴퓨터가 나타나고 꿈이 실현되기 직전 도리어 성장을 기피했다. 컴퓨터 펀치 카드 사업에 타격을 주는 일이라 여겨 이를 피했던 것이다.

평소 그는 IBM의 엘리트들인 영업 매니저들을 몹시 자랑스러워했으나 갑자기 부하 직원들마저 못 미더워하기 시작했다. 톱매니지먼트 팀을 만들지 않고 그저 작은 기업의 오너로 남으려 했다. 두 아들을 포함한 다른 누구에게도 책임을 부여하지 않고 혼자 의사결정을 했다.

왓슨의 임기가 좀 더 길었더라면 IBM은 컴퓨터 산업에서 평범한 기업 이상이 될 수 없었을 것이다.

다행히도 사법부의 독점금지국이 나섰다. 이미 펀치 카드 사업이 쇠퇴하고 있을 때쯤 당국이 IBM을 펀치 카드 사업 독점자로 고발했던 것이다.

그는 당황했고 곧이어 퇴임하게 되었다. 경영권을 이어 받은 두 아들은 곧바로 톱매니지먼트 팀을 편성했다. 왓슨이 훈련시킨 인재를 새로운 사업에 집중적으로 투입했다. 그로부터 3년 후 IBM은 컴퓨터 산업에서 리더 기업이 되었다.

이 예에서 알 수 있는 것처럼 성장에는 전략과 준비, 원하는 일에 초점을 맞춘 행동이 필요하다. 그러나 무엇보다 최고경영자에게 변혁에의 의지가 없다면 모든 것이 쓸모없게 된다.

성장 그 자체를 목표로 삼지 말라

장기간에 걸친 고도의 성장은 불가능하며 건전하지 못하다. 너무 빠른 성장은 조직을 약화시키고 매니지먼트를 불능에 빠뜨린다. 긴장, 약점, 결함을 초래하며 이러한 것들로 인해 조그만 실수가 치명상으로 돌아온다.

성장 그 자체를 목표로 하는 것은 잘못이다. 좋은 기업이 되는 것이야말로 바른 목표다. 성장 그 자체가 목표가 되는 것은 허영일 뿐이다.

필요한 성장이란 무엇인가

그럼에도 성장은 바람직한 목표, 나아가 필수불가결한 목표로 여겨진다. 때문에 어떻게 성장을 매니지먼트할 것인지에 대해 알아두어야 한다.

매니지먼트에 종사하는 자는 첫째, 필요한 성장의 최소점에 관해 검토할 필요가 있다. 기업이 생존하기 위한 지위는 확보해야 한다. 그렇지 않으면 한계적인 존재가 되며 부적절한 규모를 갖는다. 시장이 확대되고 있다면 조직 또한 생명력을 유지하기 위해 성장해야 한다.

조직의 성장이란 물리적 용어가 아니라 경제적 용어다. 양 그 자체는 성장과 무관하다. 성장과 비만이 혼동되어서는 안 되듯 조직의 성공 목표는 규모가 아닌 경제적인 것에서 발견해야 한다. 실제로 기업은 업적에 공헌하지 않는 활동을 제거함으로써 성장할 수 있다.

두 번째로 성장의 최적점에 관해 검토할 필요가 있다. 성장 과정 중에서 '자원의 생산성이 저하되는 지점은 어디인가', '수익성을 높이려 할 때 위험이 급격히 증대되는 지점은 어디인가' 등의 질문을 던져야 한다. 성장의 최고점이 아니라 최적점이야말로 상한上限이다. 간단히 말해 성장이 최적점 이하여서는 안 된다.

성장에의 준비

성장을 위해서는 준비가 필요하다. 언제 기회가 올지 예측할 수 없기에 항상 준비되어 있어야 한다. 그렇지 않으면 기회는 지나가 버린다.

성장을 위해서는 톱매니지먼트가 자신의 역할, 행동, 다른 이들과의 관계를 바꿀 의지와 능력을 지니고 있어야 한다.

변화해야 할 사람들은 대부분 성공의 경험이 있는 자들이다. 성공을 거둔 바로 그때, 성공을 가져다 준 행동을 버리고 그때까지의 습관을 버려야 한다. 리더로서의 지위를 버리고 심지어 기업에서의 권한을 다른 사람에게 인도해야 할지도 모른다. 성장은 한 사람 혹은 소수에 의한 매니지먼트 대신 팀에 의한 톱매니지먼트를 요구하기 때문이다.

아주 이른 시기부터 성장을 위한 준비가 필요하다. 특히 다음 세 가지를 반드시 실행해야 한다.

- 기본 활동을 명확히 하고 그 활동들을 담당할 매니지먼트 팀을 편성한다.
- 변화할 때를 알기 위해 방침과 행동의 변화를 요구하는 징후에 주의한다.
- 진정으로 변화를 바라고 있는지 정직하게 판단한다.

성장하려면 변화해야 할 타이밍을 알고 있어야 한다. 이를 위해 그때까지의 매니지먼트나 조직 구조로는 부적절한 정도로 성장했음을 알려주는 징후를 포착해야 한다.

여기에는 분명한 징후가 있다. 급성장한 소기업이나 중기업의 톱매니지먼트는 부하 직원을 자랑스럽게 여기면서도 어떤 부하 직원도 준비가 되어 있지 않다고 느낀다. 이것이야말로 변화의 필요를 나타내는 신호다.

변화해야 할 때가 오면 부하 직원에게 큰 책임을 부여한다든가 중요한 분야를 맡길 수 없는 이유를 발견한다. "최고의 인간이지만 준비되지 않았다"고 말한다. 그러나 이것은 바로 톱매니지먼트 자신이 준비되어 있지 않다는 증거다.

성장이 필요하다는 결론에 도달했는데도 자신의 행동을 바꾸는 것을 바라지 않는 톱매니지먼트에게 남은 길은 단 하나다. 물러나는 것이다.

법적으로 기업을 소유한다고 다른 사람의 생활까지 소유하는 것은 아니다. 조직은 자식이 아니며 독립시켜야 할 존재다.

조직은 인간의 성과다. 동시에 그 법적인 소유에 관계없이 위임하는 것이다. 책임 있는 톱매니지먼트는 자신이 변화를 바라지 않는다는 것을 자각할 때 그때까지 키워온 조직을 자신이 질식시키고 위축시키며 억압할 것이라는 사실을 깨닫게 된다.

자신의 성과인 조직의 요구에 답할 수 없다면 물러나는 것이 자신과 조직에 대한 책무다.

41

이노베이션

이노베이션의 역사

이노베이션의 필요성과 이를 강조하는 내용은 매니지먼트에 관한 모든 문헌에서 찾아 볼 수 있다. 그러나 정작 이노베이션을 촉진하고 방향을 설정하여 성과를 올리기 위한 매니지먼트나 조직 구조는 무엇인지, 무엇을 해야 하는지에 대해서는 거의 언급되지 않고 있다. 한결같이 논하는 것은 관리적 기능, 즉 이미 아는 것의 계승과 개선이다.

모든 매니지먼트가 이노베이션의 필요성을 강조한다. 그러나 이노베이션을 그 자체의 독립된 과제로서 중시하는 조직은 쉽게 찾아 볼 수 없다. 이 사실은 공적 기관에서 특히 그러했다.

지금껏 이노베이션이 소홀히 여겨지고 관리적 기능만이 중시되어 온 것에는 나름대로 이유가 있었다. 20세기 초 매니지먼트가 최초로 관심의 대상이 되었을 때에는 갑자기 탄생한 대규모 인간 조직을 어떻게 관리할 것인지가 최대의 관심사였다. 이에 비해 이노베이션은 특정한 사람의 일로 여겨졌다.

더구나 매니지먼트가 진보한 1920년부터 1950년까지는 대규모 이노베이션의 여지가 없는 시대였다. 이 시대는 기술적으로도 사회적으로도 변화의 시대가 아니었다. 오히려 제1차 세계대전 이전의 토대 위에 기술이 확립되던 시기였다. 정치적으로는 격변기였지만 사회적, 경제적 조직은 완전히 정체되어 있었다.

혁신적인 사상은 모두 19세기를 살았거나 혹은 19세기에 뿌리를 둔 사상가, 예를 들면 마르크스, 다윈, 프로이트의 것이었다. 케인스 John Maynard Keynes조차 아무리 혁신적이었다 하더라도 19세기 말의 레옹 발라스Leon Walras나 알프레드 마셜Alfred Marshall의 토대 위에 이론을 구축한 것이었다.

그러나 우리들은 지금 19세기 후반의 수십 년과 유사한 격변의 시대에 돌입했다.

내일의 이노베이션

이제 기업이나 공적 기관은 기존의 것을 위해서만이 아니라 이노베이션을 위해 스스로를 조직하는 능력을 갖추어야 한다. 오늘날 기업이나 공적 기관은 100년 전에는 생각할 수 없었던 규모의 자본과 재화를 갖고 있으며 동시에 연구 개발 비용과 그 성과를 제품이나 사업으로 전환하는 비용이 크게 바뀌었기 때문이다.

이노베이션이란 말은 기술 용어가 아니다. 경제 용어이고 사회 용어다. 이노베이션을 이노베이션답게 하는 것은 과학이나 기술이 아니라 경제나 사회에 발생시키는 변화다. 이노베이션이 만들어 내는 것은 단순한 지식이 아니라 새로운 가치와 부, 행동이다.

현대와 같은 이노베이션의 시대에 이를 실행할 수 없는 조직은 현재 확립된 지위가 아무리 견고하더라도 마침내 쇠퇴하고 소멸할 운명이다.

조직은 각양각색이다. 구조, 사업, 성격, 조직, 철학도 모두 다르다. 그러나 이노베이션을 행하는 조직에는 다음의 공통적인 특징이 있다.

이노베이션의 의미를 안다

이노베이션을 행하는 조직은 첫째로 이노베이션의 의미를 안다. 이노베이션이란 과학이나 기술 그 자체가 아니라 일종의 가치다. 조직 안이 아니라 바깥에서 초래하는 변화다. 이노베이션의 척도는 외부 세계에 대한 영향이다. 따라서 늘 시장에 초점이 맞추어져야 한다. 시장이 아닌 제품 자체에 초점을 맞춘 이노베이션은 신기한 기술을 개발할 수는 있을지 모르지만 성과는 실망스러울 수밖에 없다.

뛰어난 이노베이션을 행하는 의약품 메이커는 의료 자체를 바꿀 신약을 만들어 내고자 한다. 이노베이션의 정의를 연구가 아닌 의료의 시점에서 행한다. 사실 기술 진보나 과학 진보를 실현해 온 것은 시장 지향의 기업이었다. 고객의 니즈로부터 출발하는 것이야말로 내일의 과학, 지식, 기술의 모습을 명확히 하고 발명과 기술 개발을 위한 체계적인 활동을 조직하는 데 가장 직접적인 방법이 된다.

이노베이션의 역학을 이해한다

이노베이션을 행하는 조직은 이노베이션의 역학이 무엇인지 안다. 그것이 확률 분포를 따른다는 사실과 어떤 종류의 이노베이션이 제품, 공정, 사업, 시장이 될 수 있는지 그리고 성과를 가져다 주는 분야를 체계적으로 찾는 방법이 무엇인지도 안다.

수요의 증대에도 불구하고 수익이 늘어나지 않을 때에는 공정, 제품, 유통 채널, 고객 니즈의 변화를 초래하는 이노베이션이 큰 성과를 가져온다.

또한 이미 발생하고 있는데도 그 경제적인 충격이 나타나지 않은 변화가 이노베이션의 기회가 된다. 가장 중요하고도 확실한 변화는 인구 구조의 변화다.

이에 비해 지식의 변화는 이노베이션의 계기로서는 확실치 않다. 지식의 변화하는 속도를 알 수 없기 때문이다. 물론 지식의 변화는 이노베이션의 기회가 된다. 의식, 비전, 기대의 변화도 이노베이션의 씨앗이다.

마지막으로 패턴화할 수 없는 이노베이션, 즉 세계의 동향을 이용하는 것이 아니라 동향 자체를 바꿀 예측 불능의 이노베이션이 있다. 기업가들이 의식적으로 시도하는 이노베이션은 진정으로 중요한 것이다. 그것들은 확률 분포의 바깥에 있다. 거의 일어나기 불가능하며 가장 위험이 큰 이노베이션이다. 성공하는 1건 뒤에는 99건의 실패가 있다. 이들은 빛도 보지 못하고 끝난다.

패턴에서 벗어난 이노베이션이 존재하며 그것이 아주 중요한 것이라는 사실을 유의하고 인식해야 한다. 이런 종류의 이노베이션은 체계적이고 의도적인 활동으로 조직하는 것이 불가능하며 관리할 수도 없다. 극히 중요하지만 드물게 발생하기 때문에 예외로 취급해야 한다.

따라서 우선 확률 분포에 따르는 일반적인 이노베이션에 초점을 맞추어 그것을 행하기 위한 전략을 갖추어야 한다. 그 과정에서 예외적이며 역사적인 이노베이션에 대한 감각을 키우고, 이를 재빨리 인식하여 활동 체제를 구성해야 한다.

이노베이션 전략을 가지고 있다

다른 전략과 마찬가지로 이노베이션 또한 '우리의 사업은 무엇인가, 무엇이어야 하는가'라는 질문에서 시작한다. 그러나 이노베이션 전략은 기존 사업의 그것과는 기본적으로 다르다. 기존 사업의 전략에서는 현재의 제품, 서비스, 시장, 유통 채널, 기술, 공정이 계속되어야 한다고 가정한다. 이에 반해 이노베이션 전략은 기존의 것이 모두 진부하다고 가정하며 보다 새롭고 무언가 다른 것을 추구한다.

이노베이션 전략의 첫걸음은 오래된 것, 진부한 것, 도태되고 있는 것을 계획적이고 체계적으로 폐기하는 것이다. 이노베이션을 행하는 조직은 어제를 지키기 위해 시간과 자원을 사용하지 않는다. 어제를 버림으로써 자원, 특히 인재라는 귀중한 자원을 새로운 분야에 투입할 수 있다.

이노베이션의 전략에서 다음으로 중요한 것은 목표를 높게 설정하는 것이다. 개선 업무, 즉 신제품의 추가, 제품 라인의 고도화, 시장 확대 등은 50퍼센트의 성공률을 기대할 수 있는 반면 이노베이션 성공률은 겨우 10퍼센트다. 그렇기 때문에 이노베이션의 목표를 높이 설정함으로써 하나의 성공이 아홉 개의 실패를 메울 수 있도록 한다.

이노베이션을 위한 목표와 기준의 필요성을 안다

이노베이션에는 기존 사업에 관한 척도, 예산, 지출과는 다른 것이 필요하다. 이노베이션 활동에 기존 활동을 위한 척도, 특히 회계 상의 관행을 적용하는 것은 옳지 않다. 이것은 이노베이션을 위한 활동을 즉시 왜곡시킨다.

기존 사업을 위한 예산과 이노베이션을 위한 예산은 다른 관점에서 별도로 편성되어야 한다. 기존 사업에 던져야 할 질문은 "이 활동은 필요한가, 없어도 되는가?"이며 그 답이 "필요하다"라면 다음으로 해야 할 질문은 "필요한 최소한의 자원은 얼마인가?"이다.

이노베이션에 대해 던져야 할 첫 번째 질문이자 가장 중요한 질문은 "이것이 바른 기회인가?"이다. 답이 "그렇다"라면 두 번째 질문은 "이 단계에서 투입할 수 있는 최대한의 뛰어난 인재와 자원은 어느 정도인가?"이다.

우선 기대되는 바를 검토하고 이노베이션이 제품, 공정, 사업을 만들어 냈을 때 앞선 기대들과 비교하는 것이 중요하다. 결과가 기대를 상당히 밑돈다면 인재와 자금을 더 이상 투입해서는 안 된다. 따라서 이노베이션을 위한 활동에 관해서 던질 세 번째 질문은 "손을 떼어야 할 것인가, 어떻게 떼어야 하는가?" 이다.

톱매니지먼트가 수행하는 역할과 자세가 다르다

조직 내에 존재하는 변화에 대한 저항은 오랜 기간 매니지먼트 연구의 중심적인 과제로 여겨져 왔다. 관련 서적과 세미나, 토론회, 강좌들을 통해 저항의 문제가 얼마나 해결되었는지는 사실 의문이다.

변화에 대한 저항을 운운하는 한 해결은 불가능하다. 저항이 존재하지 않는다거나 문제가 아니라는 뜻은 아니다. 저항에 초점을 맞추면 문제를 취급하기 어려워질 뿐이다. 변화는 예외가 아니라 규범이며, 위협이 아니라 기회임을 인식함으로써 혁신적인 풍토를 양성해야 한다. 이노베이션이란 자세이며 행동이다. 특히 이는 톱매니지먼트에 해당되는 이야기다.

톱매니지먼트는 아이디어의 채택을 자신의 책무로 여겨야 한다. 뛰어난 아이디어는 늘 비현실적이며 이것을 손에 넣으려면 시시한 아이디어들이 많이 필요하다는 것을 알아야 한다. 이들 중 무엇이 뛰어나고 현실성이 있는지 식별하기는 어렵다.

따라서 톱매니지먼트는 아이디어를 장려하는 데 멈추지 않고 '아이디어가 실제적이고 가능성이 있으며 효과적인 것이 되려면 어떤 형태로 만들어야 하는가'를 계속 따져야 한다. 세련되지 못한 시시한 아이디어라도 실현 가능성을 평가하는 데까지 검토해야 한다.

이노베이션을 실행하기 위해서는 조직 전체에 지속적인 학습 풍토가 반드시 조성되어야 한다. 실제 이노베이션을 실행하는 조직에서는 지속적인 학습을 장려하고 그러한 분위기를 유지하려 한다. 목표에 도달했다는 생각은 용납되지 않는다.

변화에 대한 저항의 바탕에 있는 것은 무지無知이며 미지에 대한 불안이다. 이러한 불안은 변화를 기회로 파악했을 때 비로소 사라진다.

이노베이션을 위한 활동을 관리를 위한 조직에서 독립하여 운영한다

이노베이션 탐구를 위한 조직은 기존 사업의 관리 조직과는 별도로 떼어서 만들어야 한다. 새로운 것의 창조와 기존 사업의 관리는 동시에 이루어질 수 없다. 둘 다 필요하지만 성격이 다른 문제다. 이노베이션을 위한 업무는 독립된 부서에 맡겨야 한다.

이노베이션은 기능이 아닌 사업으로 조직할 필요가 있다. 다시 말해 연구, 개발, 제조, 마케팅과 같이 전통적인 직능의 시계열적 배열 Time sequence이 이노베이션을 위한 업무에는 적용되지 않는다. 직능별 기능을 언제, 어떻게 사용할 것인가는 시간이 아니라 상황에 따라 결정된다.

이노베이션에 의한 새로운 사업을 전개하기로 결정했다면 곧바로 프로젝트 매니저를 임명하는데, 그는 어느 부문 출신이라도 상관없다. 특별한 기능이 없어도 좋다. 다만 처음부터 모든 종류의 직능을 이용할 수 있어야 한다. 연구보다 앞서 마케팅을 해도 좋으며 제품을 확보할 수 있을지 분명치 않은 단계에서 자금 계획을 작성해도 좋다.

기존 사업의 경우 현재의 위치에서 목표를 향해 일을 조직해야 한다. 반대로 이노베이션의 경우에는 목표를 위해 지금 하지 않으면 안되는 것을 업무로 조직해야 한다.

이노베이션을 위한 팀은 기존 사업을 위한 조직의 외부에 독립적으로 구성되어야 한다. 전통적인 의미에서의 분권화한 사업까지는 아니더라도 기존 사업을 위한 조직으로부터는 독립적이어야 한다.

변화가 아니라 침체에 저항하는 조직을 만드는 것이야말로 매니지먼트의 최대 과제다. 이는 가능하며 그 성공 사례도 많다.

그러나 어떻게 이러한 종류의 조직을 당연한 존재로 만들 것인가, 어떻게 사회, 경제, 개인에게 생산적인 존재로 만들 것인가는 중요한 과제다. 모든 징후로 볼 때 다가올 시대는 이노베이션의 시대이기 때문이다.

42

매니지먼트의 정통성

두 가지 발전

이제 사회는 주요 과제가 모두 조직에 의해 수행되고 대부분의 인간이 조직에서 일하는 조직 사회가 되었다.

동시에 지식 사회가 되었다. 더욱 많은 사람들이 지식을 통해 생계를 꾸려가고 있으며 장기간에 걸친 학교 교육을 통해 필요한 능력을 얻고 있다. 점점 더 많은 사람들이 매니저가 되어 성과에 대해 책임을 지는 전문가가 되었다.

이 두 가지 발전에는 상관관계가 있다. 지식에 의해 생계를 꾸리게된 것은 조직 사회가 되었기 때문이며, 조직이 존재하고 기능하게 된것은 고등 교육을 받은 사람이 있기 때문이다.

매니지먼트는 조직 사회와 지식 사회가 발전한 원인이며 결과다. 매니지먼트는 조직이 기능하고 각각의 사명을 수행하도록 하는 기관이다. 그리고 그 자체가 하나의 지식이다. 매니지먼트는 자체의 영역, 기능, 지식을 지닌 체계다. 조직 사회에서 조직의 매니지먼트를 수행하는 이들은 사회의 리더 계층을 형성한다.

기술주의Technocracy의 한계

매니지먼트 붐은 매니지먼트의 기능과 능력에 초점을 맞추었다. 그러나 그것은 매니지먼트 업무를 조직 내부에 관련된 것으로만 규정했다. 따라서 조직 구조, 동기부여, 관리 수단, 경영 과학, 매니지먼트 개발을 과제로 삼았다.

최근 유행하는 말을 빌리면 매니지먼트 붐은 기술주의적인 발상에서 비롯되었다. 이는 당연했고 틀린 것도 아니었다.

그러나 매니지먼트 붐이 가르쳐준 것은 기술주의로는 충분치 않다는 사실이었다. 조직 사회에는 매니지먼트를 수행하는 이들 이외에 리더적인 계층이란 존재하지 않기 때문이다.

매니지먼트의 첫 번째 과제는 조직 본래의 사명을 완수하는 것이다. 두 번째 과제는 생산적인 일을 통해 인간이 성과를 올리도록 하는 것이다. 세 번째 과제는 사회와 개인의 생활을 윤택하게 해 주는 것이다.

여기서 두 번째, 세 번째 과제는 기술주의를 초월한 과제다.

그러나 좋은 일을 하려면 기초부터 잘해야 하는 법이다. 좋은 의도
는 무능에 대한 변명이 되지 않는다. 모든 사회 의식이 기업, 병원, 대
학에 성과를 올리기 위한 매니지먼트를 대신할 것이라는 생각은 단
지 어리석을 뿐이다.

10장 매니지먼트의 패러다임이 바뀌었다

조직이 성과를 올리도록 하기 위한 도구, 기능, 기관이 매니지먼트다.
그리고 다른 한 가지 전제로 삼아야 할 사실이 있다.
바로 매니지먼트가 성과와 일에 관한 모든 것을 책임져야 한다는 것이다.

매니지먼트의
패러다임이 바뀌었다

전제

사회 과학에서는 전제나 가정이 그대로 패러다임, 즉 지배적인 이론이 된다. 그 전제들은 학자나 평론가 혹은 교사나 실무가實務家들이 거의 무의식 중에 가지고 있는 것이다. 그것은 그들의 현실이 되며, 나아가 그 현실을 규정하는 기준이 된다.

그런데 그 전제들은 중요성에도 불구하고 분석되거나 연구되지 않고 있으며 의문의 대상이 되거나 명시되는 일도 없다.

1930년대 매니지먼트 연구가 시작된 이래 학자, 평론가, 실무가 사

---

* 10장은 『변화 리더의 조건』, 『21세기 지식경영』 중에서 드러커 박사의 최근 매니지먼트론을 발췌, 수록한 것이다.

이에서 패러다임으로 여겨져 온 두 종류의 전제가 있다. 하나는 조직 운영상의 전제이며, 다른 하나는 사업 경영상의 전제다. 그러나 이 전제들은 모두 매니지먼트에 대한 뿌리 깊은 오해를 낳고 있다.

조직 운영상의 전제

매니지먼트는 기업을 위한 것이다

매니지먼트가 기업을 위한 것이라는 전제는 전문가뿐 아니라 일반에서도 당연시되어 왔다. 매니지먼트라고 하면 당연히 기업의 매니지먼트를 일컫는 것이었다.

이 전제가 처음부터 존재했던 것은 아니다. 20세기 초 테일러로부터 1930년대 체스터 버나드Chester Bernard에 이르기까지는 기업의 매니지먼트가 매니지먼트의 일부에 지나지 않으며 다른 매니지먼트와 기본적으로 다르지 않다고 생각되었다.

매니지먼트가 기업의 매니지먼트를 가리킨다는 오해는 대공황으로 인하여 기업에 대한 불신과 기업인 비판이 높아졌던 시기로 거슬러 올라간다. 당시부터 공적 기관의 매니지먼트를 기업의 매니지먼트와 구분하기 위해 행정 관리public administration라고 칭하기 시작했다. 비슷한 시기 급성장하던 병원의 매니지먼트도 기업과 구분하기 위해 병원 관리hospital administration라는 말을 쓰게 되었다. 대공황 시대에는 매니지먼트를 인용하지 않는 것이 정치적으로 유리했다.

전후 사태는 일변했다. 1950년대에는 제2차 세계대전 중의 공조로 인해 비즈니스가 긍정적인 의미를 가지게 되었다. 그러나 매니지먼트가 기업의 매니지먼트를 지칭하던 관행은 정착되었다.

지금이야말로 이 수십 년에 걸친 오해를 바로 잡지 않으면 안 된다.

사실 이미 경영 대학원은 그 이름을 비즈니스 스쿨Business School에서 스쿨 오브 매니지먼트School of Management로 바꾸고 NPO(비영리단체)의 매니지먼트를 가르치면서 기업과 NPO 쌍방의 중역들을 대상으로 하는 매니지먼트 프로그램을 개설하고 있다. 그런가 하면 신학교에서는 교회 매니지먼트를 가르치기도 한다.

그러나 매니지먼트가 기업의 것이라는 오해는 뿌리가 깊다. 매니지먼트가 기업의 것만이 아니라는 점을 확실히 해야 한다.

매니지먼트의 방법은 조직에 따라 다르다. 사명이 전략을 정하고 전략이 조직을 정하는 것은 당연하다. 소매 체인의 매니지먼트와 가톨릭 사교구의 매니지먼트는 서로 다르다. 공군 기지, 병원, 소프트웨어 하우스의 매니지먼트도 각각 다르다. 하지만 여기서 나타나는 차이는 사용하는 용어 정도다. 고작해야 구체적인 적용 방법이 다르다는 데 지나지 않는다. 직면하는 문제나 과제에는 큰 차이가 없다.

매니지먼트에 관해서 당연시해야 할 첫 번째 전제는 그것이 모든 종류의 조직에 해당하는 체계이며 기관이라는 점이다.

유일하며 절대적인 조직 구조가 존재한다

매니지먼트 연구는 19세기 정부, 상비군, 기업과 같은 대조직이 나타났을 때부터 시작되었다. 그 이래로 조직의 올바른 구조는 하나라는 전제 위에 모든 것이 성립되었다.

올바른 조직 구조의 정의는 이미 여러 번 바뀌었으며 그 탐구는 지금도 계속되고 있다. 조직 구조의 중요성을 인식시킨 것은 제1차 세계대전 때였다. 파욜이나 카네기가 주장하는 직능별 조직이 유일하며 절대적인 조직 구조가 아니라는 것을 밝힌 것도 그때였다. 이후 듀폰과 슬론이 분권 조직을 만들어냈다. 오늘날에는 모든 조직에 적용해야 할 조직 구조로서 팀형 조직이 선호되고 있다.

그러나 이제는 만능 조직 구조라는 것이 존재할 수 없다는 사실을 인식해야 한다. 존재할 수 있는 것은 단지 각각 특유의 강점을 지니고 장면별로 적용되어야 할 조직 구조다.

조직이 전부가 아니다. 조직이란 각자가 그들의 상황과 시점에 서서 적합한 업무를 담당하게 하는 도구일 뿐이다.

계층이 사라질 것이라는 소리도 들리지만 이는 틀린 얘기다. 모든 조직은 최고 권위를 가진 보스를 필요로 한다. 최종 결정을 행하며 그 결정에 따르는 자를 둔 보스가 있어야 한다.

위기에 처했을 때 운명을 결정하는 것은 명쾌한 명령이다. 배가 침몰하려 할 때 회의를 소집하는 선장은 없다. 배를 구하기 위해 선장이 명령을 내리면 전원이 그에 복종한다. 다른 의견이나 불복은 없다. 위기 때에는 계층과 복종이 생명줄이다.

더욱이 과거의 조직론에서는 조직 내부를 균일하게 조직하지 않으면 안 된다고 여겨졌다. 그러나 앞으로는 모든 조직이 내부에 다양한 조직 구조를 가지게 될 것이다.

어떤 종류의 연구 개발 활동에는 전문가들이 각자의 역할을 완수하는 직능별 조직이 필요하다. 한편 의약품 개발과 같이 초기 단계에서 의사결정이 필요한 연구 개발에는 처음부터 팀형 조직이 어울린다. 이 두 가지 조직 구조 유형을 같은 연구소 안에 병존시킬 필요가 있다.

유일하며 절대적인 조직 구조가 존재하리라는 생각은 매니지먼트가 기업만의 개념이라는 오해와도 관계가 있다. 매니지먼트 연구자들이 기업 이외의 조직에도 눈을 돌리고 있었다면 조직 구조는 업무의 종류에 따라 다르다는 것을 알았을 것이다.

물론 조직에는 지켜야 할 몇 가지 원칙이 있다.

- 조직은 반드시 투명해야 한다. 구성원 누구나 조직의 구조를 알고 이해할 수 있어야 한다. 당연한 일이지만 실제로는 군을 포함한 많은 조직에서 이 원칙이 지켜지지 않고 있다.
- 조직에는 최종적인 의사결정자가 있어야만 한다. 위기에 처했을 때는 지휘할 사람이 필요하다.
- 권한에는 반드시 책임이 동반되어야 한다.
- 어떤 사람에게도 상사는 한 명이라야 한다. '세 명의 주인을 둔 노예는 자유인'이라는 로마의 격언이야말로 진리다. 충성의 중복을 피하는 것은 예로부터의 원칙이다. 팀형 조직이 성공하지 못할 때는 복수의 상사를 두기 때문이 아닌지 살펴 보아야 한다.
- 계층의 수는 되도록 적어야 한다. 조직 구조는 가능한 한 평평해야 한다.

이 원칙들은 무엇을 해야 하는지에 관해서는 가르쳐 주지 않는다.

그러나 무엇을 하지 말아야 하는지에 대해서는 알려 준다.

이러한 것들은 개인이 동시에 몇 가지 조직 구조 속에서 일하게 된다는 것을 의미한다. 어떤 일을 위해서는 팀의 일원으로 일하고, 다른 일을 위해서는 지휘 명령 계통에서 일한다. 자신의 조직에서는 우두머리지만 다른 조직과는 제휴, 주식 보유, 합병의 형태로 파트너가된다. 조직은 어디까지나 도구에 불과하다.

중요한 것은 각 조직 구조의 강점과 약점을 동시에 알아야 한다는점이다. '어떤 일에는 어떤 조직 구조가 적합한가', '업무의 성격이변화하는 데 대응하여 언제 조직 구조를 바꾸어야 하는가'를 알아야한다.

조직 구조 중에서도 특히 연구를 필요로 하는 것이 톱매니지먼트다. 오늘날 기업, 대학, 병원, 교회 어디서나 바람직한 톱매니지먼트의 구조를 연구하고 추구할 필요가 있다.

말하는 것과 행동하는 것 사이의 괴리를 보여주는 좋은 예가 있다.오늘날에는 톱매니지먼트에 팀형 조직이 불가결하다는 결론이 여기저기서 나오고 있다. 그런데 미국 뿐 아니라 모든 국가에서 실제적으로 행해지고 있는 것은 극단적인 개인 숭배다. 반쯤 우상화된 개인에게만 빛을 비춘 채 후계자를 선정하는 방법에 관해서는 관심을 보이지 않는다. 그러나 톱매니지먼트든 조직 구조든, 그 최종적인 평가는후계자의 선정 방법으로 결정된다.

이와 같이 조직 구조에 관한 문제는 매니지먼트에서 가장 처음부터 대처해 왔지만 이론적으로도 실무적으로도 여전히 많은 과제를남긴 분야다.

매니지먼트의 선구자들은 옳았다. 확실한 구조는 반드시 필요하다. 기업, 정부, 대학, 병원, 교회, 군 모두 생물처럼 구조를 필요로 한다.

그러나 선구자들은 유일하고 절대적인 조직 구조가 있음에 틀림없다고 여기는 실수를 저질렀다. 생물에도 여러 가지 조직 구조가 있듯이 사회적 유기체인 조직에도 여러 가지 구조가 있다. 오늘날 필요한 것은 유일하며 절대적인 조직 구조의 탐구가 아니라 각 업무에 적합한 조직 구조를 연구하고 발전시키며 평가하는 일이다.

사람을 매니지먼트하는 유일하며 절대적인 방법이 있다

인간과 매니지먼트에 관한 전제만큼 완고하게 지켜지는 것도 없다. 이 정도로 현실에 반하고 있을 뿐 아니라 비생산적인 결과를 가져다 주는 전제도 없을 것이다. 인간의 매니지먼트 방법에 유일한 정답이 있을 것이라는 전제는 인간의 매니지먼트에 관한 거의 모든 이론의 뿌리에 있다.

가장 유명한 것이 인간의 매니지먼트에 대해 X이론과 Y이론을 제시하며 그 자신은 Y이론 쪽에 선 더글라스 맥그리거다. 필자도 『경영의 실제The Practice of Management』에서 같은 사실을 언급했다. 그런데 수년 후 매슬로Abraham H. Maslow가 맥그리거와 필자의 차이를 지적했다. 그는 매니지먼트의 방법이 그 대상에 따라 바뀌어야 한다는 사실을 명확히 했다.

이에 필자는 곧바로 생각을 고쳤다. 그의 이론에는 압도적인 설득력이 있었다. 그러나 오늘날 그가 말한 것에 주의하는 사람은 별로 많지 않은 것 같다.

인간의 매니지먼트 방법에 단 하나의 올바른 길이 있을 것이라는 전제는 인간과 매니지먼트에 관한 여러 전제와 관련이 있다.

그 한 가지는 조직을 위해 일하는 자는 모두 그 조직에 생계와 경력을 의존하는 풀타임 종업원이라는 것이다. 더구나 그들 대부분이 특별한 능력도 없고 지시한 것을 하기만 하는 존재라는 전제도 있다. 분명 이런 전제들이 제1차 세계대전 때는 현실적으로 들어맞고 의미가 있었다. 그러나 지금은 그렇지 않다.

현재 점점 많은 사람들이 풀타임은커녕 파트 타임 종업원조차 아닌 상태가 되고 있다. 병원이나 공장의 유지 관리, 정부나 기업의 데이터 처리를 하는 외주처의 사람들 또는 파견직, 계약직의 사람들이 그들이다. 이들 대부분은 고도의 지식노동자다.

풀타임 종업원이라도 부하 직원 중에 단순 노동자는 줄어들고 있다. 지식노동자가 점점 늘어나는 요즘에는 누군가의 부하 직원이기보다 동료인 관계가 더 늘어나고 있다.

견습 기간이 끝나면 자신의 일에 관해 상사보다 더 자세히 알아야 한다. 그렇지 않으면 쓸모없는 존재가 된다. 많이 아는 것이야말로 지식노동자를 지식노동자답게 만드는 요소다.

게다가 불과 수십 년 전과는 달리 일반적으로 생각하는 것처럼 부하 직원의 일을 경험해 본 상사가 많지 않다. 이전에는 연대장이 대대장, 중대장, 소대장 등 부하들의 일을 모두 경험했다. 일의 내용은 거의 같았으며 차이는 단지 부하의 수뿐이었다. 그런데 오늘날의 연대장은 가령 부대를 지휘한 경험은 있지만 줄곧 부대를 지휘해 왔다고는 할 수 없다. 대위나 소령을 거쳐 승진했더라도 참모, 연구자, 교사 등의 경력을 가지고 있는 이들이 많다. 따라서 중대장의 업무를 모두 알고 있지는 않다.

판매 부서 출신의 마케팅 담당 부사장도 마찬가지다. 판매는 잘 알고 있지만 시장 조사, 가격, 포장, 디자인, 서비스, 판매 예측에 관해서는 모른다. 마케팅 전문가에게 무엇을 하라고 지시할 수도 없다. 그러나 전문가들이 그의 부하 직원이라는 점에는 변함이 없다. 또한 전문가들의 업무 자세나 성과에 책임을 지는 것은 여전히 상관인 부사장이다.

채용, 해고, 고과, 승진에 관해 판단하는 것은 상사의 역할이다. 그러나 전문 분야에 대해서는 지식노동자들로부터 배우지 않으면 안 된다.

상사라 해도 시장 조사나 물리 치료법이 무엇이며 무엇을 가져다 주는지 알지 못한다면 과제를 완수할 수 없다. 반대로 전문가도 업무의 방향에 대해 상사의 지시를 따라야 한다. 무엇이 조직에 중요한 것인지에 대해서도 상사의 판단을 기다려야 한다.

상사와 지식노동자의 관계는 지휘자와 악기 연주자의 관계와 비슷하다. 오케스트라의 지휘자는 튜바를 연주할 수 없다. 상사 역시 부하 직원의 일을 대신할 수 없다.

풀타임 종업원들도 앞으로는 자원봉사자와 같이 매니지먼트해야 할 것이다. 급여를 받는 입장이긴 하지만 그들에게는 일을 그만두고 조직을 옮길 힘이 있다. 지식이라는 생산 수단이 있기 때문이다.

지식노동자의 동기부여 요인은 자원봉사자의 동기부여 요인과 같다. 자원봉사자는 보수를 받지 않기 때문에 일 자체에서 만족을 얻는다. 따라서 도전 기회가 주어져야만 한다. 조직의 사명을 알고 그것을 최고로 만들고 헌신할 수 있어야 하며 더 나은 내일을 위해 훈련을 받고 성과를 이해해야 한다.

이러한 것들은 인간의 매니지먼트 방법이 언제나 똑같지는 않다는 사실을 의미한다. 같은 종류의 사람이라도 상황 변화에 따라 매니지먼트 방법은 변한다.

앞으로는 사람을 매니지먼트하는 일이 업무를 매니지먼트하는 것을 의미하게 될 것이다.

마케팅의 출발점은 '조직이 무엇을 바라는가'가 아니다. '상대가 무엇을 바라는가', '상대에게 있어 가치란 무엇인가?', '목적은 무엇인가', '성과는 무엇인가'에 집중해야 한다. 적용해야 할 것은 X이론, Y이론도 그 어떤 인사 관리론도 아니다.

결국 문제 그 자체를 재정의해야 한다. 문제는 사람이 일하는 방법에 관한 매니지먼트가 아니다. 이론이나 실무나 문제는 성과에 관한 매니지먼트 방법이다. 마치 오케스트라나 풋볼의 중심이 음악이나 득점인 것처럼 사람의 매니지먼트도 중심은 성과다.

사람의 매니지먼트에서는 테일러 이후 육체노동의 생산성이 중심적인 문제였던 것처럼 향후에는 지식노동의 생산성이 중심적인 문제가 될 것이다.

이것은 사람과 일에 관한 전제를 대폭 바꾸어야 함을 의미한다. 사람에 관해 해야 할 것은 매니지먼트가 아니라 지휘lead다. 그 목적은 한 사람 한 사람의 강점과 지식을 활용하는 데 있다.

사업 경영상의 전제

기술과 시장과 니즈는 하나의 집합이다

산업혁명 이래 기술과 시장과 니즈가 불가분이라는 전제가 근대 산업과 기술을 만들어 냈다. 섬유 산업은 독자 기술을 보유함으로써 수공업에서 벗어나 근대 산업이 되었고 석탄 산업도 그러했다. 18세기 말에서 19세기 초에 걸쳐 일어난 모든 산업이 마찬가지였다.

이 사실을 확실히 의식한 사람이 근대 기업을 탄생시킨 독일인 베르너 폰 지멘스였다. 그는 1869년 기업 사상 처음으로 대졸 과학자를 채용하고 세계 최초의 기업 내 연구소를 만들었다. 그리고 독자적인 기술로 오늘날 전자 공학의 전신이 된 약전弱電을 연구하도록 했다.

기술과 시장과 니즈가 불가분이라는 이 전제는 지멘스만의 것이 아니었다. 화학을 기술화하여 세계의 리더 지위를 점하고 있던 독일의 화학 산업 전체의 전제였다. 미국의 전기 메이커, 화학품 메이커, 자동차 메이커, 전화 회사 등 세계의 리더가 된 모든 기업이 전제로 삼은 것이었다.

그런데 이 전제가 현재에는 통용되지 않는다. 대표적인 사례가 연구소가 개발한 것과는 이질적인 것, 즉 유전 공학, 미생물학, 분자 생물학, 전자 공학에 의존해야 하는 의약품 메이커였다.

19세기부터 20세기 전반까지 모든 산업은 외부에서 탄생된 기술과 전혀 관계가 없었다. 그런데 오늘날에는 자신의 산업이나 기업에 가장 큰 영향을 끼치는 기술은 외부에서 만들어진 기술이다. 예전에는 산업이나 기업이 필요로 하는 것은 모두 기업 내 연구소가 만들어 낼 수 있었다. 반대로 그들의 기업 내 연구소가 만드는 것은 모두 그 기업에서 이용할 것이었다.

이 전제는 지난 가장 성공한 기업 내 연구소 가운데 하나인 AT&T의 벨 연구소가 당연시하던 것이었다. 벨 연구소는 1920년대 초 창립한 이래 1960년대 후반까지 전화 산업이 필요로 하는 대부분의 지식과 기술을 만들어 냈고 만들어 내는 것들은 거의 전부 전화 회사 중심으로 사용되었다.

그런데 벨 연구소 최대의 과학적 위업인 트랜지스터 발명에 의해 이 전제가 뒤집혔다. 전화 산업도 트랜지스터를 사용했지만 최대 시장은 다른 곳에 있었다. AT&T가 특허를 헐값으로 제공한 것은 이 때문이었다. 자사에서는 별다른 수요를 예상치 못하고 외부 산업에서도 대단한 수요는 없을 것이라고 생각했다. 이리하여 가장 혁신적이며 가장 가치 있는 발명의 사용권을 공짜에 가까운 2만 5,000달러에 팔았다. 오늘날 전자 공학 산업에 관련된 제조 회사 대부분이 이 벨 연구소의 인식 부족으로부터 수혜를 받고 있다.

반대로 디지털 교환기나 섬유 유리와 같이 전화 산업을 일신시킨 기술은 벨 연구소가 만든 것이 아니었다. 원래는 전화와 전혀 관련 없는 산업의 기술이었다.

오늘날에는 19세기처럼 각각의 기술이 개별적으로 존속하지 않고 서로 교착한다. 의약품 메이커의 유전자 공학이나 의료용 전자 공학처럼 들어 본 적 없는 기술이 갑자기 산업과 기술에 이노베이션을 일으킨다. 새로운 것을 배우고 획득하고 사용하게 하며 나아가 사고방식까지 바꾸는 것이다.

이에 더해 더욱 큰 변화가 일어나고 있다. 19세기에서 20세기에 걸친 산업이나 기업은 재화와 서비스의 공급자로서 안정된 지위에서 성장하고 있다.

이는 기업이나 수요자뿐 아니라 정부도 당연한 일로 여기는 것이다. 미국의 경제 규칙은 모든 산업에 해당 기술이 있으며 모든 최종 용도에 고정된 재화나 서비스가 있다는 것을 전제로 한다.

예를 들어 독점금지법은 맥주 용기가 병에서 캔으로 옮겨 가고 있다는 사실을 무시하고 병 제조업체의 점유율에 신경을 곤두세운다. 혹은 병이 아직 상당히 사용되고 있으며 플라스틱 용기가 늘어나고 있다는 사실을 무시한 채 캔 제조업체의 점유율에 관심을 기울인다.

그런데 제2차 세계대전 후 모든 최종 수요가 그 수단과의 분리를 시작했다. 맨 처음은 플라스틱이었다. 그것은 단순히 새로운 소재가 타부문에 섞여 들어온 것에서 멈추지 않았다. 점점 더 많은 최종 용도가 다양한 수단으로 충족되었다.

제2차 세계대전 때까지 뉴스는 18세기에 생겨난 신문의 독무대였다. 그러나 오늘날에는 뉴스를 전하는 방법이 다양하다.

현대의 기본적인 자원은 정보다. 그것은 다른 자원과 달리 희소성의 원리에 따르지 않는다. 윤택성의 원리에 따른다. 책은 팔리면 없어지지만 정보는 팔아도 남는다. 오히려 많은 사람이 지닐수록 가치가 올라간다. 이 사실은 경제 이론 그 자체의 재구축을 요구할 만큼 그 의미가 크다. 매니지먼트의 바람직한 모습에도 중대한 의미를 갖는다.

정보는 특정 산업이나 기업이 독점할 수 없다. 더 이상 특정 산업만을 위한 지식 따위는 없으며 모든 지식이 모든 산업에 연관성을 갖는 다는 사실을 전제하지 않으면 안 된다. 또한 어떤 재화나 서비스라 하더라도 사용법은 한 가지만이 아니며 어떤 사용법도 어떤 재화나 서비스에 속박되지 않는다는 사실을 전제해야 한다.

이러한 것들이 의미하는 바는 크다.

그것은 첫째, 기업, 대학, 교회, 병원 등 어느 곳에서든 비고객non customer이 고객 이상으로 중요하다는 의미다.

정부 독점을 제외하면 최대 시장점유율을 자랑하는 분야조차 비고객 수가 고객 수보다 많다. 오늘날 시장점유율이 30퍼센트를 넘는 사업은 드물다.

그런데 비고객 정보를 가진 사람 역시 드물다. 비고객에 관한 정보는커녕 그들의 존재조차 인식하지 못한다. 그들이 왜 비고객인 채 있는지 아는 사람은 더더욱 적다. 그러나 변화는 늘 비고객으로부터 일어난다는 점을 명심해야 한다.

두 번째, 그것은 더 이상 제품이나 서비스를 중심에 두어서는 안 된다는 것을 의미한다. 그들이 공급하는 재화나 서비스의 시장 혹은 사용 방법이 아니라 고객에게 있어서의 가치를 중심에 두어야 한다. 이미 다수의 사례에서 볼 수 있듯이 고객은 공급자 위주로 제공되는 것을 구입하지 않는다. 고객에게 가치는 공급자의 가치와 질적으로 다르다. 이 사실은 기업이나 대학, 병원에게도 마찬가지다.

기반으로 삼아야 하는 것은 고객에게 있어서의 가치이며 지출 배분 상의 고객 의사결정이다. 경영 전략은 그곳에서 출발해야 한다.

매니지먼트의 범위는 법적으로 규정되는가

매니지먼트는 이론과 실무 측면에서 기업, 병원, 대학 등의 조직을 법인격法人格의 사업체로 취급한다. 매니지먼트의 범위는 법적으로 규정되는 것이라 여겨진다. 이것은 오늘날 거의 보편적이라고 해야 할 전제다.

이와 같은 전제가 생겨난 것은 당초 매니지먼트의 개념이 지휘와 명령을 기반으로 삼고 있었기 때문이었다.

분명 지휘와 명령의 범위는 법적으로 규정되었다. 기업의 CEO든 교회의 성직자든 조직의 법적 경계를 넘는 지휘와 명령을 행할 권한은 없다. 하지만 이미 오래 전 매니지먼트의 범위를 법적으로 정의하는 것은 타당하지 못하다는 사실이 밝혀졌다.

부품 제조업체가 제품의 기획, 개발, 비용 관리에 대해 도요타와 같은 완성차 업체와 긴밀한 관계에 있어야 한다는, 이른바 '계열' 개념을 만든 것은 일본 기업으로 알려져 있다. 그러나 실제 계열의 유래는 자동차 산업의 거대한 미래를 예견한 GM의 설립자, 윌리엄 듀란트 William C. Durant였다.

듀란트의 계열은 지휘 명령권을 매니지먼트의 기반으로 삼고 있었다. 기업 인수를 통한 계열 확장은 시간이 지나자 취약함을 드러냈다. 그는 부품 사업부의 경쟁력 유지에 세심한 주의를 기울였으며 피셔보디fisher body를 제외한 사업부는 외부의 경쟁 상대에 판매함으로써 비용과 품질의 경쟁력을 유지시켰다.

제2차 세계대전 후 그들의 경쟁 상대가 사라져 갔다. 그 때문에 부품 사업부의 경쟁력을 담보할 수단이 없어졌다. 더구나 1936년과 37

년에 걸친 노동 운동의 고조로 인해 차종車種별 사업부의 임금이 올랐다. 그 영향이 부품 사업부에 파급되어 고비용 구조의 지속을 초래했다. 실제 매니지먼트가 지휘와 명령이라는 전제를 가지고 있었던 것은 그 후 25년간 GM이 쇠퇴의 길을 걷게 된 원인이 되었다.

1920년대부터 30년대에 걸쳐 계열을 만들어낸 시어스 로벅은 이 문제를 처음부터 인식하고 있었다. 이 회사는 미국 최대의 대형 소매점으로서의 지위, 특히 전기 제품과 금속 제품의 소매 분야의 리더 지위를 구축하는 과정에서 공급자를 그룹화하여 기획, 개발, 설계, 비용 관리를 공동으로 실행했다. 그러나 그는 공급자를 인수합병하지 않고 제휴의 상징으로 소주주가 되는 데 그쳤다. 제휴의 구체적인 내용은 모두 계약으로 정해졌다.

시어스 로벅에 이어 계열을 만들어 성공을 거둔 것이 영국의 막스 앤 스펜서였다. 이 회사는 1930년대 초반 소수의 주식조차 보유하지 않고 계약에 의해 공급자를 계열화했다. 60년대에 이들의 뒤를 이은 것이 일본 기업이었다.

법적인 지배 범위에 한정되는 일 없이 경제적인 프로세스 전체를 통합, 계열화한 계열 기업은 그렇지 않은 기업에 비해 25~30퍼센트의 비용을 절감할 수 있다. 따라서 산업과 시장의 지배권을 손에 넣게 된다.

그런데 오늘날에는 이조차 충분하지 않다. 계열은 역학 관계를 기반으로 한다. GM 본사와 각 부품 사업부의 사이든, 시어스 로벅과 막스 앤 스펜서, 혹은 도요타 사와 그들의 공급업자와의 사이든 간에 압도적인 힘을 가지고 있는 것은 늘 조달하는 측이다.

그러나 요즘 들어 경제 사슬의 개념 하에 대등한 힘과 독립성을 지닌 자들 사이에서 진정한 파트너십이 생겨나고 있다.

예를 들면 의약품 제조사와 대학의 생물학과를 들 수 있다. 제2차 세계대전 후 일본에 진출한 미국 기업과 일본 기업 간의 합병 사업, 화학품 제조 회사나 의약품 제조 회사, 유전자 공학, 분자 생물학, 의료용 전자 공학 전문 벤처 회사와의 파트너십도 좋은 예다.

이들 신기술을 가지고 있는 파트너는 통상 소규모다. 자금난에 허덕이는 일도 적지 않다. 그러나 성공의 열쇠가 되는 기술을 가지고 있는 것은 그들이다. 제휴처를 정하는 것은 대형 화학품, 의약품 제조 회사가 아니라 그들이다.

동일한 상황이 정보 기술이나 금융 서비스의 세계에서도 일어나고 있다. 어느 쪽도 계열이나 지휘 명령이 통하지 않는 평등한 관계가 중요한 의미를 가지게 되었다.

결국 매니지먼트 범위의 재검토가 필요하다. 경제적인 프로세스 전체를 대상으로 하지 않으면 안 된다. 이리하여 이론과 실무의 쌍방에 있어서 매니지먼트의 범위가 법적이 아닌 실체적으로 규정되어야 한다. 경제 사슬 전체를 통한 성과와 업무 자세에 초점을 맞추어야 한다.

매니지먼트의 대상은 국내에 한정된다

최근까지 매니지먼트 이론은 기업과 매니지먼트의 대상을 국내 경제로 한정하고 있었다. 이론 뿐 아니라 실무에서도 이에 대한 뿌리 깊은 지지가 있었으며 기업 이외의 조직에서도 이 전제는 일반화되었다.

소위 다국적 기업의 사고방식이 이러했다. 제1차 세계대전 이전에도 금융 서비스를 비롯한 경제 활동은 오늘날과 같이 국제적으로 이루어지고 있었다. 선두 기업은 이미 국내와 똑같이 해외에서도 활동했다. 그러나 그것은 어디까지나 진출한 국가 내의 활동에 그쳤다.

제1차 세계대전 중 이탈리아의 군용차는 급성장 중이던 토리노의 피아트Fiat가 생산하고 있었다. 동시에 오스트리아 헝가리 제국의 군용차는 빈의 피아트가 생산했다. 후자는 모회사인 전자의 2, 3배 규모로 성장했다.

피아트 오스트리아에게는 피아트 이탈리아가 모회사였지만 설계 부문을 그대로 제외하고는 완전히 독립하여 매니지먼트되고 있었다. 원재료, 부품을 국내에서 조달하고 판매도 국내에서 했던 것이다. 매니지먼트와 종업원도 오스트리아인이었다. 제1차 세계대전에서 두 나라가 서로 적이 되었을 때 오스트리아 피아트가 할 일은 단지 은행 계좌를 변경하는 것뿐이었다.

오늘날에는 어떤 산업에서든 피아트와 같은 방식으로 매니지먼트하는 기업이 거의 없다. 의약품 산업이나 정보 산업과 같이 제2차 세계대전 후 성장한 산업들은 국내 사업과 국제 사업의 구별이 없다. 국경을 초월한 연구 개발, 설계, 엔지니어링, 시험, 생산, 마케팅을 행하는 글로벌 시스템으로서 매니지먼트하고 있다.

어떤 대형 의약품 제조 회사는 항생 물질 등 분야별 연구소를 7개국에 두고 있지만 연구 개발 부문은 본사의 연구 개발 본부장 아래 하나로 매니지먼트되고 있다. 이 제조 회사는 전 세계 11개국에 공장을 갖고 마케팅과 판매를 하고 있지만 임상 실험을 어느 나라에서 할 것인가를 결정하고 외환 관리를 담당하는 것은 본사다.

과거에는 다국적 기업에서 경제 현실과 정치 현실이 일치했다. 당시는 국가가 경제 단위였지만 오늘날 글로벌 기업 및 변신 중인 다국적 기업에게는 국가가 코스트센터에 지나지 않는다. 기업에게 혹은 기업 이외의 조직에게 국가는 더 이상 경제 단위가 아니다.

매니지먼트의 대상과 국경은 더 이상 일치하지 않는다. 더 이상 매니지먼트의 대상을 정치적으로 규정할 수 없다. 국경 자체는 계속해서 매니지먼트에게 의미를 부여하지만 향후 전제로 삼아야 할 것은 국경이 제약 조건에 지나지 않는다는 사실이다. 현실의 매니지먼트를 규정하는 것은 정치가 아니라 경제의 실체다.

매니지먼트의 영역은 조직 내부다

매니지먼트의 영역이 조직 내부라는 전제는 잘못된 전제들로부터 얻어진 것이다. 이 전제로 인해 매니지먼트와 기업가 정신을 구별하는 등 말도 안 되는 일이 발생했다. 당연히 그러한 구별에는 아무런 의미가 없다. 기업이든 어떤 조직이든 이노베이션을 행하지 않고 기업가 정신을 발휘하지 않은 채 영속한다는 것은 있을 수 없는 일이다.

매니지먼트와 기업가 정신이 동전의 양면이라는 것을 처음부터 인식해야 한다. 매니지먼트를 알지 못하는 기업가가 성공을 이어가는 일은 있을 수 없다. 이노베이션을 모르는 경영진은 존속할 수 없다. 기업이나 여타 조직들은 변화를 당연시하고 스스로 변화를 만들어가야만 한다.

기업가 정신은 조직의 외부에서 시작한다. 과거 매니지먼트의 영역이라 여겨지던 것에는 들어가지 않는다. 기업가 정신이 매니지먼트와 대립하지는 않더라도 이질적인 것으로서 받아들여져 온 것은 바로 이 때문이다.

매니지먼트에서 내부를 중시하는 경향은 정보 기술의 발전에 의해 오히려 증대되고 있다. 매니지먼트의 영역은 조직 내부라는 식의 전제가 존재했으므로 조직 내부의 노력과 발생하는 비용에 초점을 맞추게 된 것이다.

매니지먼트가 조직 내부에 대한 관심에서 출발한 데는 이유가 있다. 1870년경 최초의 대조직이라 할 수 있는 대기업이 등장했을 때는 조직 내부의 매니지먼트가 문제였다. 그때까지는 대기업 매니지먼트에 관한 경험이 전무했기 때문이다. 그러나 매니지먼트의 영역이 조직 내부라는 전제가 당시에는 의미가 있었다 하더라도 지금은 그렇지 않다.

매니지먼트의 역할은 성과를 올리는 것이다. 이것이야말로 가장 어려우면서 중요한 일이다. 조직의 외부에서 성과를 만들어 내기 위해 자원을 조직화하는 일이야말로 매니지먼트 특유의 기능이다.

따라서 이론 및 실무로서의 매니지먼트가 기반으로 삼아야 할 전제는 매니지먼트가 조직의 외부에서 성과를 올려야 하며 따라서 그 성과들을 분명히 하고 그것을 실현하기 위해 자원을 조직해야 한다는 것이다. 매니지먼트란 기업, 사회, 대학, 병원 그 어느 것이든 간에 조직의 외부에서 성과를 올려야만 한다.

본서는 어떤 결론을 내리기보다는 문제를 제기하는 데 집중하고 있다. 기본적인 주제는 하나다. 즉 오늘날의 사회, 경제, 공동체의 중심은 기술도 정보도 생산성도 아니라 성과를 올리기 위한 사회 기관으로서의 조직이라는 것이다.

조직이 성과를 올리도록 하기 위한 도구, 기능, 기관이 매니지먼트다. 그리고 다른 한 가지 전제로 삼아야 할 사실이 있다. 바로 매니지먼트가 성과와 일에 관한 모든 것을 책임져야 한다는 것이다.

리더 계층의 책무는 본래의 기능을 완수하는 것에서 끝나지 않는다. 본래의 성과를 올리는 것만으로는 불충분하다. 사회로부터 정당한 존재로 인정받아야 한다.

정통성이란 애매한 개념이어서 엄밀히 정의할 수는 없다. 그러나 이는 결국 결정적인 요소로 작용한다. 정통성이 없는 권한은 전횡專橫으로 보일 수밖에 없다.

사회의 리더 계층으로서 매니지먼트는 그들의 조직에 부여된 기능을 수행하기 위하여 지시할 수 있는 권한을 지녀야 한다. 정통성에 관한 전통적 근거는 매니지먼트에서 쓸모가 없다. 매니지먼트는 성과를 올리기 위해 그 지위에 있지만 성과를 올리는 것만으로는 권한에 정당성을 부여받지 못한다.

사회의 니즈를 사업의 기회로 전환하는 것이 기업의 역할이다. 시장과 개인의 니즈, 즉 소비자와 종업원의 니즈를 예지하고 식별하여 만족시키는 것은 매니지먼트의 역할이다.

그러나 이러한 역할들도 정통성의 근거로는 불충분하다. 사업 활동을 합리적으로 설명은 해 주지만 이를 수행하는 권한이 되지는 않는다. 자립적인 매니지먼트, 즉 그들의 조직에 봉사함으로써 사회와 지역에 봉사한다고 하는 매니지먼트의 권한이 인지되려면 조직의 본질에 기반을 둔 정통성이 필요하다.

그러한 정통성의 근거는 한 가지밖에 없다. 바로 인간의 강점을 생산적인 것으로 만드는 것이다. 이것이 조직의 목표이자 매니지먼트 권한의 기반이 되는 정통성이다.

조직이란 개인으로서의 인간에게, 나아가 사회를 구성하는 한 사람의 인간에게 어떤 식으로든 공헌을 해야 하며 자기실현을 이루도록 도와 주어야 한다.

사회적인 목적을 달성하기 위한 수단으로서의 조직을 발명하는 것은 인류 역사에서 노동의 분화에 필적할 만한 중요성을 지닌다. 조직의 기초가 되는 원리는 '사적인 악덕은 사회를 위한 것이다'가 아니라 '개인의 강점은 사회를 위한 것이다'라는 것이다. 이것이 매니지먼트에게 정통성이 부여될 수 있는 근거다. 그리고 매니지먼트가 가지는 권한의 기반이 될 수 있는 이념적 원리다.

96세 생일을 8일 앞둔 2005년 11월 11일, 세계 지성계의 거인 피터 드러커 박사가 타계했다. 그는 2003년 다리를 다쳐 거동이 불편하기는 했지만 생애 마지막까지 의욕적으로 활동했기 때문에 아무도 그가 이렇게 빨리 우리 곁을 떠날 것이라 생각하지 못했다. 결국『나의 이력서』가 그의 마지막 저작이 되었다.

드러커 박사는 20세기 초에서 21세기 초까지 약 96년간 이 땅의 대격변기를 살다 간 역사의 산 증인이자 인류의 위대한 스승이었다. 그의 경영 철학을 배우고 전하는 일을 업으로 삼고 있는 필자로서는 드러커 박사가 타계하자 이제 진정으로 20세기가 끝났다는 생각이 들었다. 그가 예견했던 대격변, 즉 2015년까지 계속 될 메가 체인지 mega change의 한복판에 여전히 살고 있는데도 말이다.

드러커 박사는 세계 기업인들에게 가장 큰 영향을 끼친 경영 철학자로 오랫동안 기억될 것이다. 그의 철학과 저작들은 모든 조직과 개인에게 매니지먼트의 기본이자 교과서로, 나아가 삶의 나침반으로 빛날 것이다. 아마 드러커 박사와 같은 대스승을 또 다시 만나는 일은 두 번 다시 없지 않을까 생각된다.

여기서 간단히 드러커 박사의 발자취와 그가 남긴 저서들 가운데 대표적인 것들을 개관해 보고 그의 철학과 가르침에 대해 살펴보기로 하겠다.

드러커 박사의 발자취와 저술들

드러커에 관해 국내에 소개된 책들 중에 그의 인간적인 면모와 경영 철학 그리고 그의 이력에 관해 가장 잘 정리한 책은 고바야시 가오루 교수가 저술한 『미래를 읽는 힘』이다. 드러커 박사 본인이 직접 저술한 책으로는 『나의 이력서』와 『방관자의 시대』를 들 수 있다. 여기서는 『미래를 읽는 힘』의 내용을 정리하고 필자의 짧은 지식을 가미하여 그의 발자취를 살펴보도록 하겠다.

드러커 박사는 1909년 구대륙 문명의 중심지인 오스트리아의 빈에서 고급 관료의 아들로 태어났다. 젊은 시절 정신분석가인 프로이트와 경제학자인 슘페터를 만나 교류하면서 함부르크 대학과 프랑크푸르트 대학에서 법률학, 경제학, 철학 등을 폭넓게 공부하여 1931년에는 프랑크푸르트 대학에서 법률학 박사 학위를 취득했다.

5살 때 제1차 세계대전을 경험했던 그는 나치 정권하의 독일에서 신문 기자로 일했는데 이때 히틀러를 취재하기도 했다. 기자로서의 경험은 문필가로서의 그를 만드는 계기가 되었다.

이후 청년 드러커는 1933년 나치의 핍박을 피해 런던으로 건너갔다. 그는 보험 회사와 은행 등에서 경제 고문을 맡는 한편 투자은행에서 일하면서 신문과 잡지 등에 의욕적으로 투고를 하기 시작했다. 이때 독일에서 그가 대학 강사로 있을 당시 제자였던 3살 연하의 도리스와 백화점 에스컬레이터에서 우연히 재회하여 결혼하게 되었다.

1937년 신문사 특파원으로 미국으로 건너간 그는 1939년 파시즘과 나치즘의 본질을 폭로하고 전체주의의 추락 및 독일과 소련의 결탁을 예측한 처녀작 『경제인의 종말』을 세상에 펴냈다. 이 책은 윈스턴 처칠로부터 높은 평가를 받는 등 영국에서 베스트셀러가 되었으며 그를 일약 유명인사로 만들어 주었다. 이렇게 신문 기자와 정치학자로 출발한 그는 이후 GM의 컨설턴트를 맡게 되면서 인생행로가 변화하기 시작했다.

1942년 미국을 배경으로 기업 중심의 공동체 건설을 구상한 저서 『산업인의 미래』를 저술한 그는 이후 7년간 버몬트 주의 베닝턴 대학에서 교편을 잡고 철학과 정치학을 가르쳤다. 동시에 GM의 경영 컨설턴트로서 대기업의 실태를 파악하게 된다. 이 경험은 1946년 정치, 경제, 산업론에서 기업론으로 연구 분야를 옮기는 분수령이 된 명저 『기업의 개념』을 펴내는 계기가 된다. 이때부터 그는 기업의 컨설턴트로서 GM, IBM, GE, 시어스와 같은 기업의 행동과 원동력, 성장 과정을 가장 가까운 곳에서 관찰할 수 있었다. 한편 1949년부터는 무려

22년간 뉴욕 대학의 교수직을 맡게 된다.

　1950년에는 노사 관계에 대한 새로운 통찰을 보여주며 자본주의와 사회주의를 통합한 산업 사회의 구상을 담은『새로운 사회』, 1959년에는 현대 산업 사회를 규명하고 미래에 대한 전망을 실은 논문집『내일의 이정표』, 경제 정책론과 키에르케고르의 실존주의를 독창적으로 다룬『내일을 위한 사상』등 산업문명론에 속하는 저작들을 차례로 내 놓았다. 이 해는 그가 GE의 컨설턴트가 된 해이기도 하다.

　『기업의 개념』을 펴낸 이래 매크로 문제, 즉 경제 전체로부터 마이크로문제, 즉 현대 산업 사회의 중심인 기업으로 그의 관심이 옮겨 갔다.

　1954년 그의 경영철학이 담긴 첫 작품인 동시에 대표적인 고전인『경영의 실제』가 발간되었다. 이 책은 전 세계적으로 1,000만부 이상 판매되었으며 오늘날에도 '현대 경영의 바이블'이라 일컬어지고 있다. 드러커 박사를 '경영학의 창시자'로 알려지게 만든 책 역시『경영의 실제』다. 이 책이 발간된 후 드러커 박사는 한국, 중국, 일본 등 아시아를 방문하여 본격적으로 아시아의 다양한 움직임에 관한 정보를 수집하고 연구하기 시작했다.

　1964년에는 혁신을 수행하기 위한 기업과 인간의 행동 지침 그리고 시장 분석 기법을 담은 저서『결과에 의한 경영』을, 1966년에는 일에서 효율성과 성과를 지향하기 위한 방법론을 다룬『목표를 달성하는 경영자』를 각각 펴냈다.

　1969년에는 그의 대표적인 명저『단절의 시대』를 썼다. 이 책에서 그는 당시 엄청난 혼란에 둘러싸인 산업 사회의 변화 양상이 단순히 표면적인 것이 아니라 질적, 구조적, 비연속적 변화에 바탕을 둔 것임을 진작부터 꿰뚫어 보고 있다. 또한 21세기를 향해 거대한 지각 변동이 일어나고 있음을 경고하고 있다. 그리고 이 구조적인 변혁을 바탕으로 향후 사반세기의 변화와 발전을 전망하면서 21세기의 새로운 경영 지침을 제시하고자 혼신의 힘을 다해『경영의 실제』를 완전히 다시 쓴 대저작이 바로 1974년 발간된『매니지먼트』다.

『경영의 실제』가 미국 내의 경영을 주요 대상으로 삼고 있다면『매니지먼트』는 일본과 독일, 스위스 등 다양한 국가의 기업 사례를 들고 있으며 다국적 기업까지도 다루고 있다. 또한 비영리 조직과 지식 노동을 중시하고 있고 사회적 책임에 대해 심도 있게 이야기하면서 기업 내부보다 기업 외부, 즉 시장을 중시할 것을 강조하고 있다.

1971년부터는 클레어몬트 대학원으로 자리를 옮겨 최근까지 현역으로 일했다.

그 후 현대 경제 사회를 조망한『보이지 않는 혁명』과 소련의 붕괴를 예언한『새로운 현실』에서 비즈니스의 세계화와 다국적화, 다각화, 생활의 질적 고도화, 정보화, 지식화, 고학력화, 자본주의의 변모, 탈비즈니스 사회, 비영리 조직의 부상, 새로운 다원화 사회의 도래와 같은 새로운 패러다임 출현을 일찌감치 꿰뚫고 있다. 1985년에는 혁신과 기업가 정신에 관한 세계 최초의 방법론인『혁신과 기업가 정신』을 펴냈는데, 이 책에서는 혁신과 기업가 정신이 천재적인 영감이나 재능이 아니라 누구나 배워서 실행할 수 있는 것이라 정의하고 있다.

1990년에는 영리 조직의 경영에서 비영리 조직의 경영으로 그 영역을 확대한 저서『비영리 단체의 경영』을, 1993년에는 공산주의 이후의 새로운 시장 경제를 대담하게 전망한 『자본주의 이후의 사회』를 썼다. 1993년에는 비즈니스의 전제와 현실의 변화를 알린 베스트셀러 『21세기 지식경영』을 펴냈다. 2000년부터 2001년까지는 『처음으로 읽는 드러커 3부작 시리즈』를 발간했다. 2006년에는 기술과 문명에 대해 정리한 『테크놀로지의 조건』이 네 번째 책으로서 이 시리즈에 추가되었다.

2002년에는 사회가 경제를 바꾸는 시대가 도래했음을 알리고, 그 다음에는 어떤 사회가 될 것인지, 경제와 경영이 어떻게 달라질 것인지 밝힌 저서 『Next Society』를 썼다. 같은 해 그는 미 정부로부터 가장 명예스러운 시민에게 수여하는 '대통령 자유 훈장'을 받았다.

그 후 〈하버드 비즈니스 리뷰〉와 〈월스트리트 저널〉에 기고한 논문 등을 정리한 책들이 다수 발간되었다. 그중에서도 『실천하는 경영자』에서 그는 한국을 혁신과 기업가 정신이 세계에서 가장 뛰어난 국가로 평가했고 한국전쟁의 폐허로부터 눈부신 경제 발전을 이룩한 요소로 매니지먼트의 탁월함을 지적하고 있다.

그는 타계할 때까지 현역으로 일했으며 심지어 수개월 후의 일정까지 빼곡하게 잡혀 있었다. 끝까지 은퇴와는 무관한 삶을 산 그였다.

피터 드러커는 누구인가

'경영학의 발명자', '현대 경영학의 아버지', '현대 사회의 철인' 등 피터 드러커 박사를 나타내는 말은 수없이 많다. 그는 또한 '자본주의에서 자본을 제거하기 위해 평생 노력한 사람'으로도 일컬어진다.

그러나 그를 단순히 뛰어난 경영학자라고만 한다면 이는 충분치 않은 표현일뿐더러 정확한 평가라고도 할 수 없다. 더욱이 경제학자라고 한다면 이는 더더욱 빗나간 시각이다. 어떤 이는 그를 사회 심리학자로 평한다. 또한 사물과 역사, 미래를 종합적으로 분석하는 측면을 부각하여 '사회생태학자'라고 부르는 사람도 있다.

21세기의 환경, 교육, 개발도상국의 문제 등은 통합적인 시각으로 이해하지 않으면 해결할 수 없다. 전체를 보는 눈이 필요하며 부분적인 분석으로는 아무것도 할 수가 없다.

이런 관점에서 '사회생태학'이야말로 드러커 박사를 이해하는 첫 번째 키워드다. 드러커 자신도 이것이 가장 좋아하는 표현이었다. 그는 스스로를 '보기 위해서 태어난 사람Born to see'이라고 했다. 관찰자 즉, 높은 망루에 올라 주위를 살피며 상황을 늘 주시하고 필요에 따라 사람들에게 주의를 주는 사람이라는 것이다. 관찰자인 드러커 박사를 가장 잘 표현한 책이 『방관자의 시대』이다. 그의 저서들 가운데 그를 가장 잘 이야기하고 있는 것이 바로 이 책이다.

드러커 박사의 모든 측면을 종합하여 표현한다면 동서양의 역사를 통달하고 특히 과거 100년간의 세계 흐름을 읽고 관찰하며 유럽, 미국, 아시아를 중심으로 한 모든 세계의 조직 및 개인과 상호작용하면서 거시 경제와 미시 경영을 왕래하고, 어제의 역사와 오늘의 현실 속에서 미래의 변화를 예견하며, 사회의 변화 속에서도 변함 없는 요소들을 발견하고, 인간에 대한 따뜻한 애정을 바탕에 둔 현대경영학을 확립한 경영학의 아버지가 될 것이다. 이렇듯 한 마디로 그를 표현하는 것 자체가 불가능한 일이며 오해를 불러일으키기 쉬운 일이라는 것이다. 이 점이 우물 안 개구리식의 학자들과 드러커 박사를 구별케 하는 요소다.

드러커 박사가 가르쳐 준 것

피터 드러커 박사의 번역가로서 가장 감명을 받았고 가슴 깊이 새기고 있는 가르침과 통찰 가운데 몇 가지를 선택하여 정리해 보았다.

강점위에 구축하라. 강점을 활용하라

인간이나 조직은 각각 강점과 약점을 지니고 있다. 약점을 파고들어서는 아무 것도 얻을 수 없다. 상사와 부하의 강점, 배우자와 자녀들의 강점, 친구의 강점, 파트너의 강점을 발견하고 살리는 것만이 성과를 맺는 비결이다.

약점으로 보이는 것도 관점을 바꾸면 강점이 된다. 약점과 강점은 동전의 양면과도 같다. 핵심 역량을 발견하고 키우며 집중하는 것이 성과를 낳는 지름길이라고 드러커 박사는 말한다.

문제보다 기회에 초점을 맞추라

많은 기업과 사람들이 현재 안고 있는 문제로 신음하며 문제 해결을 위해 막대한 자원을 투입한다. 그러나 급히 수술해야 할 문제는 제외하고 보면, 문제 그 자체보다 미래지향적인 기회에 초점을 맞추어 일을 진행시키는 것이 훨씬 더 중요하다. 그래야만 저절로 문제가 해결되고 나아가 큰 성과로 연결될 수 있다. 또한 문제로 보이는 것도 얼마든지 기회로 전환할 수 있다.

지금 있는 곳에서 무엇에 공헌할 것인가를 생각하라

많은 사람들이 공헌을 통한 성과보다는 눈앞의 보수나 평가에만 집착한다. 드러커 박사는 개인의 진정한 성공이란 조직과 사회에 대한 공헌을 통해 성취될 수 있다고 강조한다.

내부보다 외부를 지향하라

기회와 성공은 바깥, 즉 시장과 고객에 있다. 내부에 있는 것은 비용과 문제뿐이다.

성과만이 유일하고 확실한 기준이다

조직 구조, 목표 시장의 선정, 인사관리, 다각화, 마케팅 등을 고려할 때 유일하고 확실한 척도는 그것들을 통해서 얻을 수 있는 성과다. 매니지먼트는 조직으로 하여금 성과를 올리도록 하는 것이 기본적인 책무다.

모든 일은 생각한 것보다 2배의 시간이 든다

1주일이 걸릴 것이라고 부하 직원이 보고하면 2주가 걸리겠다고 생각하라는 것이다. 인간 활동의 특성을 알기 쉽게 나타낸 말이다.

배우고 또 버려라

새로운 것들을 끊임없이 배워야 한다. 그리고 낡은 것, 진부한 것, 더 이상 성과를 내지 못하는 것, 집중할 수 없는 것, 과거에 대한 집착은 버려야 한다. 이미 크게 성공한 것일수록 빨리 진부해지기 때문에 우선적으로 버려야 한다. 취해야 할 우선순위보다 버려야 할 열등순위를 고려하라는 말도 이것과 상통하는 표현이다.

성실은 모든 영리함보다 뛰어난 능력이다

기술이나 지식은 언제나 습득할 수 있다. 그러나 쉽게 습득할 수 없는 것이 있다. 바로 성실함이다. 성실함은 어릴 때부터 오랜 시간을 들여 획득해야 하는 가치이므로 무엇보다 중시해야 한다. 평생 조직을 위해 성실히 일한 사람을 쉽게 해고하는 것은 매니지먼트의 수치다. 성실함이 없는 영리한 사람은 조직과 사회와 국가에 막대한 해를 끼친다.

여성의 능력을 활용하라

능력은 있으나 일할 기회를 얻지 못하는 여성들이 여전히 많다. 과거의 여성들과 달리 가사나 사회적인 제약의 부담을 적게 받는 교육받은 여성들이 능력을 발휘할 기회를 찾고 있음을 늘 명심해야 한다.

'우리의 사업은 무엇인가, 무엇이어야만 하는가'를 생각하라

아마도 드러커 박사의 저작에서 이 말보다 자주 등장하는 것도 없을 것이다. 시장에서 리더의 지위를 얻거나 사업의 성공을 바란다면 가장 먼저 던져야 할 질문이 바로 이것이다. 개인에게 삶의 목적이 있듯이 기업에도 존재의 목적이 있다. 그것을 명확히 하는 것은 가장 기본적이고 첫째가는 책무다.

드러커 박사의 영원한 철학과 통찰

드러커 박사와 친한 사람들은 그를 '피터'라고 부른다. 필자는 드러커 박사 제자의 제자, 즉 '손자 제자'에 해당한다. 드러커 연구에 있어 아시아 제1인자라 할 수 있는 고바야시 가오루 교수가 바로 필자의 은사님이시다. 고바야시 교수는 40여 년간 드러커 박사를 만나고 대화하고 배워 온 드러커 경영 철학의 살아있는 메신저다.

드러커 박사는 평생 제자를 따로 지정해서 육성한 적이 없다. 그러므로 드러커의 제자라고 하는 분들은 모두 억지로 된 제자들이다. 그러므로 필자 역시 억지로 된 손자 제자다.

고바야시 교수가 쓴 『미래를 읽는 힘』을 번역하면서 필자는 본격적으로 드러커 박사와 인연을 맺게 되었다. 그 후 그의 저작을 몇 권 더 번역하게 되었고 이 작업을 통해 그의 철학을 더 자세히 배울 수 있었다. 공교롭게도 드러커 박사가 타계한 날은 그의 대표작이자 최고 저작이라고 불리는 본서 『매니지먼트』의 번역을 마친 날이었다. 드러커 박사로부터 한국 독자들을 위한 서문을 받지 못하게 된 것이 몹시 안타까울 따름이다.

2004년 5월 28일에는 몇몇 드러커 연구자들과 함께 LA 근교의 조용한 도시 클레어몬트에 있는 드러커 박사의 자택을 방문하여 그로부터 직접 강의를 들을 기회를 가질 수 있었다. 드러커 박사는 노구에도 불구하고 굵직한 음성으로 한 시간 이상 쉼 없이, 젊은 컨설턴트의 육성에 대해 강의해 주었다. 보통 30분 이상 면담하기가 힘들지만 그날 드러커 박사는 그칠 줄을 몰랐다.

단 한 마디도 놓치지 않으려고 온 이목을 집중해서 그의 말을 귀담아 들었다. 준비한 질문에 모두 대답하고도 그는 쉴 새 없이, 혼다가 미국에서 성공한 이유에 대하여, IBM이 기술면에서는 최고가 아니지만 비즈니스에서는 성공한 이유에 대하여, 문제보다는 기회에 초점을 맞추는 것의 중요성에 대하여 설명해 주었다. 도리스 여사가 그의 건강을 걱정하여 말리지 않았다면 2시간은 족히 강의했을 것이다.

그것이 드러커 박사와의 처음이자 마지막 만남이었다. 이 만남은 아마도 필자에게 생애 최고의 충격으로 남을 것이다. 이 만남 이후 번역과 강연, 배움과 실천을 통해 드러커 박사의 경영 철학을 전파하고 세계의 매니지먼트 수준을 높이는 일이 필자에게 평생의 일이 될 것 같다는 생각이 들었다.

9.11 테러 이후 세상이 더 떠들썩해지고 정세는 급격히 변화하고 있다. 이러한 상황에서 불안에 떠는 우리들에게 드러커 박사는 아마 "그리 걱정할 것 없습니다. 지난 100년간 평화로운 시대란 없었습니다. 더 나쁜 시절도 많았습니다"라고 낙천가답게 대답해줄 것이라 믿는다.

여전히 문제도 많고 탈도 많은 세상이다. 그러나 정말 걱정 할 것 없다. 드러커 박사는 갔지만 그의 철학과 통찰은 남아 우리들에게 변함없는 경영과 삶의 지침이 되어 줄 것이기 때문이다.

드러커 저작 일람

경제인의 종말The End of Economic Man (1939)

피터 드러커의 첫 번째 저서인 『경제인의 종말』은 전체주의 체제를 진단하고 그 근원에 대하여 연구한 문헌이다. 그는 기존의 기관과 사상들의 실패를 열거하면서 파시즘이 대두하게 된 원인을 지목했다. 또한 전체주의 사회의 역동성에 대하여 분석하고 대중들이 전체주의를 쉽게 이해할 수 있도록 서술했다.

산업인의 미래The Future of Industrial Man (1942)

피터 드러커는 이 책에서 사회 전반, 특히 산업 사회에 대한 사회적 이론을 개발함으로써 기능 사회의 요건들을 서술했다. 사회가 합법적이면서 동시에 기능적이기 위한 요건들을 제시하는 한편, 사회가 개인에게 신분과 기능을 부여해야 한다고 역설했다. 또한 경영 권력과 기업 지배에 대하여 개인의 자유가 어떻게 보존될 수 있는지를 설명함으로써 사회에서의 개인 역할과 가치를 부각했다.

기업의 개념Concept of the Corporation (1946)

GM의 구조, 정책, 제도를 처음으로 분석한 고전으로서, 사업을 일종의 조직으로 파악하여 공동체의 경제적 욕구 및 수요를 충족시키기 위해 인간들을 한데 모아 놓은 사회 구조라고 간주하고 있다. 이는 조직을 특유의 실체로 정립하고, 조직의 관리를 합법적인 연구 주제로 발전시킨 것이다. 이 책은 분권화, 가격 설정, 이윤의 역할 및 노조의 역할에 관한 제도, 실무에 대한 구체적인 정보들을 제공한다. 이 책에 기술된 GM의 조직과 경영 원리는 전 세계 조직의 모델이 되었다.

새로운 사회The New Society (1950)

『산업인의 미래』, 『기업의 개념』을 확대하여 제2차 세계대전 후 나타난 산업 사회에 대한 체계적, 조직적 분석을 통합시키고자 한다. 드러커는 대기업, 정부, 노조 및 이들 기관 내에서의 개인의 위상을 분석하였다. 『새로운 사회』의 출간 후 조지 히긴스George Higgins

는 〈코먼웰Commonweal〉(영국 사회주의자 동맹의 기관지)에서 "피터 드러커는 다른 어떤 현대의 작가들 못지않게 개별 기업이나 회사에서의 노사 관계 문제를 명쾌하게 분석했다"고 밝혔다. 그는 이 책에서 근로자, 경영자, 기업의 관심과 사회가 함께 조화를 이룰 수 있다고 생각했다.

경영의 실제The Practice of Management (1954)

경영을 제도로서, 또한 학문으로서 정의한 최초의 고전으로 일컬어지는 책이다. 이 책을 통해 피터 드러커는 현대 경영학의 창시자로 자리매김하게 되었다. 그는 이미 수세기에 걸쳐 실시되어 왔던 경영을 학문의 영역으로 정의함으로써 이를 가르치고 학습해야 할 것이라고 주장했다. 또한 효율성과 생산성을 개선해 보고자 하는 실무 경영자들에게 체계적인 지침을 제공하였고, 기업의 관심사와 경영자 및 조직에 기여하는 사람들의 관심사를 통합하는 진정한 경영 철학으로 목표경영MBO(Management By Objectives)을 제시했다.

미국의 다음 20년America's Next Twenty Years (1957)

에세이를 엮은 책으로 도래할 노동 부족, 자동화, 소수가 소유하는 부의 현저한 증대, 대학 교육, 미국 정치, 부자와 빈자 사이의 양극화 등 미국이 겪게 될 문제를 논의했다. 이들 에세이에서 피터 드러커는 미래를 결정하게 될 '이미 발생한 사건'을 파악하고 있다.

내일의 이정표Landmarks of Tomorrow (1957)

『내일의 이정표』는 인간 생활과 경험의 3가지 주요 분야에서 다가올 미래를 예상한다. 첫 번째 부분은 데카르트식의 기계적 원인 세계에서 패턴, 목적, 형상Configuration의 새로운 세계로의 철학적 전환을 다루고 있다. 드러커는 지식인과 기능인의 조직화를 공동의 성과를 만들어 내기 위한 가장 중요한 요소라고 판단했다. 두 번째 부분은 자유세계의 사람들에게 도전이 되고 있는 4가지 현실, 즉 교육 사회, 경제 개발, 정부의 효과 감소, 동양 문화의 붕괴를 묘사하고 있다. 마지막 부분은 인간 존재의 정신적 현실에 관한 것이다.

결과를 위한 경영Managing for Results (1964)

『결과를 위한 경영』은 소위 말하는 사업 전략을 설명하고, 최근 화두가 되고 있는 조직의 핵심 역량을 파악하고자 시도한 최초의 도서이다. 이 책은 경영 성과가 사회의 구체적 기능이자 사회에 대한 기여이며, 사업이 존재하는 이유라는 사실을 입증한다. 이미 『경영의 실제』에서 논의되었던 '조직이 번영하고 성장하기 위해 어디에 어떻게 집중할 것인가'를 재차 질문하고 효과적인 사업은 문제보다 기회에 초점을 맞춘다고 역설한다. 또한 모든 성공 사업은 목표와 정신을 요구하며 의사결정자들이 기업을 발전시켜 나가기 위해 무엇을 해야 하는지를 보여주고 있다.

목표를 달성하는 경영자The Effective Executive (1966)

『목표를 달성하는 경영자』는 목표 달성 능력 증대를 목표로 임원들의 구체적인 실무, 제도를 개발한 기념비적인 저서이다. 목표 달성에 뛰어난 기업과 정부의 임원들을 관찰하면서 발견한 다음의 5가지 실무, 제도를 소개한다. (1)시간 관리, (2)문제보다는 기여에 초점을 맞춤, (3)강점을 보다 생산적으로 만듦, (4)우선 순위 책정, (5)효과적인 의사결정. 이 책의 상당 부분은 효과적인 의사결정에 관한 내용으로 채워져 있다.

단절의 시대The Age of Discontinuity (1969)

피터 드러커는 현대의 사회적, 문화적 현실 저변에 깔려 있는 4가지의 불연속성을 감지하고 있다. (1)급증하는 새로운 기술이 낳게 될 새로운 산업들, (2)국제 경제로부터 세계 경제로의 변화, (3)다원화된 사회 정치적 현실이 야기할 정치적, 철학적, 정신적 도전들, (4)대량 교육과 그 시사점들에 입각한 새로운 지식 노동의 세계 등이 바로 그것이다. 그는 이들을 경제 지평을 변화시키고, 미래 사회를 창출할 변화의 힘으로 인식했다.

인간, 아이디어, 정치Men, Ideas and Politics (1970)

이 책은 헨리 포드와 일본의 경영 방식 등을 소재로 인간, 정치, 사고 등의 사회 문제들을 다루는 13편의 논문을 편집한 것이다. 논문 〈낡은 키에르케고르The Unfashionable Kierkegaard〉에서는 인류의 정신적 차원의 개발을 장려하고 있고, 존 칼훈John C. Calhoun의 정치 철학에 관한 논문에서는 미국의 다원성이 정부의 정책과 프로그램을 어떻게 형성하는지에 대해 서술하고 있다.

기술, 경영, 사회Technology, Management and Society (1970)

『기술, 경영, 사회』는 현대 기술의 속성과 과학, 엔지니어링, 종교와의 관계에 대한 개관을 보여주고 있다. 복잡한 사회 정치적 문제에 직면한 가운데 기술적인 해법에만 의존하려는 사회의 추세를 비판적인 시각으로 기술하고 있다.

매니지먼트 : 과제, 책임, 실제Management: Tasks, Responsibilities, Practices (1973)

이 책은 경영의 정의 그 자체라 할 수 있다. 『경영의 실제』를 보다 최근의 내용으로 확대 개정한 『매니지먼트』는 조직 임원들의 필독서로 평가받는다. 피터 드러커는 이 책에서 경영이란 경영자의 과업, 업무, 도구, 책임, 최고경영자의 역할 등으로 조직화된 지식 체계라고 정의하면서 조직에 대한 이해와 지식, 전략과 사명 등을 자세하게 설명하고 있다. 『매니지먼트』는 오늘날에 이르기까지 대학, 경영자 개발 프로그램, 세미나 등에서 자주 인용되면서 경영학의 위대한 고전으로 인정받고 있다.

보이지 않는 혁명The Unseen Revolution (1976)

이 책에서는 기관투자가들이 어떻게 해서 미국 대기업들과 자본가들을 통제하게 되었는지 서술하였다. 피터 드러커는 대형 기관투자가들이 막강한 영향력을 쥐게 된 원인을 탐색하면서 연금 기금을 통해 생산 수단이 국유화되지 않고 사회화되었음을 지적한다. 이 책의 또 다른 주제는 미국의 고령화 추세로서, 이로 인해 보건, 연금, 사회 보장과 관련하여 미국 경제와 사회가 받게 될 새로운 도전들을 예측했다.

방관자의 시대Adventures of a Bystander (1978)

『방관자의 시대』는 피터 드러커의 자전적 이야기와 사건들을 모아 놓은 것으로 그의 생애와 당시의 커다란 역사 현실을 서술하고 있다. 빈Wien에서의 어린 시절부터, 제1차 세계대전과 제2차 세계대전 사이의 기간, 뉴딜 시대, 제2차 세계대전, 전후 미국에 이르기까지 그가 만나온 많은 사람들에 대한 친근한 설명을 곁들이며 자신의 생애에 관해 이야기했다. 혼란기를 조명하면서 그는 스스로를 인간과 아이디어, 역사에 지대한 관심을 가지며 상상력이 풍부한 연민을 갖춘 사람으로 묘사하고 있다.

격변기의 경영Managing in Turbulent Times (1980)

피터 드러커 그 자신이 이미 언급했던 새로운 기술과 새로운 시장, 그리고 세계 경제로의 이행으로 대표되는 새로운 경제 시대가 도래하는 이때, 경영층은 새로운 현실로 인해 야기된 혼돈을 어떻게 해결할 수 있을지에 대해 다룬 책이다. 특히 변화를 기회로 바꾸고, 변화로 인한 위협을 사회, 경제, 개인에 긍정적으로 기여하는 생산인 수행으로 전환하는 데 필요한 전략을 소개하고 있다.

새로운 경제학을 위하여Toward the Next Economics (1981)

사업, 경영, 경제, 사회 등 다양한 주제를 다룬 에세이들의 모음집으로 사회생태학과 기관에 대한 관심과 함께 이미 도래한 미래에 관해 기술하고 있다. 1970년대 인구 구조와 역동성에 있어서 진정한 변화가 있었음을 지적하고 기관들의 역할과 과학, 사회 사이의 관계 및 경제학과 같은 이론의 근본에 일어난 변화에 대해 밝히고 있다.

변모하는 경영자의 세계The Changing World of the Executive (1982)

〈월스트리트 저널〉에 기고한 글들을 모은 것으로 노동력의 변화, 근로자 사회에서의 권력 관계, 기술 및 세계 경제의 변화 등 조직의 내부와 외부에서의 급격한 변화에 대해 다루고 있다. 또한 기업, 교육 기관, 병원, 정부 등 주요 기관들이 직면하고 있는 문제 및 도전에 관해서도 논의하고 있다. 임원의 과업과 업무, 성과 및 측정, 급여에 관한 새로운 시각을 전개하기도 했다.

혁신과 기업가 정신Innovation and Entrepreneurship (1985)

혁신과 기업가 정신을 체계적이고 목적 지향적인 연구 분야로 제시한 첫 번째 책이다. 드러커는 기업 중심 경제가 대두되면서 나타난 도전과 기회들을 분석했는데, 이는 기능주의 경영, 조직, 경제에 커다란 기여를 하였다. 이 책은 혁신 제도, 기업가 정신, 기업가적 전략의 세 부분으로 구성되며 기업가의 심리나 성향보다는 행동에 초점을 맞추고 있다. 혁신과 기업가 정신을 제도와 연구 영역으로 제시하는 한편, 공공 서비스 기관을 포함한 모든 조직은 시장 경제에서 생존하고 번성하기 위해 기업과 같이 변화해야 한다고 주장했다.

경영의 최전선The Frontiers of Management (1986)

35편의 논문과 기고문을 수록한 책으로 이 가운데 25편은 〈월스트리트 저널〉 사설 면에 기고된 것이다. 이 책에서 피터 드러커는 세계적인 추세와 경영 제도를 종합적으로 파악하고 있다. 수록된 기고문에서는 기업을 악의적으로 인수했을 경우 수반되는 문제들, 일자리, 청년 실업 등과 같이 세계적으로 나타나고 있는 사회 전반의 문제들에 대해 다루고 있다. 이 책을 통해 그는 통찰력의 중요성을 강조하면서 모든 임원들이 "변화는 기회"라는 인식을 가질 필요가 있다고 주장한다.

새로운 현실The New Realities (1989)

이 책의 주제는 다음 세기가 이미 우리 가까이에 상당히 진전해 있다는 것이다. 피터 드러커는 사회적 상부 구조, 즉 정치학, 경제학과 정부, 사회, 경제 및 사회 조직, 새로운 지식 사회 등에 대해 쓰고 있다. 그는 미래 조직을 정보에 기반을 둔 조직이라고 보았다. 이 책은 미래주의를 표방하지는 않지만 장차 현실이 될 관심사, 이슈, 논쟁을 정의하려고 했으며 미래를 전망하는 데 있어서 오늘 무엇을 할 것인지에 초점을 두었다.

비영리 단체의 경영Managing the Non-Profit Organization (1990)

우리 사회의 서비스나 비영리 부문은 급격히 성장하고 있다. 따라서 이들 조직을 어떻게 하면 효과적으로 경영하고 관리할 것인지에 대한 지침과 전문가의 조언이 필요하다. 이 책에서는 모든 유형의 비영리 기관에 드러커 경영사상을 적용함으로써 사명, 리더십, 자원, 마케팅, 목표, 인재 개발, 의사결정 등을 사례를 통해 설명하고 있다. 여기에는 비영리 부문에 관련한 9명의 전문가들과의 면담이 포함되어 있다.

미래 기업Managing for the Future (1992)

경제, 사업, 변화 관리, 현대 조직의 새로운 형태 등에 관한 피터 드러커의 최근 저작물을 엮은 『미래 기업』은 오늘날 부단한 경쟁에서 앞서 나가는 사람들에게 중대한 통찰과 교훈을 제시해 준다. 그는 세계를 4가지 영역이 확대되고 있는 체계로 보았다. 이 4가지 영역은 (1)우리의 생명과 생활에 영향을 미치는 경제적 힘, (2)변화하고 있는 노동력과 작업장, (3)최신 경영 개념 및 제도, (4)끊임없이 증대되는 과업과 책임에 대응하는 조직을 말한다.

생태학적 비전The Ecological Vision (1993)

이 책에 수록된 31편의 에세이는 40년이 넘는 기간에 걸쳐 집필된 것이다. 이 글들은 다양한 연구 분야와 주제를 다루고 있지만 한 가지 공통적인 부분이 있다. 바로 인위적인 환경을 다루고 있으며 사회 생태학에 관한 글이라는 점이다. 이 글들은 각각 유형은 다르지만 모두 인간과 공동체 사이의 상호작용에 대해 논하고 있으며 경제, 예술, 기술 등을 사회적 경험의 여러 차원으로서, 나아가 사회적 가치관들의 표현으로서 가치 있게 평가하고 있다.

자본주의 이후의 사회Post-Capatalist Society (1993)

『자본주의 이후의 사회』는 수세기 만에 한 번씩 어떻게 급격한 변혁이 일어나 세계관, 가치관, 기업, 경제, 사회 정치적 구조 등 사회 전반에 막대한 영향을 미쳤는지에 대해 서술하고 있는 책이다. 피터 드러커에 따르면 우리는 자본주의와 민족국가 시대로부터 지식 사회, 조직 사회로 급격한 변화가 일어나고 있는 시대의 한복판에 서 있다. 그는 조직의 새로운 기능, 지식의 경제학, 생산성 등을 사회의 선결 과제로 인식했고 민족 국가에서 메가스테이트로의 전환, 정치 체계의 새로운 다원화, 정부 변혁의 필요성 등을 역설했으며 지식 문제들과 후기 자본주의 사회에서의 지식의 역할과 활용을 날카롭게 지적했다. 사회, 정치, 지식 세 부분으로 나누어진 이 책은 과거에 대한 분석 뿐 아니라 미래에 대한 탐구의 안목까지도 제공한다.

미래의 결단Managing in a time of Great Change (1995)

1991년부터 1994년까지 〈하버드 비즈니스 리뷰〉와 〈월스트리트 저널〉에 기고된 글을 편집한 것이다. 경제, 사회, 기업, 조직 전반에 걸친 변화들을 서술하고 이들의 구조적 혁신에 경영자가 어떻게 적응해야 하는지에 관해 지식근로자의 대두, 세계 경제의 출현을 배경으로 설명하고 있다. 이 책에서 그는 오늘날 직면하고 있는 비즈니스의 도전이 무엇인지 밝히고 최근의 경영 추세와 실제로 그것이 작동하고 있는지의 여부, 정부의 재창조가 시사하는 바 그리고 경영자와 노동자 간 힘의 균형 변화 등에 대해 점검한다.

드러커 온 아시아Drucker on Asia (1997)

『드러커 온 아시아』는 드러커와 나카우치 이사오中內功가 나눈 광범위한 대화의 산물이다. 중국과 일본의 경제계를 비롯하여 현대 경제계에서 일어나고 있는 여러 가지 변화와 자유 시장 및 자유 기업이 직면하고 있는 도전에 대해 엿들을 수 있다. 이러한 변화들이 일본에 어떤 의미가 있는지, 제3의 경제 기적을 이루기 위해 일본이 무엇을 해야 하는지, 변화가 사회, 개별 기업, 전문가 및 임원에게 의미하는 바가 무엇인지 등이 나타나 있다.

자본주의 이후 사회의 지식 경영자Peter Drucker on the Profession of Management (1998)

〈하버드 비즈니스 리뷰〉에 실린 논문들을 엮어 만든 이 책은 기업 전략에서 경영자들이 직면한 가장 중요한 이슈를 탐색한다. 이 책에서 피터 드러커는 우리 사회에 일고 있는 커다란 변화들을 추적하고 있으며, 변화와 연속성 간의 균형감이 경영자의 부단한 노력에서 비롯된다는 사실을 밝히고 있다. 이러한 과정은 경영자의 책임과 임원의 세계를 설명하기 위해 전략적으로 제시된 것이다.

21세기 지식경영Management Challenge for the 21st Century (1999)

이 책에서 피터 드러커는 새로운 경영 패러다임, 즉 경영 원칙과 제도에 관한 가정이 어떻게 변화되었고, 계속 변화될 것인가에 대해 논의한다. 그는 새로운 전략 현실을 분석하고 변화의 시대에 어떻게 하면 리더가 될 수 있는지 보여 주는 한편 새로운 정보 혁명에 대해 이야기한다. 나아가 지식근로자의 생산성을 점검하고 생산성 증대를 위해 조직과 개인의 업무 태도가 구조적으로 변화해야 한다는 사실을 입증하고 있다. 그는 개인이 끊임없이 변화하는 작업장에서 살아남으려면 자신에게 요구되는 일을 수행하고 동시에 스스로를 관리해야 한다고 주장한다.

Next Society(Managing in the Next Society, 2002)

〈이코노미스트〉 2001년 11월호에 실린 장문의 기고문과 잡지에 발표된 논문, 1996년부터 2002까지의 인터뷰를 정리한 책이다. 피터 드러커는 확장일로에 있는 기업 사회와 항상 변화하는 경영자의 역할에 대해 예측했다. 이 책에서는 '다음 사회'가 (1)젊은 층의 인구 감소, (2)제조업의 감퇴, (3)노동력의 변환(정보혁명의 사회적 영향) 등 3가지 추세로 진행될 것이라고 보았다. 피터 드러커는 철도가 산업혁명과 밀접한 연관이 있듯이, 전자 상거래와 사이버 교육이 정보혁명과 관련이 있다고 보았고 정보 사회가 발전하고 있음을 주장했다. 더불어 비정부 기구, 비영리 기관과 같은 사회 부문의 중요성도 피력했는데 이는 우리가 필요로 하는 시민공동체, 고학력 지식근로자 공동체를 창출하고, 이들이 사회를 점차 지배해 나갈 것이라고 보았기 때문이다.

명문집(Anthologies)

드러커 3부작 The Essential Drucker (2001)
_ 프로페셔널의 조건, 변화 리더의 조건, 이노베이터의 조건

피터 드러커의 말을 빌면, 이 책은 종합적이면서도 한 권의 압축된 경영학 서론이다. 그의 경영 사상을 조감해 보고 싶다거나 그가 줄곧 던졌던 "어떤 것이 과연 핵심적인가?" 라는 질문에 대한 답을 찾고 싶다면 이 책을 보면 된다. 조직, 경영과 개인, 사회 속의 경영 등에 관한 26편의 글을 담고 있는 이 책은 미래의 경제와 사회가 요구하는 과업들을 경영자, 임원, 전문가들이 수행할 수 있도록 도구를 제공해 주며, 경영의 기본 원칙과 관심사, 도전, 기회를 포괄하고 있다.

경영의 지배A Functioning Society (2003)

『경영의 지배』는 공동체 사회의 정치 구조에 관한 글들을 다수 포함하고 있다. 이 책에서 피터 드러커의 주된 관심은 개인이 신분과 기능을 갖는 기능적 사회다. 첫 번째와 두 번째 부분은 공동체를 재창조할 수 있는 기관들에 대해 서술하고 있으며 세 번째 부분은 사회 및 경제 영역에서의 정부 역량의 한계를 다루고 있다. 특히 마지막 부분에서는 큰 정부와 효과적인 정부 사이의 차이점에 대해 서술하고 있다.

소설

가능한 세상의 마지막 The Last of All Possible Worlds (1992)
선행으로부터의 유혹 The Temptation to Do Good (1984)

피터 드러커 ▪ 매니지먼트

1판 1쇄 발행 2007년 8월 30일
1판 25쇄 발행 2024년 8월 20일

지은이 피터 드러커
옮긴이 남상진
펴낸이 고병욱

펴낸곳 청림출판(주)
등록 제2023-000081호

본사 04799 서울시 성동구 아차산로17길 49 1009, 1010호 청림출판(주)
제2사옥 10881 경기도 파주시 회동길 173 청림아트스페이스
전화 02-546-4341 **팩스** 02-546-8053

홈페이지 www.chungrim.com **이메일** cr1@chungrim.com
인스타그램 @chungrimbooks **블로그** blog.naver.com/chungrimpub
페이스북 www.facebook.com/chungrimpub

ISBN 978-89-352-0702-2 03320